TERRA-X

TERRA-X

Von Atlantis zum Dach der Welt

Rätsel alter Weltkulturen

Herausgegeben von Gottfried Kirchner

Gustav Lübbe Verlag

Schutzumschlaggestaltung: Klaus Blumenberg, Köln,
unter Verwendung eines Fotos
von Martin Bräker, Köln, für die Titelseite
und eines Fotos von Lotos-Film, Kaufbeuren, für die Rückseite.
Satz: ICS Communikations-Service GmbH, Bergisch Gladbach
Reproduktionen: Auer Reprotechnik, Krefeld
Druck und Einband: Druckerei Parzeller, Fulda

Printed in West Germany
ISBN 3-7857-0519-0

1. Auflage September 1988
2. Auflage Oktober 1988

Inhalt

WO LAG ATLANTIS?

Suche nach einem verschwundenen Kontinent.
Von Jens-Peter Behrend und Eike Schmitz

SAHARA – EIN VERLORENES PARADIES

Zum Ursprung der Wüstenvölker. Von Volker Panzer

DAS MYSTERIUM DES SHIVA

Heilige Männer in Indien.
Von Helga Lippert, Arno R. Peik und Eberhard Thiem

Jens-Peter Behrend und Eike Schmitz

Wo lag Atlantis?

Suche nach einem verschwundenen Kontinent

INSEL OHNE NAMEN. Atlantis – versunkenes Königreich, Zauberwort aus Kinderträumen und Erwachsenenphantasien.

Warum beschäftigt die Menschheit seit nunmehr zweiundeinemhalben Jahrtausend die verschollene Inselwelt? Beruht die wundersame Beschreibung des glücklichen Inselvolkes auf Tatsachen? Oder hat uns der griechische Philosoph Platon (427–347 v. Chr.), mit dem die Suche begann, ein Rätsel aufgegeben, dessen Lösung in der irdischen Welt nicht zu finden ist (Abb. 6)? Sind die, die sich aufmachen, es zu suchen, Aufklärer? Bringen sie Licht in das Dunkel der Ursprünge unserer Kultur? Oder sind sie eine Handvoll verblendeter Narren, denen auf dieser Erde nicht zu helfen ist?

In einer Bibliothek im amerikanischen Staat Virginia fanden wir einen Raum, dessen Regale bis zur Decke ausschließlich Bücher zur Atlantisforschung enthielten. Weltweit wird die Bücherflut zum Thema Atlantis auf viele tausend Publikationen geschätzt, und jährlich kommen neue dazu. Schon ein oberflächlicher Blick macht einem klar, wie kontrovers die Ansichten über Atlantis sind. Aber allen gemeinsam sind zwei grundsätzliche Fragen: die nach der Zeit und die nach dem Ort.

Datierungen schwanken von 80 000 Jahren v. Chr., also einer Zeit noch lange vor der Erfindung von Metallwerkzeugen, bis hin zu etwa 12 000 Jahren v. Chr., als die Altsteinzeit sich in den meisten Teilen Europas dem Ende näherte. Es gibt auch ganz konkrete Berechnungen für den Untergang von Atlantis, wie zum Beispiel den 5. Juni 8489 v. Chr., 13 Uhr, und es gibt vage Angaben, wie »innerhalb des dritten vorchristlichen Jahrtausends«.

Mit den Ortsangaben sieht es nicht anders aus. Es findet sich kaum ein Flecken auf unserem Globus, von dem nicht irgendeiner behauptet hat, hier läge Atlantis. Es soll vor Irland untergegangen sein, sich auf dem Boden des Indischen Ozeans befinden, in Westafrika gelegen haben oder von den Wellen des Südpazifiks verschlungen worden sein. Vor der Küste Brasiliens wurde es vermutet, und in der Sahara hat man nach Atlantis gegraben.

Unsere anfängliche Forscherlust wurde gedämpft, als wir die unübersehbare Fülle von Untersuchungen, Reiseberichten, Artikeln bis hin zu verbitterten Streitschriften sichteten. Nur schwer ist das Knäuel von Theorien zu entwirren.

← 1. Die Skelligs-Inseln in Irland. Die reiche Folklore der Kelten überliefert Sagen von verschollenen glücklichen Inseln im Westen

In zweieinhalb Jahrtausenden abendländischer Geschichte ist Atlantis nicht gefunden worden. Diese Erkenntnis vor Augen, werden wir ganz bescheiden in unseren Ansprüchen, das Geheimnis der untergegangenen Inselwelt enträtseln zu können.

Was wissen wir von ihr? Wenn es Atlantis wirklich gegeben hat, dann war es ein Königreich, das an Reichtum, Wissen und Macht seinesgleichen nicht kannte. Es war ein Land, in dem mehrere Ernten im Jahr und eine blühende Pflanzen- und unermeßliche Tierwelt für Überfluß sorgten. An Getreide, Öl und Wein herrschte kein Mangel, und sogar Elefanten soll es auf dem Inselreich gegeben haben. »Was . . . die Erde jetzt nur irgend an Wohlgerüchen nährt, sei es von Wurzeln oder Gras oder Hölzern oder hervorquellenden Säften oder Blumen oder Früchten, das alles trug und hegte die Insel vielfältig . . .«, heißt es in der Beschreibung der paradiesischen Zustände bei Platon. Aber auch das Staatswesen war hoch entwickelt. Das gesamte Reich war aufgeteilt in zehn Königtümer, deren Herrscher sich wie in einem Staatenbund im Wechsel von jeweils fünf oder sechs Jahren zu einer Art Weltgipfelkonferenz auf der Hauptinsel trafen. Die Verpflichtung zum Militärdienst war genau festgelegt, und eine stattliche Kriegsflotte sicherte die Grenzen nach außen.

Aber weder Reichtum noch Weltruhm konnten Atlantis vor seinem inneren moralischen Verfall retten. Neid und Habsucht mißfielen den Göttern, und als die Atlanter sich anschickten, die übrige Welt in großen Kriegszügen zu erobern, waren sie zum Untergang verdammt.

Ihre Flotte wurde nach einem Angriff auf Ägypten und die Streitmacht der Griechen aus Athen vernichtet. Die militärische Stärke war gebrochen. Bald darauf, heißt es bei Platon, »entstanden gewaltige Erdbeben und Überschwemmungen. Und da versank während eines schlimmen Tages und einer schlimmen Nacht das ganze streitbare Geschlecht scharenweise unter die Erde. Und ebenso die Insel Atlantis, indem sie in den Fluten des Meeres unterging.« So reich an Informationen Platons Atlantisbericht aus dem vierten Jahrhundert v. Chr. ist, so arm ist er an eindeutigen Hinweisen auf die Fragen: Wo hat Atlantis gelegen, und wann ist es untergegangen?

Um alle Quellen auszuschöpfen, beschlossen wir, zunächst den Ursprüngen des Atlantisberichts nachzugehen. Dabei gibt uns Platon selbst einen entscheidenden Hinweis: er schreibt nämlich, daß dem weisen athenischen Staatsmann Solon (640–559 v. Chr.) auf seiner zehnjährigen Reise nach Ägypten die Geschichte von Blüte und Untergang von Atlantis erzählt wurde. Und auch der Ort wird angegeben: *Sais,* die damalige Hauptstadt Unterägyptens. Wir brechen nach Ägypten auf.

Dort angekommen, verrät uns ein Blick auf die Landkarte, daß das kleine Städtchen im Nildelta nur zwei Autostunden von Kairo entfernt ist. Über eine matschige Landstraße, auf der nach frischem Regen unser Wagen ein paarmal stecken bleibt, erreichen wir schließlich den heute zur Bedeutungslosigkeit heruntergekommenen Ort Sais. Wir können kaum glauben, daß hier einst der bedeutende Mittelpunkt eines der größten Kulturländer der Antike lag.

Vom Stadtrand wird der muselmanische Friedhof durch einen flachen, verschilften See getrennt. An dessen Ufer befinden sich halb ausgegrabene Fundamente von Häusern und offensichtlich auch von einer Tempelanlage. Archäologen haben diese Grabungsstätte schon vor Jahren verlassen. Heute sammelt sich in den Mulden Unrat, und Kinder spielen in den zusammenfallenden Mauerresten.

Mit Erstaunen entdecken wir am Uferrand Teile riesiger Statuen aus schwarzem Stein und Rosengranit. Halb vom Wasser bedeckt und umrahmt von zerfleddertem Papier und rostigen Colabüchsen schaut uns ein pharaonischer Kopf an, trauriger Zeuge einer vor Jahrtausenden untergegangenen Kultur (Abb. 2). Der Gedanke, daß unter diesem Antlitz die Priester von Sais Solon die Geschichte von Atlantis erzählt haben, macht uns nachdenklich.

Wenn, wie es heißt, der Atlantisbericht hier in Sais auf Säulen festgehalten worden war, dann wären diese Inschriften möglicherweise auf dem Grund des moddrigen Sees zu finden. Vielleicht wäre das der Schlüssel für das Rätsel von Atlantis. Als nächstes wollten wir herausfinden, ob in ägyptischen Texten Schilderungen wie die von Atlantis häufig vorkommen, oder ob es sich um eine Ausnahme handelt. Wenn es vergleichbare Texte gibt, so folgerten wir, würde diese Tatsache dem Atlantisbericht von vornherein größere Glaubwürdigkeit verleihen.

Wir flogen nach Luxor und setzten auf die andere Nilseite über, um mit Ausgräbern und Archäologen vor Ort über unsere Suche zu sprechen und uns Tips geben zu lassen.

Im Tal der Könige, einer der großen Touristenattraktionen des auf Devisen angewiesenen Ägypten, besichtigten wir das Grab des Tutanchamun. Den legendären Fund machte in den zwanziger Jahren Howard Carter mit Unterstützung eines einheimischen Ausgräbers. Dessen Sohn führte uns und gab uns den Rat, uns die Inschriften auf den Schreinen erklären zu lassen. In der Tat enthält das Grab, dessen Reichtümer zum größten Teil im Museum von Kairo zu besichtigen sind, eine Darstellung aus dem »Buch der Himmelskuh«. Wir haben eine Parallele zu Atlantis gefunden, das als Folge frevelhaften Verhaltens untergehen mußte. Auf

2. Unter dem sumpfigen Boden von Sais können noch Zeugnisse über Atlantis liegen

dem Schrein des Tutanchamun heißt es ganz ähnlich, die Menschen hätten sich gegen die göttliche Ordnung der Welt empört. Deshalb habe Re, der Herr der Weltordnung und oberster aller Götter, die Vernichtung der Menschheit angeordnet. Die Bestrafung erfolgte dann in einer Sintflut, die über die Menschen hereinbrach. Doch Atlantis taucht namentlich in keinem der bekannten und entzifferten Texte auf. Hierzu ist anzumerken, daß nur ein geringer Teil aller bekannten ägyptischen Texte erfaßt und übersetzt ist. Interessant bleibt dennoch, daß »Atlantis« als altägyptisches Wort bedeuten würde: »Insel ohne Namen.«

In Luxor machen wir Bekanntschaft mit dem Heidelberger Ägyptologen Professor Jan Assmann, der in einem der kleineren Gräber unweit vom

Tal der Könige Grabinschriften entziffert. Er macht uns klar, daß Tempel- und Grabinschriften wie auch Papyrusrollen ausschließlich Texte der heiligen Bücher zum Gegenstand haben. Liturgische Texte für das Jenseitsleben der Verstorbenen aus den Totenbüchern wurden wieder und wieder abgeschrieben und in Stein gemeißelt (vgl. Abb. 5). Die unübersehbare Fülle läßt nicht darauf schließen, daß sich die Ägypter mit realen, geschichtlichen Ereignissen aus der Vergangenheit befaßt haben.

Darstellungen aus dem täglichen Leben der Ägypter, auf das durch einzigartige Grabmalereien geschlossen werden kann, vermitteln den Eindruck einer lebensfrohen Gesellschaft. Es steht zu vermuten, daß im Gegensatz zu den schriftlichen Überlieferungen die mündlichen Erzählungen von außergewöhnlichen Ereignissen gehandelt haben. Spätere, vor allem griechische Chronisten weisen darauf hin.

Im Zusammenhang mit Atlantis fügt Assmann einen wichtigen Gedanken hinzu: Die Ägypter waren stolz auf ihre Vergangenheit und ihre monumentalen Bauwerke. Nicht erst in unserem Jahrhundert, sondern schon vor Jahrtausenden waren die Pyramiden von Gizeh und die Sphinx Orte touristischer Neugier. Man muß sich vorstellen, daß schon im zweiten Jahrtausend v. Chr. die Ägypter an Festtagen vor die Pyramiden zogen, um sie zu bewundern.

Es ist denkbar, daß sich die Geschichte von Atlantis an ein Bauwerk oder ein Relief geknüpft hat. Die Priester von Sais könnten ein bestimmtes Monument vor Augen gehabt haben, als sie Solon den Untergang von Atlantis schilderten. Wir haben in Ägypten eine Vorstellung davon bekommen, wie der Atlantisbericht entstanden und überliefert worden sein kann. Was wir nicht wissen ist, wie seine Angaben zu verstehen sind. Kein Buch aus griechischer oder gar ägyptischer Zeit gibt uns Erläuterungen. Das Fehlen eindeutiger Hinweise gestaltet die Suche nach Atlantis so schwierig und ist der Grund dafür, daß die Anschauungen über Atlantis weit auseinandergehen. Andererseits macht der Mangel an genauen Informationen die Suche zu einem aufregenden Abenteuer.

DER ATLANTIK – WIEGE EINER VERSCHOLLENEN KULTUR? Die Mehrzahl der Atlantologen – so heißen die Leute, die sich mit der Suche nach Atlantis beschäftigen – glaubt, der mysteriöse Kontinent habe im Atlantik gelegen und sei vor etwa 10 000 Jahren bei einer gewaltigen Naturkatastrophe untergegangen. Übrig geblieben seien davon nur die höchsten Gipfel als Inseln: die Azoren, Madeira, die Kapverdischen und die Kanarischen Inseln. Manche sehen sogar in den Antillen und den

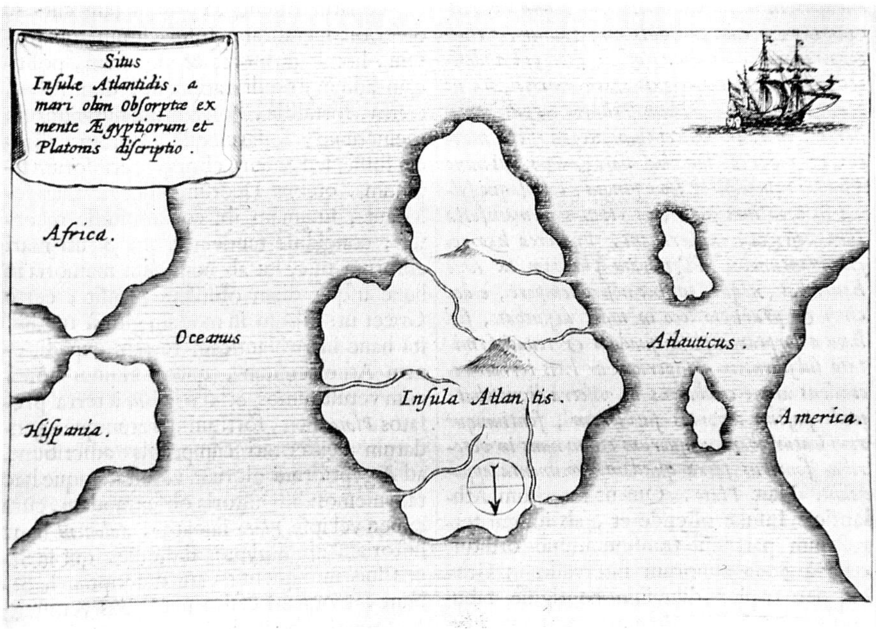

3. Karte aus dem »Mundus subterraneus (1678) von Athanasius Kirchner.
Auf der Legende steht: »Lage der Insel Atlantis, die einst vom Meer verschlungen wurde, nach dem Glauben der Ägypter und der Beschreibung Platons«

Bahamas Reste eines großatlantischen Reiches, denn Platon hatte über die geographische Lage von Atlantis geschrieben:

»Vor jener Meerenge, die ihr die Säulen des Herkules nennt (Straße von Gibraltar), lag damals eine Insel. Diese Insel war größer als Libyen und Asien zusammen, und von ihr konnte man damals zu anderen Inseln übersetzen, von denen man schließlich zum jenseitigen, jenen wahren Ozean begrenzenden Festland gelangte.« (Abb. 3)

Als im fünfzehnten Jahrhundert das Zeitalter der Entdeckungen begann, hatten viele Seefahrer diese Stelle im Gedächtnis, als sie sich auf die Suche nach neuen Ländern im Westen machten. Von Kolumbus heißt es, daß er Platons Texte über Atlantis mit sich führte. 1553, einundsechzig Jahre nachdem Kolumbus die »Neue Welt« betreten hatte, formulierte der spanische Historiker Francesco Lopez de Gomara in seiner »Historia general de las Indias« die These, die neuentdeckten Inseln im Atlantik seien Reste des dort untergegangenen Kontinents Atlantis. Platon hatte damit gewissermaßen den Weg nach Amerika gewiesen. Aber woher konnten Platon, beziehungsweise die ägyptischen Priester in Sais, die

Geographie des Atlantik gekannt haben? Hatten sie Zugang zu Quellen geographischen Wissens, die später verlorengingen? Die Frage ist bis heute ungeklärt.

Als Begründer der modernen Atlantologie gilt Ignatius Donnelly. Er war der begabte Sohn armer irischer Einwanderer und wurde schon mit 28 Jahren stellvertretender Gouverneur des US-Bundesstaates Minnesota, später Kongreß-Abgeordneter in Washington.

Sein Traum, zusammen mit seinem Freund Nininger eine Metropole zu gründen, die größer werden sollte als Chicago, schlug fehl. Statt dessen setzte er sich ein Denkmal mit einem Buch: »Atlantis, the Antediluvian World« (deutsch: Atlantis, die Welt vor der Sintflut). Es erschien 1882 in New York und wurde ein Weltbestseller. Atlantis-Clubs wurden gegründet, in denen man Donnellys Thesen diskutierte. Der berühmte Karneval von New Orleans »Mardi Gras« fand 1883 unter dem Thema Atlantis statt. Der britische Premierminister Gladstone wollte sofort eine großangelegte Forschungsexpedition auf die Suche nach dem verlorenen Kontinent schicken, dies scheiterte aber am Widerstand seines Finanzministers.

Donnelly stellte seinem Buch dreizehn Thesen voran. Es lohnt sich, sie in Erinnerung zu rufen, denn an ihnen entzündet sich noch heute die wissenschaftliche Phantasie der Atlantologen:

Donnelly behauptet:

1. Daß es einst im Atlantischen Ozean gegenüber der Mittelmeermündung eine große Insel gab, die der Überrest eines atlantischen Kontinents und im Altertum als Atlantis bekannt war.

2. Daß Platons Beschreibung dieser Insel nicht, wie lange Zeit angenommen wurde, eine Fabel, sondern ein auf historischen Tatsachen beruhender Bericht ist.

3. Daß Atlantis jenes Gebiet der Erde war, in dem die Menschheit zuerst das Stadium der Barbarei überwand und die ersten Stufen der Zivilisation erklomm.

4. Daß Atlantis im Lauf der Zeitalter ein blühender und mächtiger Staat wurde, durch dessen Ausbreitung die Küsten des Golfs von Mexiko, die Ufer des Mississippi und des Amazonas, die Pazifikküste Südamerikas, das Mittelmeer, die Westküste Europas und Afrikas, die Ostsee sowie das Schwarze und das Kaspische Meer mit Kulturvölkern besiedelt wurden.

5. Daß Atlantis die wahre vorsintflutliche Welt war, der Garten Eden, die Gärten der Hesperiden, die Insel der Seligen, die Gärten des Alkinoos, der Olymp, das Asgard der Germanen . . . und eine universelle Erinnerung an ein herrliches Land hinterließ, in dem die Menschheit im Frühstadium ihrer Geschichte viele Generationen lang in Glück und Frieden lebte.

6. Daß die Götter und Göttinnen der alten Griechen, der Phönizier, der Hindus und der Germanen nichts anderes waren als die Könige, Königinnen und Helden von Atlantis, und die ihnen in der Mythologie zugeschriebenen Heldentaten eine verschwommene Erinnerung an historische Ereignisse sind.

7. Daß die Mythologie der alten Ägypter und Inkas die ursprüngliche Religion von Atlantis darstellte, die ein Sonnenkult war.

8. Daß die älteste von den Atlantiden gegründete Kolonie wahrscheinlich Ägypten war, dessen Kultur und Zivilisation genau denen der atlantischen Insel entsprachen.

9. Daß die Werkzeuge und Geräte der Bronzezeit eine Errungenschaft von Atlantis waren und die Atlantiden ebenfalls als erste Eisen herstellten.

10. Daß das phönizische Alphabet, Urform aller europäischen Alphabete, auf ein atlantisches Alphabet zurückging.

11. Daß Atlantis die Urheimat der arischen oder indogermanischen Völkerfamilie sowie der semitischen und möglicherweise auch der turanischen Volksstämme war.

12. Daß Atlantis durch eine furchtbare Naturkatastrophe vernichtet wurde, bei der die gesamte Insel mit fast all ihren Bewohnern im Meer versank.

13. Daß einige wenige in Schiffen und auf Flößen entkamen und den Völkern im Osten und im Westen Kunde von der grauenhaften Katastrophe brachten, die in den Sintflutlegenden der verschiedenen Völker der Alten und Neuen Welt bis zum heutigen Tag lebendig geblieben ist.

Bemerkenswert erscheint uns an Donnellys Thesen, daß sie weit über das hinausgehen, was wir bei Platon über Atlantis gelesen haben. Dort stand nichts davon, daß Atlantis der Ursprung einer Zivilisation gewesen sei, deren Erben nach seinem Untergang Teile von Nordamerika, Südamerika, Europa und Afrika bevölkern.

Wir müssen uns beschränken auf ein paar wesentliche Fragen: Wo könnte Atlantis gelegen haben, wodurch und wann könnte es untergegangen sein? Welche neuen Forschungsmethoden könnten bei der Suche weiterhelfen?

DIE AMERIKANISCHE KATASTROPHE. Einer der einflußreichsten Atlantisforscher in der Nachfolge Donnellys war der österreichische Erfinder und Ingenieur Otto Muck.

Muck, Jahrgang 1892, war ein vielseitiger Mann. Er konstruierte Schnorchel für U-Boote, erwarb Hunderte von Patenten auf den verschie-

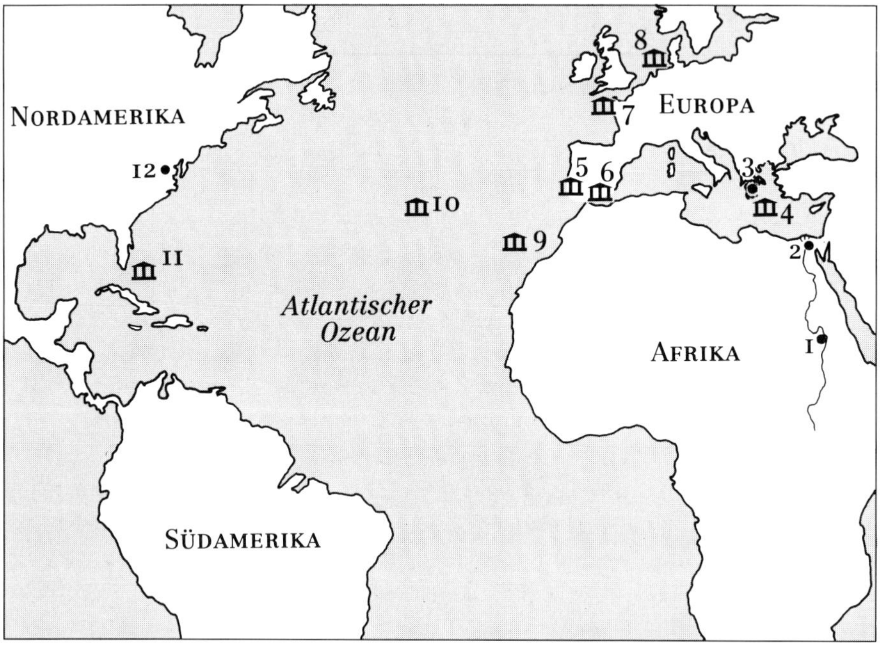

Die wichtigsten Orte, an denen das ZDF-Team den Spuren des untergegangenen Atlantis nachgegangen ist: 1 Sais, 2 Theben, 3 Athen, 4 Santorini, 5 Tartessos, 6 Los Millares, 7 Bretagne, 8 Helgoland, 9 Ampere Seamount, 10 Azoren, 11 Bahamas, 12 USA-Ostküste. Das Tempel-Symbol bezeichnet vermutete Atlantis-Orte.

densten Gebieten, half im Zweiten Weltkrieg in Peenemünde bei der Entwicklung von Raketen, war Hobby-Archäologe, Biologe und Zeichner. Sein 1956 erschienenes Buch »Atlantis – die Welt vor der Sintflut« bietet vielen Atlantissuchern auch heute noch die spannendste und überzeugendste Lösung auf ihre Fragen.

Muck vermutet, wie Donnelly, daß Atlantis im Gebiet der heutigen Azoren lag. Dort, wo in der Wetterküche Europas das Azorenhoch entsteht, ragen heute nur noch die Berggipfel des einstigen Kontinents empor. Am imposantesten der 2351 Meter hohe Pico auf der gleichnamigen Insel (Abb. 13). Die Spuren der Katastrophe, die für den Untergang des Kontinents und damit für gewaltige geologische und klimatische Veränderungen auf der Erde verantwortlich gewesen sein soll, sind am deutlichsten an der Ostküste der USA zu sehen. Allerdings nur vom Flugzeug aus.

Der Manager eines kleinen Privatflugplatzes an der Grenze zwischen North und South Carolina hält uns zunächst für verrückt: »Was wollen

Sie? Krater sehen?« Als wir dem Piloten anhand unserer Karte erklären, daß wir die vielen kleinen ovalen Seen, die sogenannten *Carolina Bays,* aus der Luft filmen wollen, weiß er Bescheid. »Ja, davon gibt's Tausende hier, viele auch ohne Wasser und ganz überwuchert.« Er ist erstaunt zu hören, daß dies die Spuren einer der größten kosmischen Katastrophen sein sollen, die die Erde je getroffen hat.

Laut Otto Muck ist vor etwa 10 000 Jahren ein Planetoid von zehn Kilometern Durchmesser und mit der Energie von 30 000 Hiroshima-Atombomben auf der Erdkugel eingeschlagen und explodiert. Splitter davon, die schräg auf die Erde aufprallten, erzeugten die vielen ovalen Formationen, die, teils mit Wasser gefüllt, für die Landschaft hier so typisch sind. Die Hauptmasse des Planetoiden stürzte ins Meer, riß den Meeresboden in einer Länge von 4000 Kilometern auf, flüssiges Gestein, Magma, trat aus, erzeugte Schlammregen und Flutwellen. Was die Sintflutsagen beschreiben, war die Folge.

Durch den Magmaverlust unter dem Meeresboden sackten die Kontinentalplatten Amerikas und Europa-Afrikas zur Mitte des Atlantiks hin ab und rissen Atlantis in die Tiefe. Da Atlantis allerdings nicht selbst vom Planetoiden getroffen und zerstört wurde, sondern nur versank, könnte man hoffen, eines Tages doch noch Reste von Bauwerken in der Tiefe des Meeres zu finden.

Muck glaubt, außer in Platons Atlantisbericht und in den Sintflutsagen der Völker beiderseits des Atlantiks, auch noch andere Zeugnisse dieser Weltkatastrophe gefunden zu haben: so z. B. die griechische Sage von Phaeton, dem Sohn des Sonnengottes, der mit dem Sonnenwagen seines Vaters von der Bahn abkommt und brennend auf die Erde stürzt, oder die biblische Geschichte vom Fall Luzifers, der wegen seiner Rebellion gegen Gottvater von diesem vom Himmel herab in die Hölle gestoßen wird.

Den Zeitpunkt des Untergangs von Atlantis glaubt Muck ebenfalls genau bestimmen zu können: und zwar am 5. Juni 8498 v. Chr. um 13 Uhr Ortszeit. Mit diesem Datum, so hat man errechnet, begann die Zählung des Maya-Kalenders.

Als weiteres Indiz für das Verschwinden eines Kontinents im Mittel-Atlantik sieht Muck die Laichzüge der Aale in die Sargasso-See südwestlich des Azorengebietes. Ihr unbelehrbarer Instinkt zwingt sie, aus Europa und Amerika zum Laichen an ihren Ursprungsort zurückzukehren, und der war, laut Muck, einst der Golfstromwirbel vor der Küste von Atlantis. Muck: »Die Aale haben – so scheint es – ein besseres Gedächtnis als die Menschen. Jeder Glasaal, jeder der grünen und braunen Hochzeiter, legt stummes Zeugnis ab für Atlantis.«

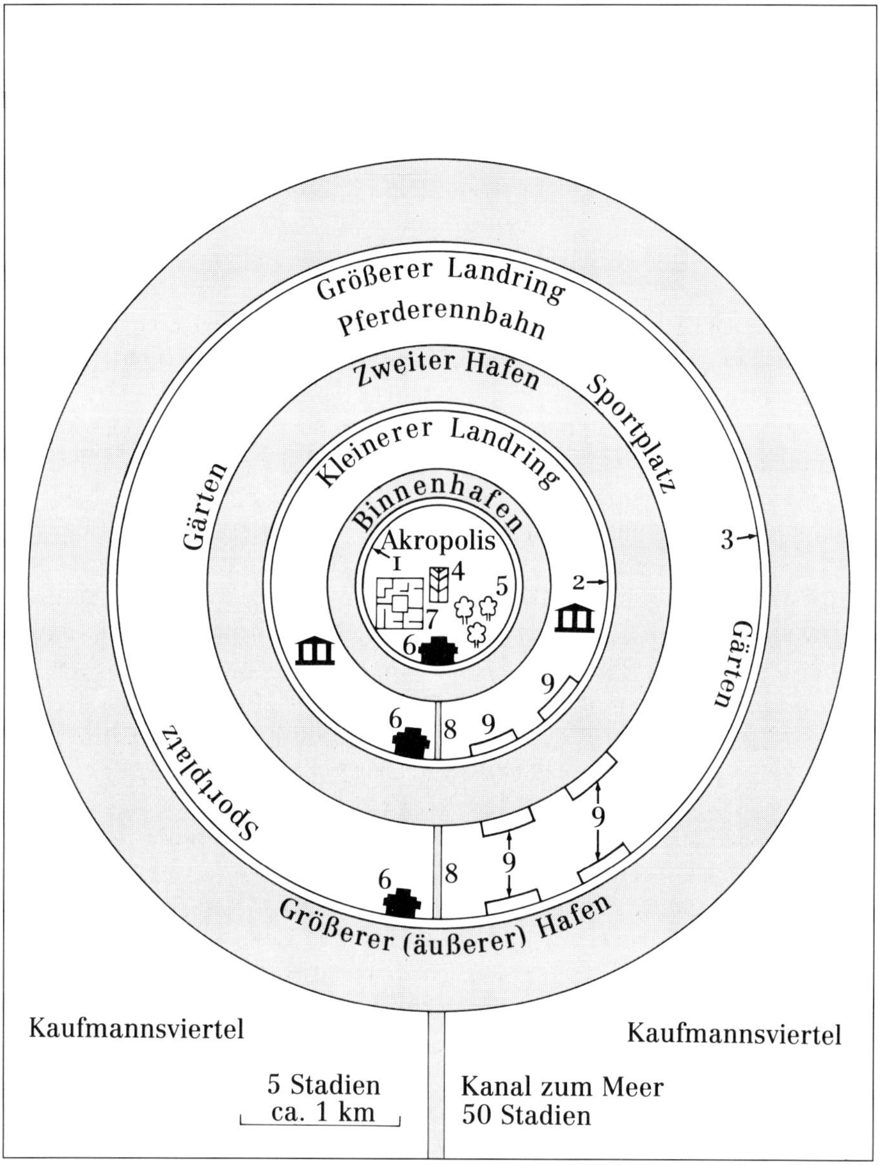

Die Haupststadt von Atlantis nach Platons Buch »Kritias«.

1 Mauer aus Messingerz
2 mit Zinn verkleidete Mauer
3 mit Bronze verkleidete Mauer
4 mit einer goldverkleideten Mauer umgebenes Heiligtum des Poseidon und der Kleito
5 Poseidon-Hain
6 Wachhäuser
7 alter Königspalast
8 Durchfahrt für Dreiruderer
9 unterirdische Dockanlagen

Unser Pilot in Carolina, USA ist unbeeindruckt von so viel atlantologischer Gelehrsamkeit. Er ist froh darüber, daß wir rechtzeitig vor dem Sturm von unserem Rundflug über die Carolina Bays zurückgekehrt sind. Seine Cessna hat er draußen auf der Betonpiste festgebunden, damit sie nicht von alleine davonfliegt. »Und dieser Muck war einer der Leute bei Wernher von Braun? Na ja, der eine sucht sein Atlantis auf dem Mond, der andere im Atlantik.«

IM BANNKREIS DER AZOREN. Wenn Atlantis gleichsam unbeschädigt in der Tiefe versunken sein soll, müßte man dann nicht auf dem Meeresboden rings um die Azoren irgendwelche Spuren der gewaltigen Bauwerke der Atlanter finden? Denn das ist der Schwachpunkt bei der ganzen Atlantisforschung: Sie kann sich bisher nur auf Indizien stützen. Eindeutige Funde, wie wir sie aus dem Bereich anderer, auch vorgeschichtlicher Kulturen kennen, gibt es aus Atlantis nicht.

Gleichwohl mehrten sich in den siebziger Jahren dieses Jahrhunderts Gerüchte, daß sowjetische Forschungsschiffe Unterwasseraufnahmen von Bauwerken mitgebracht hätten. Besonderes Aufsehen erregte eine Reihe von Fotos, die mit Hilfe einer Spezialkamera bei einer Expedition des sowjetischen Forschungsschiffes »Moskovsky Universitet« über dem *Ampere Seamount* zwischen Gibraltar und Madeira gemacht wurden. Auf ihnen war eine etwa 1,50 Meter hohe und 75 Zentimeter breite Mauer zu erkennen, sowie teilweise von Lava bedeckte Treppenstufen.

Die Nachricht ging um die Welt: »Russische Wissenschaftler entdecken Atlantis.« 1980 erschien ein Artikel in der offiziellen Auslandszeitschrift »Soviet Life«, in der der stellvertretende Leiter des renommierten Moskauer Instituts für Ozeanologie, Prof. Andrei Aksenov, Zweifel an der Beweisbarkeit der Atlantis-These anmeldete. Platons Atlantis werde man im Atlantik kaum finden können, es sei aber nicht auszuschließen, daß auf diesen Fotos Reste einer untergegangenen Zivilisation zu sehen seien. Er forderte weitere Expeditionen zur Untersuchung dieser Hypothese. Danach hörte man nichts mehr. Viele Bücher über Atlantis wiederholten nur die Geschichte vom rätselhaften Fund der Russen. Man spekulierte über mögliche Gründe sowjetischer Geheimhaltung. Nach mehreren Anläufen gelang es uns, Prof. Aksenov zu einem Gespräch in seinem Moskauer Institut zu treffen. Er berichtete uns, die von ihm geforderte Expedition habe tatsächlich 1985 stattgefunden. Mit einem Spezial-U-Boot, der »Argus«, habe man den gesamten Ampere Seamount abgesucht. Wieder habe man geglaubt, Reste von Häusern und Straßen zu erkennen, diesmal durch das Bullauge des U-Bootes aus allernächster Nähe. Die hydraulischen Greifer der »Argus« wurden ausgefahren, um Gesteinsproben an Bord zu bringen. Die anschließenden Untersuchungen zeigten allerdings keine Spuren menschlicher Bearbeitung, es war alles vulkanisches Gestein. Ein Trick der Natur. Weder Atlantis, noch eine andere untergegangene Zivilisation waren hier zu finden.

Die Auskunft von Andrei Aksenov wird die Atlantologen nicht abhalten weiterzusuchen, denn es gibt in Rußland eine lange Tradition der Atlantisforschung.

Sie gipfelte in dem 1963 zuerst auf russisch, dann 1970 in Moskau auf englisch erschienenen Buch »Atlantis« des inzwischen verstorbenen N. Zhirov.

Zhirovs Buch gilt als das Standardwerk der wissenschaftlichen Atlantologie. Es zieht die Summe aus dem bisher Erforschten und versucht, die Atlantisforschung auf eine breitere Basis zu stellen. Es geht ihm nicht mehr nur um den Nachweis, daß Platons Atlantis existiert hat, sondern um die Frage: Wo auf der Welt gibt es versunkene Kontinente und haben auf ihnen Menschen gelebt?

Die Antwort auf den ersten und entscheidenden Teil der Frage können nach Zhirov nur Geologie und Ozeanographie liefern. Anhand einer überwältigenden Materialfülle wissenschaftlicher Einzelbeobachtungen versucht Zhirov nachzuweisen, daß viele der untermeerischen Gebirge, die die Weltmeere durchziehen, vor noch geologisch verhältnismäßig junger Zeit über Wasser ragten. Es sei durchaus denkbar, daß die Azoren, die auf einem dem sogenannten »Mittelatlantischen Rücken« vorgelagerten Plateau liegen, einst Teil eines größeren Kontinents gewesen seien.

Laut Zhirov bestand dieser Kontinent aus drei Teilen: *Poseidonis* oder *Azoris* im Norden; südlich davon, nur durch einen Graben auf der Höhe des 31. Breitengrades getrennt, *Antillia,* eine schmale, langgestreckte Insel, an die sich etwa auf der Höhe des zehnten Breitengrades eine äquatoriale Inselgruppe anschloß, von der heute nur noch die St.-Paul-Felsen übrig sind. Zhirov hält es für wahrscheinlich, daß dieser Kontinent nicht durch Einwirkung eines Planetoiden, sondern im Verlauf natürlicher tektonischer Prozesse im Innern der Erde versank.

Wieder machen wir uns auf den Weg, um uns einen Teil des Gelesenen anschaulich vor Augen zu führen. Am liebsten wären wir mit einem der Forschungsschiffe gefahren, die mit Spezialkameras, Echoloten und Bohrern den Meeresboden untersuchen. Aber es fand sich keines, das in diesem Jahr über dem uns interessierenden Gebiet unterwegs war. Also fuhren wir direkt auf die Azoren.

Die neun zu Portugal gehörenden Inseln der Azoren liegen zwischen Europa und Amerika, etwa 1600 Kilometer westlich von Lissabon. Die größte Insel, São Miguel, ist 757 Quadratkilometer groß, die kleinste, Corvo, nur 17 Quadratkilometer. Zusammen mit Madeira, den Kapverdischen und den Kanarischen Inseln zählt man sie zu den *Makaronesen,* den »Inseln der Glückseligen«.

Das milde, wenn auch regnerische Klima läßt eine Vielzahl von Pflanzen gedeihen (Abb. 15). Hortensien und Azaleen wachsen in solcher Fülle, daß die Azoreaner an bestimmten Festtagen die Straßen ganzer Ortschaften damit bedecken. Nutzpflanzen können mehrmals im Jahr geerntet werden, es wächst fast alles, was angebaut wird, so auch Ananas und Bananen. Die meisten Pflanzen auf den Azoren sind von Menschen eingeführt. Es gibt jedoch auch einige Arten, die nur auf den Makaronesen vorkommen, so zum Beispiel der berühmte Drachenbaum. Manche sehen in ihm einen Hinweis für die eigenständige Flora von Atlantis. Es scheint aber eher so zu sein, daß auf den Azoren auch während der Eiszeit Arten gedeihen konnten, die im rauhen Klima Europas nicht überlebten.

Wir fahren tagelang mit dem Auto über die Inseln Pico, Faial, São Miguel. Jede ist anders: Pico mit ihrem bizarren Vulkangestein, auf dem der berühmte Picowein wächst, Faial mit ihren lieblichen Wiesen und sanft geschwungenen Vulkankuppen, São Miguel mit den großartigen Vulkanseen Sete Cidades, Lagoa Fogo und Lagoa das Furnas.

Im Tal von Furnas sprudeln heiße und kalte Quellen direkt nebeneinander (Abb. 16). Hier scheinen die Voraussetzungen für Platons Beschreibung von der tropischen Üppigkeit auf Atlantis gegeben zu sein, obwohl die heutigen Bewohner, wirtschaftlich gesehen, zu den ärmsten Europas gehören. Die meisten Azoreaner leben deshalb auch in den USA oder auf dem europäischen Festland und kommen nur in den Ferien oder im Rentenalter zurück in ihr heimisches Paradies.

Im Gegensatz zu den Kanarischen Inseln hat man auf den Azoren keine Urbevölkerung nachweisen können, und man weiß nicht, ob die Inseln im Altertum bekannt waren. In der Neuzeit wurden sie erst in der Mitte des fünfzehnten Jahrhunderts von portugiesischen Seefahrern entdeckt, obwohl sie unter anderem Namen schon in portugiesischen Kartenwerken des vierzehnten Jahrhunderts verzeichnet waren. Bald darauf wurden sie hauptsächlich von Portugiesen, zum Teil auch von Flamen und Franzosen besiedelt. Unser Interesse gilt jedoch der Entstehungs- bzw. der Untergangsgeschichte der Azoren.

Am Fuße des Vulkans Fogo auf São Miguel treffen wir uns mit Professor Hans Ulrich Schmincke, Professor und Generalsekretär der einzigen internationalen Vereinigung von Vulkanologen. Er gilt als der beste Kenner der Erdgeschichte im Bereich der Kanaren und der Azoren. Mit ihm hatten wir uns schon Monate zuvor zum Lokaltermin verabredet.

Wir trafen ihn in einem Steinbruch bei der Arbeit, mit Zollstock, Hammer und Lupe. Er zeigte uns die verschiedenen Schichtungen von weißem Bimsstein und gelblich-oranger Bodenkrume, Resultat der Ausbrüche des Vulkans in den letzten 10 000 Jahren. Im Prinzip, so Schmincke, sei das hier vergleichbar mit den großen Bimseruptionen, die Teile von Santorini sowie Pompeji und Herkulaneum verschütteten.

Wir fragten ihn nach den Gründen für das Versinken des Kontinents. »Versinken?« Er schüttelte den Kopf. Im Gegenteil, die Azoren seien seit Millionen von Jahren gewachsen. Vor der Insel Faial sei erst 1957 ein neuer Vulkan ausgebrochen und habe die Insel erheblich vergrößert und zugleich mehrere Dörfer verschüttet (Abb. 14). Sicher, im Auf und Ab der vulkanischen Tätigkeit verschwinde auch mal wieder eine Insel, aber nicht in den von den Atlantologen vorgestellten Dimensionen.

Schminckes Fazit lautet: Es gibt von naturwissenschaftlicher Seite, das heißt von Geologie, Vulkanologie, Ozeanographie und Marinegeologie her, keine Hinweise dafür, daß im Bereich der Azoren vor geologisch junger Zeit, also vor etwa 10 000 Jahren, ein Kontinent existiert hat. Alles spricht dafür, daß die Inseln der Azoren als reine Vulkaninseln vom Meeresboden aus gewachsen sind.

Auf unseren Einwand, daß man doch aber auf dem Telegraphenplateau und an anderen Stellen des mittelatlantischen Rückens Lavabrocken gefunden habe, deren glasartige Beschaffenheit auf ein Erkalten an der Luft schließen lasse, außerdem Granitsteine, die man nur auf Kontinenten findet, antwortet er mit der gebotenen professionellen Skepsis: Die Granitsteine seien möglicherweise entweder von Eisbergen nach Süden getragen oder von Schiffen, die sie als Ballast mitgeführt hatten, über Bord geworfen worden; und die Lavabrocken, von denen wir sprachen, könnten auch bei einem Vulkanausbruch unter Wasser gebildet werden. Man müsse bei all diesen Informationen und Spekulationen sehr vorsichtig sein, sie seien meist von einem Vorurteil geprägt und hielten nicht dem nüchternen, kriminalistischen Blick heutiger Wissenschaft stand.

LOKALTERMIN IM BERMUDA-DREIECK. Die untergehende Sonne spiegelt sich in den Glastürmen von Downtown Miami, Palmen wachsen aus postmodernem Beton. Eine Hochbahn fährt lautlos durch die phantastische Architektur. Assoziationen an Atlantis.

Laut einer Umfrage von 1988 glauben 37 Prozent aller US-Amerikaner, daß es Atlantis wirklich gegeben hat.

Einer, der für diesen weitverbreiteten Glauben mit verantwortlich ist, heißt Charles Berlitz. Sein Großvater gründete einst die Berlitz School of Languages. Er selbst, Sprachforscher und Abenteurer, hat sich sein Leben lang mit Rätseln und Geheimnissen beschäftigt. Einige seiner Bücher sind Weltbestseller geworden: »Das Bermuda-Dreieck«, »Spurlos«, »Das Philadelphia Experiment«. Zuletzt erschien bei uns »Der 8. Kontinent, Wiege aller Kulturen«.

Charles Berlitz ist das nächste Ziel unserer Reise. Er wohnt eine Stunde nördlich von Miami in dem mondänen Badeort Fort Lauderdale. An einem der vielen Kanäle hat er einen Bungalow, am Hausdock liegt eine Segelyacht, auf der er manchmal sitzt und schreibt. Vor zehn Jahren ist er mit seiner Frau Valerie aus einer Prachtvilla auf Long Island bei New York hierhergezogen, um sich ganz der Erforschung des Atlantis-Rätsels zu widmen.

Auch für ihn geht es bei der Frage nach Atlantis um die Frage nach dem Ursprung unserer Zivilisation. Ist sie Ergebnis einer Jahrtausende währenden stetigen Evolution, oder hat es vor ihr bereits eine oder gar mehrere Hochkulturen gegeben, die in einer kosmischen Apokalypse untergegangen sind?

Gemeinsam mit Berlitz besuchen wir seinen Freund Dr. Manson Valentine. Er ist einer der besten Kenner der Unterwasserruinen im Gebiet der Bahamas. Valentine ist 87, seine Augen leuchten, als er uns von seiner Entdeckung, der sogenannten *Straße von Bimini*, erzählt:

»Es war 1968, am zweiten September. Ich hatte den ganzen Tag mit zwei Freunden draußen im Golfstrom getaucht. Dort hatten wir eine merkwürdige Felsspitze untersucht, die aus der Tiefe des Meeres bis auf zwanzig Meter unter die Oberfläche reicht. Wir waren erschöpft, und als wir in die Nähe der Inseln zurückgekommen waren, fragte ich unseren Führer, den Fischer Bonefish-Sam, ob er uns nicht ein Riff zeigen könne, wo wir noch ein paar Fische beobachten oder Muscheln sammeln könnten. Sam brachte uns dann an die Stelle, wo er ein Riff kannte. Meine Freunde waren schon müde, aber ich schnallte mir noch mal meine Gewichte um und tauchte ab. Na ja, und da fand ich die ›Straße von Bimini‹, einfach so. Es war wie im Traum – vor mir lag sie wie eine der weißen Prozessionsstraßen der Maya, die ich in Yucatan gesehen hatte.«

Tags darauf fliegen wir mit Berlitz und Unterwasserkamera nach Bimini, um uns selbst einen Eindruck zu verschaffen. Wir bitten den Piloten unserer gecharterten Cessna, Kurs auf die Felsen von Paradise

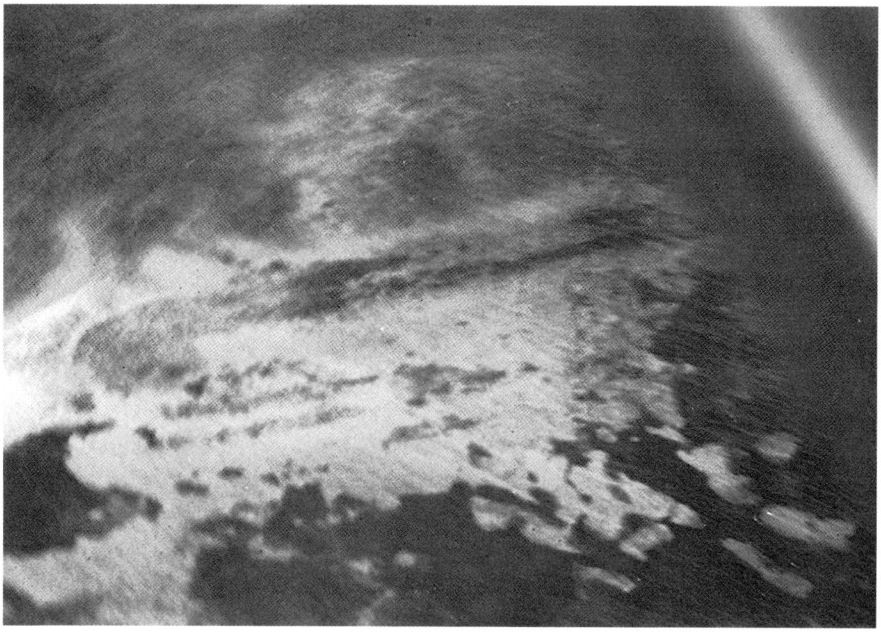

4. Wie einen riesigen Hockeyschläger sieht man aus der Luft die »Straße von Bimini«, Bahamas, unter Wasser liegen

Point zu halten. Hier, etwa 300 Meter vor der Küste, soll man bei klarem Wetter die »Straße von Bimini« deutlich erkennen können.

Berlitz tippt unseren Kameramann an: »Da, sehen Sie?« Wie ein gigantischer Hockeyschläger liegt die »Straße von Bimini« unter uns. Wir werden sie gleich aus nächster Nähe in Augenschein nehmen. Das Tauchboot wartet schon (Abb. 4).

Obwohl Berlitz erkältet ist, geht er mit uns ins Wasser und zeigt uns den Weg. Wir können auf unsere mitgebrachten Unterwasserscheinwerfer verzichten. Klar liegen die gewaltigen Steine in etwa fünfzehn Metern Tiefe regelmäßig angeordnet unter uns. Sind diese Steine nun »beach rock«, also eine natürliche Formation, die sich über die Jahrtausende aus dem Zusammenspiel von Wind, Wellen und Kalkablagerungen gebildet hat, wie viele Wissenschaftler sagen, oder handelt es sich hier um Reste eines Bauwerks aus vorgeschichtlicher Zeit?

Berlitz zeigt sich etwas irritiert über unsere Zweifel. Für ihn, wie für seinen Freund Valentine, handelt es sich um ein Bauwerk aus der Zeit von Atlantis, vergleichbar den großen Megalithbauten in Europa. Wahrscheinlich sei es aber keine Straße, sondern eine Mauer. Berlitz hofft auf den Tag, an dem die Regierung der Bahamas ihm und seinen Leuten eine Grabungsgenehmigung erteilt: »Wahrscheinlich werden wir hier dann eine ganze Stadt ausgraben.«

Vor dem Ende der letzten Eiszeit lag die Bahama-Bank über dem Meeresspiegel. Sie ist ein Gebiet so groß wie die Britischen Inseln. Sollten hier nicht weitere Siedlungsspuren zu finden sein? Berlitz entwirft uns vor Paradise Point auf Bimini das grandiose Bild einer Weltkultur von Atlantis, die uns als Beispiel und als Warnung dienen könne. Atlantis sei möglicherweise nicht Opfer einer natürlichen Katastrophe aus dem Weltall oder aus dem Innern der Erde geworden, sondern seiner eigenen außer Kontrolle geratenen Technik. Berlitz ist der Meinung, daß die heutige Atlantisforschung durch die Fortschritte auf dem Gebiet der Meeresgeologie und der Unterwasserarchäologie endgültig aus dem Bereich der Spekulationen herausgetreten sei. Die Chance, Atlantis zu finden, sei heute viel besser als noch vor zwanzig Jahren. Wenn sich die Regierungen der Supermächte dazu entschließen könnten, statt mit ihren U-Booten Katz und Maus zu spielen, nach Atlantis zu suchen, würden sie vielleicht die größte und weitreichendste Entdeckung der Neuzeit machen: nämlich den Ursprung ihrer gemeinsamen Kultur.

EDGAR CAYCE UND DIE WIEDERGEBURT DER ATLANTER. Herb Sawinsky ist Mitarbeiter des sogenannten Bimini-Projekts der *Cayce Foundation.* Sie hat es sich zum Ziel gesetzt, alle Forschungsprojekte im Bereich der Bahama-Bank, die Atlantis betreffen, zu koordinieren, Gelder zu beschaffen, vor allem aber erst einmal verläßliche Karten anzufertigen. Denn was nützt es, so Doug Richards, der Forschungsleiter der Cayce Foundation, Atlantis zu entdecken, wenn man es anschließend nicht wieder auffinden kann.

Die Cayce Foundation, bekannt auch unter dem etwas esoterischen Kürzel A. R. E. (Association for Research and Enlightenment) ist in den letzten zwanzig Jahren zu einem Zentrum der Atlantisforschung geworden. Sie unterhält eine Privatuniversität und eine Klinik in Virginia Beach, Virginia. Hier ist u. a. die größte Sammlung von Büchern zum Thema Atlantis untergebracht.

Wir haben uns mit Edgar Evans Cayce, dem Sohn von Edgar Cayce, zum Gespräch verabredet. Sein Vater, Edgar Cayce (1877–1945), auf den die Organisation zurückgeht, war eines der bemerkenswertesten »Medien« der USA. Er hatte die Fähigkeit, sich in Trance zu versetzen und in diesem Zustand Diagnosen und Heilvorschläge für Patienten zu erstellen, die viele hundert oder tausend Kilometer entfernt waren. Er brauchte dazu nur Namen und Adresse des Patienten. So wurde er eines Tages über das Leben eines bestimmten Patienten befragt. Es kam heraus, daß dieser Patient in einem seiner früheren Leben in Atlantis gewohnt haben sollte. Aus den zahlreichen Lebensdiagnosen, den »Life Readings«, die Cayce daraufhin über einen Zeitraum von 21 Jahren in Trance erstellte, ergab sich, daß viele seiner Patienten auf ein Leben in Atlantis zurückblikken konnten. Einigen von ihnen bescheinigte er sogar mehrfache Inkarnationen dort, denn *Poseidia*, wie er Atlantis nennt, existierte bereits 50 000 Jahre v. Chr. Im Jahre 28 000 v. Chr. sei es zu Inseln auseinandergebrochen und 10 000 v. Chr. schließlich in der Katastrophe, von der Platon schreibt, untergegangen.

Cayce's Bild von Atlantis vor dessen Untergang ähnelt verblüffend dem der USA in der Mitte des 20. Jahrhunderts, einschließlich technischer Errungenschaften wie Flugzeugen und Atomkraft.

Hier sieht sein Sohn Edgar Evans, der von Beruf Elektroingenieur ist, allerdings Schwierigkeiten für die Glaubwürdigkeit des Propheten. Dennoch, was Cayce's Atlantis-Visionen in Amerika zumindest so große Popularität verschaffte, war die Bestätigung seiner Prophezeihung, daß Teile von Atlantis um 1968 in der Nähe von Bimini gefunden würden, just in dem Jahr, in dem Mason Valentine seine Entdeckung machte.

Cayce's Sohn jedoch ist skeptisch, was die »Straße von Bimini« als Fundort einer atlantischen Kolonie betrifft. Er hält sie für eine natürliche Formation. Allerdings gäbe es in der Umgebung von Bimini noch eine Vielzahl von Spuren, deren Erforschung uns möglicherweise der Lösung des Atlantis-Rätsels näher brächte. Cayce's Voraussagen hätten den Weg gewiesen, jetzt käme es darauf an, sie wissenschaftlich zu prüfen.

VON DEN GRENZWISSENSCHAFTEN ZU DEN GRENZEN DER WISSENSCHAFT: »HIGH-TECH«-ARCHÄOLOGIE AUS DEM WELTALL. Im Sumpfgebiet des Pearl River, eine Stunde auf dem Highway US 10 von New Orleans Richtung Westen, nicht weit vom Golf von Mexiko, zeigt ein Schild zu den NSTL, den National Space Technology Laboratories.

Hier, in einem der großen Forschungszentren der NASA, werden die Raketenstufen für die nächste Raumfähre der USA getestet. Schon von weitem sieht man den gewaltigen Turm der Test-Anlage. Die NASA hat hier ein Grundstück von der Größe Berlins aufgekauft, damit sie von niemandem wegen Ruhestörung verklagt werden kann; so gewaltig ist der Lärm der Raketen.

Unser Besuch gilt Tom Sever, dem einzigen Archäologen der NASA. Seine eigentliche Aufgabe ist es, künftiges Testgelände auf seine Eignung zu prüfen, aber da er von Hause aus Archäologe ist, nutzt er die hier gebotenen wissenschaftlichen Möglichkeiten für die Erforschung früher Kulturen. Er ist der führende Experte für *remote sensing.* Mit diesem Begriff bezeichnet man eine Technik, die es einem ermöglicht, mittels Radar- und Infrarotaufnahmen und anschließender Verarbeitung der Daten durch spezielle Computerprogramme, Dinge zu sehen, die dem menschlichen Auge verborgen bleiben: Fischschwärme in den Tiefen des Meeres, Ruinen im Urwalddickicht, jahrtausendealte Straßen, die längst zugewachsen sind, ja sogar Flußtäler unter dem Wüstensand der Sahara.

»Können wir mit ›remote sensing‹ Atlantis finden?« Sever lacht: »Wenn Sie in Ihrem Film behaupten, die NASA suche nach Atlantis, verliere ich meinen Job.« Wir wenden ein: »Aber immerhin, die übernächste Raumfähre, die gestartet werden soll, trägt den Namen Atlantis, wir haben sie im Hangar auf Cape Canaveral gefilmt.« »Der Name kommt von dem Forschungsschiff »Atlantis«, wir haben nichts mit der Suche nach Atlantis zu tun. Atlantis ist ein Mythos. Wozu wir allerdings in der Lage sind: Wir können mittels ›remote sensing‹ Spuren menschlicher Besiedlung finden, die bisher unentdeckt blieben, weil sie für das bloße Auge unsichtbar sind.« Sever zeigt uns am Computerbildschirm ein Geflecht von Linien, Straßen einer bisher unbekannten Zivilisation am Ufer des Arenal-Sees im Norden von Costa Rica. Hier haben möglicherweise Indianer vor 10 000 Jahren gejagt, lange bevor die Azteken und die Maya ihre Reiche errichteten. Eines von Severs nächsten Projekten ist die Suche nach frühen Stätten der Maya unter dem dämmrig-grünen Urwalddach von Guatemala.

Tom Sever und die NASA werden sich zwar nicht beteiligen, aber die Suche nach Atlantis geht weiter. Und die Atlantologen, wenn sie dem Rätsel ernsthaft auf die Spur kommen wollen, werden nicht umhin können, sich die neuesten wissenschaftlichen Erkenntnisse und Methoden zunutze zu machen. Auch wenn es vielleicht nicht mehr darum geht, den Satz zu beweisen, »Platon hatte doch recht«, sondern ihn vielmehr – wie seinerzeit die Entdecker der Neuen Welt – als Inspirationsquelle zu nutzen, in unserem Fall als Wegweiser auf der Suche nach den Anfängen menschlicher Zivilisation.

Wir stellen die Frage erneut in anderer Form: Nicht, wo hat Platons Atlantis gelegen, sondern, was ist der Ursprung der Geschichte von Atlantis? Ist sie reine Erfindung eines Philosophen, der seinen Zeitgenossen das Beispiel eines Idealstaates vor Augen halten wollte, oder stecken darin möglicherweise verschiedene historische Tatsachen, deren Überlieferung man verfolgen kann?

SANTORINI ODER DIE STRAFE DER GÖTTER. Kehren wir dahin zurück, von wo alles seinen Anfang genommen hat: nach Ägypten. Die Priester von Sais sollen also Solon erzählt haben, daß das Inselreich Atlantis vor 9000 Jahren gegründet wurde. Das wäre, von der Gegenwart zurückgerechnet, vor rund 11 500 Jahren gewesen.

Alles geschichtliche Wissen spricht dagegen, daß unsere Erde zu diesem frühen Zeitpunkt Hochkulturen gekannt hat. Und daß es sich im Atlantisbericht nur um eine solche handeln kann, ist offensichtlich. Wir sind also der Frage nachgegangen, wie es zu dieser überraschenden Berechnung gekommen ist.

Die Ägypter der Spätzeit unterhielten regen Kontakt zu den Griechen, deren Gelehrte Studienfahrten ins Pharaonenreich unternahmen. Es ist nun überliefert, daß einer der griechischen Historiker nach dem Alter der Pharaonenkultur fragte. Als Antwort zeigte man ihm 365 Statuen von Amun-Priestern, die jeweils Vater und Sohn von einer auf die nächste Generation darstellten. Aus der Hochrechnung von 365 mal einem Lebensalter von rund 25 bis 30 Jahren ergab sich die Zahl von etwa 9000. Daß Platon ausgerechnet diese Zahl anführt, läßt darauf schließen, daß er sie ungeprüft übernommen hat. Sie ist, so bestätigten uns Historiker und Archäologen wiederholt, mit Sicherheit falsch.

Bleiben wir an der Quelle des Atlantisberichtes und fragen, ob es ein untergegangenes Volk gegeben hat, das sowohl den Beschreibungen entspricht als auch den Ägyptern bekannt war.

Unsere Suche führt uns in die Nähe des Tempels der legendären Königin *Hatschepsut,* die als Mann verkleidet und mit angeklebtem Bart vor ihr Volk trat. Die Felsen in dieser wüstenartigen Landschaft erscheinen wie von Nagetieren durchhöhlt. Bis tief ins Innere des Gesteins ließen die Ägypter noch zu ihren Lebzeiten Gänge treiben, um ihre Totenhäuser anzulegen. Komplizierte Techniken wurden erfunden, um Grabräuber abzuschrecken. In einer der heißesten Regionen der Erde, wo so gut wie nie Regen fällt, waren die konservierten Körper vor Zerfall sicher. Viele Gräber sind dennoch in den vergangenen Jahrtausenden geöffnet und geplündert worden. Die Geschichte der Grabräuber ist so alt wie die der Gräber.

Eines der gut erhaltenen Gräber ist das des Wesirs Rechmiret, der um 1500 v. Chr. gelebt hat. Die prächtigen Wandbilder verraten etwas von den Außenbeziehungen Ägyptens zu anderen Völkern. Neben braunen Libyern aus dem Westen werden schwarzhäutige Nubier aus dem afrikanischen Süden gezeigt.

In einer weiteren Reihe werden Abgesandte aus Kreta dargestellt. Ihre Kleider, die Haartracht und die Geschenke, die sie mit sich führen, verraten ihre Herkunft: das Reich der Minoer, deren Heimat die Inselwelt von Kreta und Santorini ist.

Der Wissenschaftler Jan Assmann erklärt ein dem Laien nicht auffälliges Detail, das für unsere Atlantis-Untersuchungen Bedeutung gewinnt. Auf der Darstellung der Minoer ist die Schurztracht an ihren unteren Enden übermalt worden. Dies läßt darauf schließen, daß der Maler eine Korrektur vornehmen mußte, nachdem leibhaftige Kreter als Gesandtschaft in Ägypten erschienen waren. Nimmt man nun das Datum der Grablegung als spätesten Termin dieser Malerei, gewinnt man einen Anhaltspunkt für den Besuch der Delegation aus Kreta. Es ist nachgewiesen, daß in der Folgezeit Kreter oder andere Minoer nicht mehr wie bisher auf den Abbildungen erscheinen. Daraus kann man ableiten, daß der Kontakt zwischen Ägyptern und den Vertretern des minoischen Reiches abriß. Auch weist nichts darauf hin, daß die bis dahin intensiven Handelsbeziehungen weiter gepflegt wurden.

Wir wissen auf der anderen Seite mit großer Sicherheit, daß die minoische Kultur durch eine Naturkatastrophe jäh zerstört wurde. Wenn den Ägyptern der Untergang der Minoer, der sich im fünfzehnten Jahrhundert v. Chr. ereignete, bekannt war, dann stellt sich die Frage, ob sich nicht im Atlantis-Bericht genau diese Katastrophe widerspiegelt. Im zeitlichen Abstand zu Solons Besuch in Sais, der rund 900 Jahre später stattfand, kann die Wahrheit sich verändert haben und zu einer Legende geworden sein. Hierher gehört das rätselhafte Ausbleiben der Minoer. Sie waren als Händler übers Meer gefahren. Wenn sie nun ausblieben, konnten die Ägypter mit gutem Grund annehmen, sie seien vom Meer verschlungen worden.

Der gewaltige Vulkanausbruch auf der Insel Thera, dem heutigen *Santorini,* konnte mit seinen enormen Auswirkungen nach Auskunft von Vulkanologen und Seismologen, also Erdbebenforschern, der ägyptischen Küstenbevölkerung nicht entgangen sein. Neueste Untersuchungen des US-amerikanischen Smithsonian Instituts, die in Ägypten durchgeführt wurden, haben ergeben, daß Winde vulkanische Asche aus dem Gebiet von Santorini bis in den Nordteil des Pharaonenreiches trugen. Sowohl auf ägyptischen Papyrusrollen wie in der Bibel finden sich Hinweise auf dieses Naturereignis, das drei Tage die Erde verdunkelt haben soll.

Geradezu aufsehenerregend ist die Annahme, daß das Volk Israel genau zu diesem Zeitpunkt auf seinem Exodus am »Roten Meer« anlangte. Das Meer hat sich geteilt, und trockenen Fußes konnte das andere Ufer erreicht werden. Die Überlieferung irrt hier wohl, denn mit dem »Roten Meer« ist aller Wahrscheinlichkeit nach der Bittersee in Nordost-Ägypten gemeint. Wie die Bibel aber weiter berichtet, ertranken die ägyptischen Verfolger in den hereinbrechenden Fluten. Dieses Ereignis kann ein Indiz für den Vulkanausbruch gewesen sein: in den Seebeben wich das Meer für Stunden zurück, um dann mit um so größerer Heftigkeit über das Land hereinzustürzen.

Seit wenigen Jahrzehnten erst ist das Ausmaß erkannt und berechnet worden, und seit dieser Zeit hat die Atlantis-Forschung ein neues Ziel: die untergegangene minoische Kultur. Sie gilt als das versunkene Atlantis.

Nur wenige hundert Kilometer von der nordafrikanischen Küste entfernt liegt Santorini. Als wir uns ihr in der späten Märzsonne nähern, wirkt die malerische Insel wie verlassen. In den Gassen der Dörfer werden hier und da die Häuser weiß gekalkt oder buttergelb angestrichen, denn die Urlaubssaison setzt bald ein. Tankschiffe füllen die Wasserreservoirs, denn Grundwasser ist aus dem felsigen Boden nicht zu gewinnen, ein Problem bei den 60 000 Touristen, die an manchen Sommertagen auf der Insel beherbergt werden.

Überwältigend ist der Eindruck der *Caldera,* des großen Schlundes, in dem der Hauptteil der Insel nach dem Ausbruch des Vulkans in der Tiefe des Meeres versank. Er mißt fast zehn Kilometer im Durchmesser. Fast senkrecht fallen die Kraterwände ins Wasser ab, an den höchsten Stellen über 300 Meter. An den gestreiften Gesteinsschichten offenbart die rauhe Natur ihre Schönheit: Poröses Grauweiß wechselt mit verwittertem schwarzen Gestein und setzt sich ab von roten Schichten. Weiß, schwarz und rot sind die Farben, die nach dem Atlantisbericht die Mauern der Befestigungsanlagen trugen.

Auf einem Flug über das Kreisrund der Inselgruppe von Santorini erkennen wir, wie groß die Insel einmal gewesen sein muß.

Unter uns liegt die Hauptinsel Thera, daneben Therasia mit dem kleinen unbewohnten Felsen Aspronisi. Und in der Mitte, wie auf einem riesigen See schwimmend, ruhen die Vulkaninseln Palaia Kameni und Nea Kameni.

Unsere erste Besichtigung gilt der größeren der Vulkaninseln in der Mitte des Kraterlochs. Ein Schiff setzt uns auf dem menschenleeren Eiland ab. Pechschwarzes vulkanisches Gestein empfängt uns, eine wahre Mondlandschaft tut sich vor uns auf. Rauchschwaden mit schwefeligem Geruch

↑ 5. Großer Säulensaal im Tempel von Karnak, Oberägypten. Älteste Atlantisberichte sollen auf solchen Säuleninschriften überliefert worden sein

← 6. Büste des griechischen Philosophen Platon (427–347 v. Chr.) auf dessen Texte sich die Atlantisforschung stützt

↑ 7. Ruinen des Reichstempels von Karnak, Oberägypten. Glanz und Reichtum von Atlantis waren den Ägyptern Vorbild

↑ 8. Reliefdarstellungen in den Tempeln des oberägyptischen Theben. Gefangene Atlanter?

← 9. Zerbrochene Statue des Ramesseum in Theben

↑ 10. Wandmalerei von Akrotiri auf der Insel Santorini, Griechenland. Eine Darstellung von Atlantis?

→ 11. Darstellung von spielenden Affen in Akrotiri

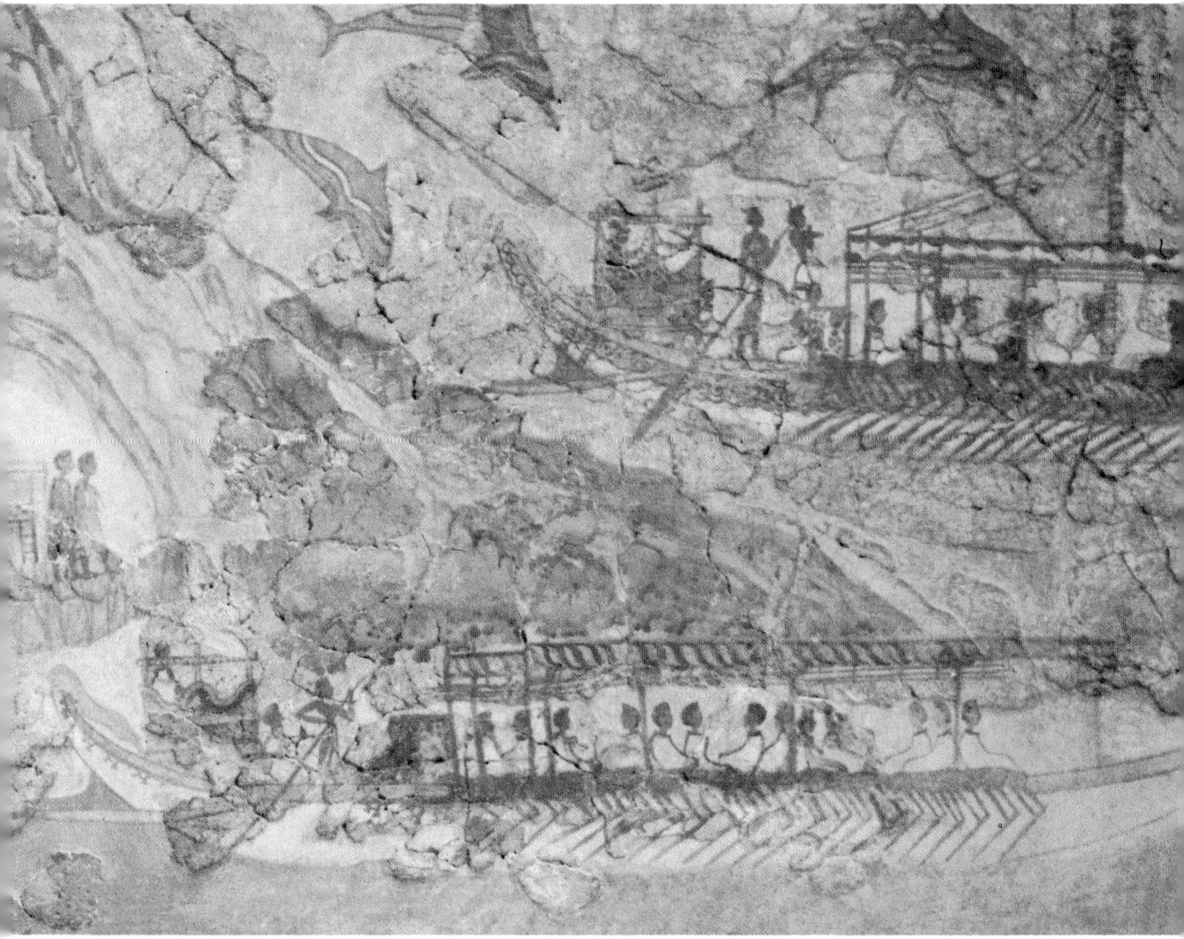

← 12. Die freigelegte Stadt von Akrotiri. Bei einem Ausbruch des Vulkans Thera wurde sie verschüttet.

← 13. Der Vulkan Pico auf den Azoren. Gehörte er zum Inselreich von Atlantis?

↑↑ 14. Hang des Vulkans Capelinhos auf der Azoreninsel Faial, 1957 entstanden.

↖ 15. Tropische Vegetation auf Saõ Miguel, Azoren

↑ 16. Heiße Quellen bei Furnas, Azoren

↑ 17. Menhire bei Carnac in der Bretagne, Frankreich. Sie sind Überreste einer gewaltigen Megalithkultur der Jungsteinzeit. War das Megalithreich identisch mit Atlantis?

ziehen vorüber, als wir die Höhe auf der Mitte der Insel erreichen. Wie letzte Boten aus dem Erdinnern künden sie von den gewaltigen Eruptionen, die hier die Erde erschüttert haben, bevor die Insel unter Asche und Vulkangestein begraben wurde und schließlich auseinanderbrach.

Der Archäologie war der plötzliche Untergang der minoischen Kultur bekannt, aber erst der griechische Wissenschaftler Spyridon Marinatos stellte einen Zusammenhang mit dem Vulkanausbruch her. Unter der meterhohen Aschen- und Vulkangesteinsschicht entdeckte er auf Santorini eine minoische Stadt bei Akrotiri. Sie ist heute vielleicht zu einem Zwanzigstel ausgegraben. Der Häuserbau, die Anlagen von Straßen und Plätzen, die Haushaltsgeräte und Wandmalereien, die in mühseliger Arbeit Zentimeter für Zentimeter freigelegt wurden, verraten etwas von dieser der Bronzezeit zuzurechnenden Hochkultur (Abb. 12).

Wir wollten nicht auf eigene Faust die Grabungsstätte besuchen, sondern baten als verantwortlichen Archäologen Professor Christos Doumas aus Athen zu uns, um uns die Funde erklären zu lassen.

Wir erfahren, daß die Vulkanausbrüche sich über einen längeren Zeitraum vorbereitet haben müssen. Man hat in den Trümmern weder Tiere noch Menschen gefunden. Und selbst Hausgeräte scheint man in Sicherheit gebracht zu haben. Auch hatten vor 3500 Jahren nach einem ersten, kleineren Ausbruch anscheinend vereinzelte Aufräumungsarbeiten stattgefunden.

Dann aber muß der Vulkan mit so starker Heftigkeit und ohne Unterbrechung aktiv geworden sein, daß die Bewohner zur Flucht gezwungen wurden. Unter den sechs bis sieben Meter hohen Aschen- und Bimssteinschichten, die die Stadt konserviert haben, fand man Steintreppen, deren Stufen wie Streichhölzer geknickt waren.

Christos Doumas bestätigt in allem, daß der hohe Standard der minoischen Kultur den Beschreibungen von Platons Atlantis-Bericht entspricht. Auch nimmt er an, daß der Verlust der Handelskontakte mit Ägypten zur Bildung einer Legende beigetragen haben könnte. Daß Atlantis mit letzter Gewißheit wirklich existiert hat, stellt er allerdings in Frage. Für ihn gilt, daß Platon lediglich das Modell eines idealen Staatswesens hat geben wollen. Und weiter argumentiert er: Platon habe als Gründe für den Untergang mangelnden Respekt vor den Göttern, Gier und Raffsucht angegeben. Nach dem Gottesgericht seien die Atlanter zum Untergang verurteilt worden. Dies aber sei eine eindeutig weltanschauliche oder religiöse Erklärung und habe mit einer realen Katastrophe nichts zu tun.

Dieser grundsätzlichen Skepsis sind wir – das liegt in der Natur kritischer Wissenschaft – mehrfach begegnet. Unser Ziel ist es, mögliche

Übereinstimmungen zwischen dem Atlantis-Bericht und historischen Begebenheiten zu finden.

Was Santorini betrifft, so ist belegt, daß die Insel nicht »in einem Tag und einer Nacht unterging«, sondern daß das Leben in einem längeren Zeitraum allmählich ausgelöscht wurde. Auch wurde Santorini nicht vom Meer verschlungen; erst lange nach dem Vulkanausbruch sind Teile der Insel versunken.

Außerdem muß man berücksichtigen, daß Santorini nicht identisch mit der minoischen Kultur ist, sondern nur ein Teilgebiet davon oder auch nur eine sehr nah verwandte Kultur war. In einem Punkt sind sich die Geschichtsforscher jedoch weitgehend einig: Die Naturkatastrophe von Santorini hatte Auswirkungen auf das gesamte östliche Mittelmeer und versetzte dem minoischen Reich den Todesstoß.

Eindrucksvollstes Zeugnis der verschütteten Stadt bei Akrotiri sind die Fresken aus den meist zweistöckigen Wohnhäusern (Abb. 10 und 11). Sie lesen sich wie ein Bilderbuch des minoischen Lebens. Das Athener Museum hat sie der Öffentlichkeit in einer besonderen Abteilung zugänglich gemacht. Einer der führenden Forscher von Ort und Untergang von Atlantis, der griechische Seismologe Professor Angelos Galanopoulos, beweist uns anhand der Fresken die Übereinstimmung von Minoern und Atlantern. Und in der Tat ist seine Argumentation bestechend.

Schon vor 40 Jahren hatte der inzwischen in den Ruhestand getretene Wissenschaftler einen Zusammenhang zwischen Atlantis und Santorini beziehungsweise Kreta vermutet. Die in den sechziger Jahren gemachten Funde haben seine frühe These bestätigt.

Eine der großen Wanddarstellungen zeigt eine Schiffsflotte, die zwischen zwei Ländern unterwegs ist (Abb. 10). Das Land des Aufbruchs ist Ägypten, erkenntlich an der tropischen Flora und an Löwen, die Antilopen jagen. Die dazugehörige Stadt, in deren Straßen sich Menschen bewegen oder an Fenstern in Gespräche verwickelt sind, ist die ägyptische Stadt Sais. Die Flotte stellt Minoer auf dem Heimweg vor, eine Schiffsprozession, die einen Sieg zu feiern scheint. Wie als Erläuterung dazu kämpfen auf einem anderen Teil des Freskos Minoer gegen Ägypter. Damit wäre eine Parallele zum Atlantisbericht gegeben. Ziel der Schiffsprozession ist Akrotiri auf der Insel Thera, erkennbar an dem nicht weit vor der Stadt liegenden Vulkanberg.

Die fruchtbare Ebene, von der im Atlantis-Bericht die Rede ist, grenzte nach Galanopoulos nicht an die Hauptstadt. Sie befand sich auf der Insel Kreta und wäre identisch mit der noch heute so fruchtbaren südlichen Ebene von Messara.

18. Kieferknochen von Zwergelefanten der ägäischen Insel Tilos, Griechenland. Auf den Inseln des minoischen Kulturbereiches hat es bis zum Untergang dieser bronzezeitlichen Zivilisation solche Elefanten gegeben. Nach Platon sollen in Atlantis Elefanten gelebt haben

Kopfzerbrechen hat allen, die nach dem versunkenen Kontinent forschten, die Angabe gemacht, es habe auf Atlantis Elefanten gegeben. Wir sind im Zusammenhang mit der Santorini-Reise auch dieser scheinbar abwegigen Frage nachgegangen.

Zoologen der Athener Universität, die sich nicht mit Atlantis beschäftigen, zeigten uns Funde, die sie jüngst auf der Insel Tilos gemacht hatten: Es waren die Knochen sogenannter Zwergelefanten. Etwa 40 solcher Knochenfunde bestätigen, daß auf den Ägäischen Inseln diese Elefantenrasse beheimatet war (Abb. 18). Interessant wird nun die Datierung: Ihre Existenz ist bis etwa 1500 v. Chr. belegt, danach sind sie aus unbekannten Gründen ausgestorben. Der Zeitpunkt des Verschwindens konnte durch die sogenannte *C^{14}-Methode* ermittelt werden.

Die C^{14}- oder Radio-Karbon-Methode beruht darauf, daß in organischen Stoffen radioaktiver Kohlenstoff enthalten ist, der langsam abgebaut wird. Da die Abbaugeschwindigkeit bekannt ist, kann aus dem heute gemessenen Restkohlenstoff das Alter des untersuchten Gegenstands ziemlich genau bestimmt werden.

Der ermittelte Zeitpunkt des Aussterbens der Elefanten entspricht der Katastrophe von Santorini. Ist dies ein weiterer Beweis für die Annahme, daß die minoische Kultur Atlantis war? So plausibel auch viele Übereinstimmungen zwischen dem, was wir auf Santorini gesehen haben und dem, was wir von Atlantis wissen, sein mögen, es stehen andere Angaben in krassem Widerspruch dazu. Für uns bedeutet dies: Wir müssen beharrlich weitersuchen.

Warum heißt es zum Beispiel bei Platon, eines der atlantischen Königreiche sei das »gadeirische Land«, und warum schreibt er, Atlantis liege »jenseits der Säulen des Herakles«? Die Säulen des Herakles – oder Herkules, wie der griechische Held nach lateinischer Tradition auch heißt –, nimmt man heute an, liegen beiderseits der Straße von Gibraltar und müßten einem Mann wie Platon bekannt gewesen sein. Finden wir dort vielleicht mehr?

DAS GLÜCKLICHE TARTESSOS. Noch einmal machen wir uns auf nach Westen. Wir wollen nicht mehr über den Atlantik, wohl aber vorbei an den Säulen des Herakles. Eine kleine zweimotorige Cessna nimmt uns in Malaga auf. Es reizt uns, die Pforte zum Atlantik aus der Luft zu betrachten.

Wir erinnern uns an einen der wenigen geographischen Hinweise bei Platon. Da heißt es, daß einer der Herrscher von Atlantis »den äußersten Teil der Insel, von den Säulen des Herakles bis zu der Gegend, welche jetzt die gadeirische heißt«, erhalten habe. Gadeiros? Gadeiros ist der alte Name für Cadiz an der spanischen Atlantikküste.

Wenn diese Angaben zutreffen, dann überfliegen wir gerade eine der atlantischen Provinzen. Auf dieses Gebiet bezogen, hat in den zwanziger Jahren der deutsche Historiker Adolf Schulten die Öffentlichkeit mit einer ganz eigenen Theorie von Atlantis verblüfft. Er stellte einen Zusammenhang zu der sagenhaften Stadt Tartessos her, die unter dem Namen Tarschisch schon in der Bibel erwähnt wird. Ihr Reichtum und ihre Größe waren bekannt, und Handelsverbindungen bis ins östliche Mittelmeer sind belegt.

Schulten begann Grabungen an der Atlantikküste nördlich des kleinen Provinzstädtchens Sanlucar de Barrameda durchzuführen.

Wir setzten unseren Flug bis in diese Gegend fort, um die Lage »seiner« Hauptstadt von Atlantis kennenzulernen. In der Tat ist es denkbar, daß inmitten heute versandeter Verzweigungen im Mündungsgebiet des Guadalquivir Tartessos gelegen haben mag. Am Tag nach der Besichtigung aus der Luft lassen wir uns von einem Motorboot am Nordufer des Guadalquivir absetzen. Hier gibt es keine Straßen. Wir befinden uns im Naturpark »Donana«, wo jeder öffentliche Verkehr verboten ist.

Der Landrover unseres archäologischen Begleiters bringt uns über den feuchten Sand direkt an der Küste entlang nach Norden. Das Wasser spritzt gegen die Windschutzscheiben, wenn wir die gefährlichen Dünen meiden und den Wellen zu nahe kommen.

Für das von Schulten gesuchte Tartessos ist eine in seinen Karten verzeichnete Turmruine der einzige Anhaltspunkt. Diese spüren wir jetzt in der dürren, trostlosen Dünenlandschaft auf. Die Ruine ist phönizischen Ursprungs (Abb. 19). Nach Schulten sind die Phönizier in diesem Gebiet Eindringlinge gewesen, die zusammen mit anderen Volksstämmen Tartessos den Untergang bereitet haben.

Die Stadt Tartessos selbst war eine Gründung der aus Kleinasien stammenden Tyrsener oder Tyrrhener, vielleicht die Vorfahren der Etrusker oder diese selbst. Sie erfolgte um 1100 v. Chr.

Wir betreten die gesuchte Turmruine, die sich gewaltig in der öden Landschaft erhebt. Mit Sicherheit ist die Uferregion dieser Gegend schon lange versandet, denn als Beobachtungsturm für die Seefahrt läge das Bauwerk viel zu weit im Inland. Seine Größe und Wucht lassen noch heute erahnen, welche Bedeutung der Seehandel hier einst hatte. Die schweren Steine mußten von weit hergeholt werden, und zur Unterhaltung dieses Beobachtungspostens brauchte man viele Menschen.

Die Tyrsener, von denen man kaum Sicheres weiß, waren ein Volk, das während der großen Zeit der Völkerwanderungen im dreizehnten Jahrhundert v. Chr. aufbrach, um sich nach verschiedenen Stationen schließlich im Westen der Iberischen Halbinsel niederzulassen.

Kundig in der Verarbeitung von Metallen, mußte ihnen das Siedlungsgebiet am Guadalquivir wie ein Geschenk der Götter vorkommen: In nächster Nähe lag das Kupfer vom Rio Tinto, und im sanft ansteigenden Bergland Andalusiens fanden sich Silber und Gold. Zu diesen landeseigenen Metallvorkommen kam noch der rege Handel von Tartessos mit englischem Zinn, wodurch die Stadt sehr reich geworden sein soll. Nicht zu vergessen: Wir befinden uns in der Blüte der Bronzezeit. Tartessos hatte damals wahrscheinlich ein Monopol auf den Metallhandel.

»Den ganzen Tempel ... überzogen sie von außen mit Silber, mit Ausnahme der Zinnen, diese nämlich mit Gold. Was aber das Innere anbetrifft, so konnte man die elfenbeinerne Decke ganz mit Gold und Silber und Goldkupfererz verziert sehen.«

So heißt es im Atlantis-Bericht. Sollte mit dieser Beschreibung nicht Tartessos gemeint sein, eine Stadt, die ihresgleichen suchte?

Im Buch Jesaia des Alten Testamentes heißt sie »die fröhliche Stadt, die sich ihres Alters rühmt«. Und ihre Kaufleute werden »Einwohner der

Insel« genannt. Der glückselige Zustand, die Tradition und die Insellage weisen durchaus Parallelen zu Atlantis auf. Wir haben also zwar Beschreibungen von Tartessos, jedoch keine konkreten Beweise für den Ort seiner Existenz.

Im Schatten der Turmruine, die den Namen *Torre Salabar* trägt, machen wir Rast. Beim Blick in das verdorrte Land erinnern wir uns, daß Schultens Lebenswerk in einer großen Enttäuschung endete. Trotz verzweifelter Anstrengungen wurde er in dieser Gegend nicht fündig. Die kleinen, insektenbefallenen Wasserlachen verraten, warum: Das Grundwasser steht hier sehr hoch. Es macht archäologische Grabungen nahezu unmöglich oder extrem kostspielig. Alles, was Schulten fand, waren einige Ziegel einer römischen Siedlung. Diese wiederum mögen ihre Bewohner aus ehemals tartessischen Häusern als Baumaterial verwendet haben.

Spekulationen, wo Tartessos gelegen habe und ob es nicht die heutige Stadt Huelva ist, gab es nach Schulten reichlich. Die Forschung hat sich, ohne eindeutiges Ergebnis, weiter bemüht. Wir fragten den Direktor des Archäologischen Museums von Cadiz, der uns seine Ansicht mitteilte: Tartessos sei identisch mit einer erst vor wenigen Jahren entdeckten Stadt südlich von Porto de Santa Maria mit dem Namen *Casa Doña Blanca*.

Zögernd gehen wir diesem Hinweis nach und sind dann doch überrascht, was sich vor uns auftut. Als wir der Wegbeschreibung folgend an den kleinen Hang eines Plateaus gelangen, erhebt sich nach einer Biegung trutzig ein mittelalterlicher Turm vor uns. Hinter der vom Einsturz bedrohten Anlage befindet sich ein wenig ansehnliches Barackenprovisorium, das durch eine niedrige Tür zu betreten ist. Darin herrscht völlige Dunkelheit. Mit einer Handlampe treten wir ein.

Unser Erstaunen ist groß: Vor uns liegt ein rund sieben Meter tiefer Aushub, in dem sich deutlich Mauerstrukturen und Gesteinsschichten abzeichnen. Wir steigen hinab und erkennen ganz eindeutig mehrere Schichten von Häusern in jeweils unterschiedlicher Baustruktur und in verschiedenen Materialien. Das ist ein Zeichen dafür, daß die Stadt mehrfach zerstört wurde oder abgebrannt sein muß und am gleichen Ort wieder aufgebaut wurde. Sieben solcher Städte sind hier übereinander errichtet worden. Die unter diesen Mauern gemachten Funde liegen in spanischen Museen.

Ein Blick auf die Gesamtlage der ausgegrabenen Stadt verrät, daß sie auf einem Landsockel an einem Fluß gelegen hat, der heute kein Wasser

→ 19. Der phönizische Torre Salabar an der Westküste Spaniens. Hier wurden Tartessos und Atlantis gesucht

mehr führt. Bodenproben haben ergeben, daß diese Stadt sich noch weit ins Inland erstreckt. Man steht noch am Anfang der Auswertung.

Auf dem gleichen Gelände finden sich Gräber der Jungsteinzeit. Es liegt nahe, daraus zu schließen, daß hier im Westen Spaniens eine Bevölkerung kontinuierlich von der Jungsteinzeit, dem Neolithikum, über die Bronzezeit und das Altertum bis heute gesiedelt hat.

Ein auf der Grabungsstätte gemachter Fund erregt unsere besondere Neugier: es ist eine winzige, aus weißem Material gefertigte Statue, deren Kopf fehlt, die Doña Blanca, die weiße Frau. Sie ist kaum mehr als zwei Zentimeter hoch. Aber eindeutig ist sie als ein Wesen mit Tierfüßen, einem hängenden Bauch und durch Ritzungen kenntlich gemachten Brüsten charakterisiert. Es handelt sich aller Wahrscheinlichkeit nach um eine Abbildung der ägyptischen Gottheit Toeris. Diese wird als Nilpferd, wie ein Mensch aufrecht stehend, dargestellt. Toeris ist die Göttin des Wochenbettes und schützt die Wöchnerin.

Selbst wenn dieser Fundort nicht mit Tartessos identisch ist und Tartessos nur in der Nähe gelegen hat, so macht uns dieser Fund eines klar: Es scheint zwischen diesem Gebiet und Ägypten Kontakte gegeben zu haben. Im Sinne von Schultens Theorie können wir damit festhalten, daß die Ägypter sich auf reale Kenntnisse von Tartessos gestützt haben.

Nicht zu verkennen sind aber zahlreiche Widersprüche, einmal abgesehen von der ganz wesentlichen Tatsache, daß Tartessos nicht lokalisiert wurde. So ging Tartessos nicht durch eine Naturkatastrophe unter, sondern wurde nach der Vorherrschaft der Phöaker und Phönizier um 500 v. Chr. von den Karthagern erobert. Als Handelsstadt ohne weitere Handelsbefugnisse war sie zum Sterben verurteilt. Ihre Spuren verloren sich in der Geschichte.

UNTERGANG VOR HELGOLAND. Einen Sturm der Entrüstung und einen wahren Wissenschaftskrieg entfesselte Anfang der fünfziger Jahre der Pastor Jürgen Spanuth aus der Nähe von Husum in Schleswig-Holstein. Er behauptete, daß die Atlanter das Volk aus dem Bernsteinland wären und ihre Heimat die Norddeutsche Tiefebene sei.

Was wir über Spanuth gelesen hatten, machte uns skeptisch. Waren wir Opfer des eigenen Wunsches, Atlantis nicht so nahe bei uns zu finden? Mit dem Begriff Atlantis verbindet sich Fernes und Utopisches. Und nun sollte dieser Ort vor der eigenen Haustür liegen?

Kaum hatten wir Spanuth kennengelernt, begann der energische alte Herr enthusiastisch seine Forschungsergebnisse vor uns auszubreiten.

20. Das rote Felsmassiv von Helgoland.
Nach Spanuth soll hier das Zentrum von Atlantis gelegen haben

Seine Beweisführung hat er in zwei, jeden Leser geradezu überwältigenden, umfangreichen Büchern festgehalten. Fotos und bei ihm aufbewahrte Funde ergänzen seine Angaben. Gegenüber allen anderen Atlantisforschern gibt es für ihn eine großartige Quelle zum Atlantis-Bericht: die Inschriften und Bilder auf dem Amuntempel im oberägyptischen Theben, dem heutigen Medinet Habu.

Wieder einmal und weit mehr, als wir bei Beginn unserer Suche vermutet hatten, wenden wir uns Ägypten zu.

In der immerwährenden Trockenheit und Hitze steht am Rand zu den wüstenartigen Höhen, hinter denen das Tal der Könige liegt, der riesige Tempel Ramses III. von Medinet Habu. Seit mehr als 3000 Jahren zeigt er sich schon von weitem den Reisenden, die vom Nilufer zu ihm heraufziehen. Hof reiht sich hier an Hof, und unter den riesigen Statuen und Säulen von beängstigendem Durchmesser ahnt man noch die übermenschlichen Anstrengungen, unter denen diese Bauwerke in der sengenden Hitze Ägyptens entstanden. Die Wände sind hoch, und einige der Reliefs, die wir auf der Nordseite drehen wollen, liegen nur kurze Zeit in der Sonne. Was hier an den Wänden in Hieroglyphen und szenischen Darstellungen zu sehen ist, liest sich wie ein Bilderbuch der Geschichte. Die Verherrlichungen der kriegerischen Macht und der siegreichen Kämpfe Pharao Ramses III. wiederholen sich in endlosen Reliefdarstellungen auf den Wänden.

Nach jahrelangem Studium ist Spanuth zu dem Schluß gekommen, daß sich all diese Inschriften mit dem Atlantis-Bericht decken. Ja, er dreht die Argumentation um und behauptet, der Atlantis-Bericht sei auf der Grundlage dieser historischen Informationen verfaßt worden.

Die Priester von Sais unterhielten engen Kontakt zur damaligen zweiten Herrschaftsmetropole von Theben. Auch ein »saitischer« Tempel auf dem Gelände von Medinet Habu zeugt von solch intensiven Beziehungen. Mit Sicherheit kannten die Priester die Tempelinschriften und Reliefs. Rund 600 Jahre nach dem Bau der riesigen Anlage könnten sie in Erinnerung daran den Griechen von den Ereignissen unter dem Pharao Ramses III. erzählt haben.

Rund sechs oder sieben Meter über uns tobt auf einem der Reliefs eine mörderische Seeschlacht. Soldaten werden von Pfeilen durchbohrt, einige sind aus den Booten ins Wasser gestürzt. Ein Verwundeter kann sich im Mastkorb nicht mehr halten. Wie in einem letzten Versuch verteidigen Soldaten mit Schwertern und Schilden ihr Boot.

Eindeutig hat der Bildhauer die Ägypter anders modelliert als ihre feindlichen Angreifer. Bei den Fremden fallen uns die runden Schilde auf. Auch kämpfen sie mit langen Schwertern, die aus Metall sein müssen. Auf dem Kopf tragen sie entweder einen büschelartigen, steil nach oben gekämmten Kopfputz, oder sie tragen runde Helme, an denen zwei Hörner befestigt sind.

Die Inschriften berichten von dem Angriff einer großen Koalition fremder Völker auf das reiche Ägypten. Zu diesen Völkern gehören Libyer, Tyrrhener aus dem heutigen Italien und Völker aus Kleinasien.

Entscheidend für Spanuths Theorie von Atlantis ist nun, daß auch die Völker des »äußersten Nordens« als Angreifer auf den Inschriften genannt werden:

»Die Völker auf den Inseln am großen Wasserkreis haben eine Verschwörung gemacht, sie legten ihre Hände auf alle Länder bis zum Erdrand. Sie haben den nördlichen Erdkreis durchzogen . . . sie sagen: ›Vorwärts nach Ägypten!‹ Ihre Herzen sind voll Machtgier . . . Sie kamen zu Wasser und zu Lande. Ich, Ramses, habe sie geschlagen und gefangengenommen zu Tausenden, ihre Könige habe ich hingerichtet.«

An anderer Stelle der Inschriften werden die Völker aus dem äußersten Norden »Neunbogen-Völker« genannt. Die Ägypter teilten die bekannte Welt in neun Bögen ein, wobei der äußerste der neunte war und seine

Tageslänge siebzehn Stunden betrug. Tatsächlich hat der längste Tag in unseren Breiten etwa siebzehn Stunden. Die Völker, um die es hier geht, sind also die Bewohner der Gebiete an Nord- und Ostsee. Spanuth erklärt folglich auch die Details auf den Reliefs: der gekämmte Kopfputz sind sogenannte Strahlenkronen, die auch auf bronzezeitlichen Darstellungen in Schweden vorkommen; bei den Waffen handelt es sich um sogenannte Griffzungenschwerter, die mit Klinge und Griff aus einem Guß nur in Nordeuropa hergestellt wurden; schließlich gelten Rundschilde und Hörnerhelme als typische Kriegsausrüstung germanischer Völker.

Es stellt sich die Frage, woher hatten diese sogenannten Nordmeervölker Kenntnis von Ägypten, eine wesentliche Voraussetzung für die unbegreiflich weiten Kriegszüge?

Das Schlüsselwort lautet hier: Bernstein. Er war ein äußerst begehrtes Material und wurde mit Gold aufgewogen. Die Ägypter glaubten, Bernstein sei aus den Tränen des Sonnengottes gewonnen worden.

Spanuth hat nachgewiesen, daß über den Bernsteinhandel die Kunde vom reichen Land Ägypten nach Nordeuropa gelangt ist. Händler zogen über den sogenannten Heiligen Weg, um den Bernstein zu verkaufen: von der Nord- und Ostseeküste über den Rhein ins Rhônetal und von dort mit dem Schiff über das Mittelmeer. Ein anderer Weg führte über die Alpen und den Balkan, durch Kleinasien ging es nach Ägypten. Sicher haben diese Händler wahre Wunder über die Kornkammer Nordafrikas berichtet. Aber das allein kann nicht der Grund gewesen sein, weite Kriegszüge zu unternehmen.

Auch zu diesem Punkt geben die Inschriften Auskunft: Eine außerordentlich schwere Naturkatastrophe um 1200 v. Chr. zog ganz Europa in Mitleidenschaft; ein Meteorit, der mehrfach um die Erde kreiste und den Himmel verdunkelte, hatte verheerende Auswirkungen. Ernten blieben aus, Wälder verbrannten und Seebeben zerstörten die Küsten.

Ägypten, von dem die anderen Völker wußten, daß es keinen Hunger kannte, wurde das Ziel einer wahren Völkerwanderung. Schon Setho II., ein Vorgänger von Pharao Ramses III., hatte Eindringlinge abzuwehren. »Das Bedürfnis der Münder«, sagte Pharao Ramses III., trieb sie zu den Eroberungszügen, in denen sie untergehen sollten.

In den langen Reihen der Darstellungen von Gefangenen erkennen wir immer wieder jene mit den sogenannten Strahlenkronen. Diese Gefangenen ließ der Pharao verhören (Abb. 8). In einer anderen Szene werden wir Zeuge, wie ein ägyptischer Soldat die abgehackten Hände und herausgeschnittenen Zungen der Gefangenen auf einen Haufen wirft. Ein Schreiber überprüft daran die Anzahl der getöteten Feinde.

Was nun hat die am Nildelta geschlagene Seeschlacht mit Atlantis zu tun? Der Zusammenhang ist kompliziert, aber zu entwirren. Zunächst lassen wir noch einmal den Priester von Sais zu Wort kommen: »Indem sich nun diese ganze Macht zu einer Heeresmasse vereinigte, unternahm sie es, unser (gemeint ist Ägypten) und euer Land (Griechenland) in einem Zuge zu unterjochen.« Dieser Angriff, führt er dann weiter aus, wurde durch den heroischen Kampfesmut der Athener endgültig zurückgeschlagen.

Nach Spanuth war die Niederlage, die Ramses III. den Nordmeervölkern bereitete, groß, aber sie wurden nicht völlig vernichtet. In ihrem verzweifelten Bemühen, sich im Mittelmeerraum niederzulassen, sollen sie einen Angriff auf das junge Athen gewagt haben. Dabei wurden sie erneut geschlagen. Hinzu kam der Ausbruch des Vulkans von Santorini, der mit einem Schlag die Flotte der Nordmeervölker dezimierte.

Zu Spanuths Beweiskette gehören die auf den Reliefs abgebildeten Griffzungenschwerter. Im Ägyptischen Museum von Berlin ist ein Exemplar ausgestellt, auf dem deutlich ein Hoheitszeichen von Pharao Setho II. eingraviert ist. Diese Waffe muß auf einem frühen Feldzug nach Ägypten gelangt sein.

Dann ist im Atlantis-Bericht von einem Material die Rede, das im griechischen Original »Orechalkos« genannt wird. Über dessen Bedeutung hat man viel gerätselt. Diesem Material wird eine funkelnde Eigenschaft zugeschrieben, und es soll »wie Salböl« zu verflüssigen sein. Angeblich war die Königsburg von Atlantis mit diesem Stoff überzogen. Spanuth hält »Orechalkos« für Bernstein, das sich in der Tat bei 300 Grad Celsius verflüssigt und wie ein Lack aufgetragen werden kann. Die Vorstellung, die Atlanter hätten den so kostbar wie Gold angesehenen Bernstein benutzt, um damit ihre Königsburg zum Glänzen zu bringen, muß die Erzähler des Atlantis-Berichtes in Ehrfurcht versetzt haben.

Wenn Helgoland Atlantis ist, wie sei dann der Untergang von Atlantis zu verstehen, wollten wir wissen. Spanuth korrigiert uns zunächst. Helgoland sei nicht Atlantis, es sei der Felsen, der vor der Königsburg gelegen habe. Der Untergang gehe auf die nachweisliche Überschwemmung des riesigen Marschengebietes an der Nordsee zurück. Die geologische Forschung hat bestätigt, daß weite Flächen zwischen dem heutigen Helgoland und der Küste von Schleswig-Holstein fruchtbares Marschland gewesen sind. Dieses Gebiet wurde schon im zweiten Jahrtausend v. Chr. überflutet, wobei allerdings, wie spätere Karten beweisen, noch in unserem Jahrtausend große Teile über Wasser lagen und bewohnt waren. Auf Spanuths Schreibtisch prunkt eine von Muschelkalk angesetzte Steinplatte. Sie ist der Stolz seiner rastlosen Unternehmungen, Zweifel an seiner Theorie auszuräumen. Bevor er das Geheimnis dieses Fundes erklärt, schlägt er den Atlantis-Bericht auf:

»Ziemlich in der Mitte der ganzen Insel, jedoch so, daß sie ans Meer stieß, lag eine Ebene, welche von allen Ebenen die schönste und von ganz vorzüglicher Güte des Bodens gewesen sein soll. Am Rande dieser Ebene aber lag fünfzig Stadien vom Meere entfernt ein nach allen Seiten niedriger Berg.«

Auf der Meereskarte mißt Spanuth diese 50 Stadien, das sind etwa 9,2 Kilometer, mit dem Lineal von Helgoland nach Osten. Ein unterseeischer Hügel erhebt sich hier an einer Stelle, »Steingrund« genannt. Bei einer Tauchexpedition in den fünfziger Jahren hat Spanuth die oben erwähnte Fliesenplatte gehoben. Sie ist von Menschenhand geschaffen und Teil einer Bepflasterung und somit Beweis für eine Besiedlung.

Die Kritik an Spanuths umfangreicher Beweisführung riß bis heute nicht ab. »Und doch: Atlantis enträtselt!« nannte er eine seiner gedruckten Entgegnungen. Für ihn ist klar, daß das, was früher mit dem Begriff Atlantis für ein Märchen oder einen Mythos gehalten wurde, Wahrheit ist. »Der Atlantis-Bericht selbst löst all die gegebenen Rätsel, man muß ihn nur zu lesen wissen«, gibt er uns als Rat mit auf den Weg.

DIE SPUR DER GIGANTEN: DAS MEGALITH-ATLANTIS. Unter den großen Kulturen, deren Lage als »jenseits der Säulen des Herakles« angesehen werden kann, gibt es eine, die schon bestand, als Ägypten erst begann, sich als Hochkultur zu entwickeln: die Megalithkultur.

Unser Wissen über sie ist sehr begrenzt, zu weit liegt sie im Dunkel schriftloser Vorzeit. Nach der Betrachtung bronzezeitlicher Völker wie der Minoer, Tyrsener und Germanen gehen wir in der Geschichte ein wenig weiter zurück, in die Zeit zwischen 2800 und 2200 v. Chr.

Neue Erkenntnisse und eine die bisherige Atlantisforschung umwälzende Theorie sollen uns zu einer Kultur führen, die sich von Irland bis Malta, von Norddeutschland bis Spanien, von der Bretagne bis ins nördliche Afrika erstreckte.

Wenn den Ägyptern der Untergang der Inselwelt von Atlantis wert gewesen war, festgehalten zu werden, um wieviel mehr müßten Überlebende oder Zeugen der Katastrophe dieses Ereignis im Gedächtnis ihres Volkes eingepflanzt haben! Wir besuchten jene Menschen, bei denen sich mündliche Überlieferungen am stärksten in Europa über lange Zeiträume gehalten haben: die Kelten Irlands.

21. Megalith-Tempel auf der Insel Gavrinis, Bretagne.
Das Heiligtum von Atlantis?

bezeichnen (Abb. 21). In der Tat erstrecken sich um dieses megalithische Heiligtum Kanalringe, die den Angaben des Atlantisberichtes entsprechen. Die Daten über die fruchtbare Ebene, die sich an die Hauptstadt anschließen soll, entsprechen mit 360 mal 540 Kilometern der französischen Tiefebene. Und auch die schiffbaren Kanäle durch diese Ebene stimmen mit dem Lauf der Flüsse Loire, Dordogne und Garonne überein.

Mit dem Untergang des »streitbaren Geschlechts der Atlanter« wird an jenen Sturm erinnert, in dem die Angreifer bei ihrer Attacke auf die Phantominsel vor Irland ertranken. Der Untergang des riesigen Reiches von Atlantis ist hingegen zu verstehen als die katastrophale Niederlage der Megalithbevölkerung zu Beginn des dritten Jahrtausends v. Chr. vor den

22. Die megalithischen Ruinenfelder von Los Millares, Südspanien.
War es eine Provinzstadt von Atlantis?

eindringenden Indogermanen. Diese nach den Funden ihrer Töpferkunst so genannten Glockenbecherleute zerstörten die friedliche, über Jahrtausende bestehende europäische Kultur. Es war eine Kultur, die ihre gewaltigen Bauten noch lange vor den ersten Pyramiden errichtet hatte.

Ein letztes Mal machen wir uns auf den Weg, um einen möglichen Ort von Atlantis aufzusuchen. Rund zwanzig Kilometer nördlich der spanischen Mittelmeerstadt Almeria liegt auf karstigen Hügeln die Megalithsiedlung *Los Millares* (Abb. 22). Der Physiker Helmut Tributsch nennt sie eine »Provinzstadt von Atlantis«.

Mehr noch als das Zentrum in der Bretagne erlaubt dieser Ort Rückschlüsse auf Besiedlungsformen. Etwa 50 Meter über der Mündung der

Rambla de Huechar, die hier in den Andarax fließt, liegt ein Felsplateau, auf dem wuchtige Mauerreste ins Auge fallen. Stellt man sich oberhalb dieser Siedlungsspuren auf, erkennt man auf der gegen die Flüsse zu abfallenden Seite drei Mauerringe. Sie erreichen eine Breite von vier Metern. Über diese Mauern hinweg geht der Blick nach Südost auf das sich am Horizont graublau abhebende Meer.

Wir sind völlig allein auf diesem verlassenen Platz inmitten einer Landschaft, die die Kulisse für zahlreiche Western abgegeben hat. Nur von fern hören wir Lastwagen, die Serpentinen hochkeuchen.

Wir schauen uns die Verteidigungsanlagen genauer an. Ihren bis zu zwei Metern hohen Mauern sind kleine Bastionen angegliedert, deren Innenräume sicherlich bewohnt waren. Weiter an den ansteigenden Hügeln entdecken wir kleinere Megalithgräber: kuppelartige Rundhäuser, von einem großen Stein gedeckt, mit jeweils einem langen Zugang nach Osten. In eines dieser Gräber sind wir gestiegen und knien an der Stelle nieder, wo man wahrscheinlich die Toten gebettet hat. Die frühe Morgensonne scheint uns, wie durch den Eingangskanal geleitet, direkt ins Gesicht und erhellt das ansonsten dunkle Gewölbe für einige Minuten.

Anhand eines Holzbalkens, den man unter einem der Fundamente fand, ließ sich durch die C^{14}-Methode ein zeitlicher Anhaltspunkt errechnen: 2800 v. Chr. Also befinden wir uns noch vor der Zeit des großen Pyramidenbaus in Ägypten.

Noch ist Tributschs Theorie zu neu und zu wenig überprüft, als daß sich mit Gewißheit behaupten ließe, Megalith-Europa sei Atlantis. Der Faszination seiner so naheliegenden Argumente können wir uns jedoch nicht verschließen. Im Vergleich zu Atlantologen wie Galanopoulos, Schulten oder Spanuth steht er erst am Anfang . . .

Ein wenig Wehmut packt uns, als wir von der letzten Station unserer langen Reise Abschied nehmen, um unser Material auszuwerten. Wir waren an vielen Orten, deren Verbindung zu Atlantis uns einleuchten wollte. Für uns ist das Projekt Atlantis beendet, für Archäologen und Historiker, für Geologen und Völkerkundler und vor allem für die vielen selbsternannten Atlantologen sicher noch lange nicht.

Uns fällt noch einmal die Geschichte ein, die uns der Fischer Bonefish-Sam erzählte. Er hatte Manson Valentine auf dessen Tauchexpedition begleitet. Als der Amerikaner von der Bimini-Straße auftauchend nach Luft schnappte, brüllte er heraus: »Ich hab's gefunden! Ich hab's gefunden!« »Was«, fragte Bonefish-Sam, »was haben Sie gefunden, Doc?«

»Atlantis!«

LITERATURVERZEICHNIS

Berlitz, Charles: Der 8. Kontinent. Wiege aller Kulturen. Wien, Hamburg 1984
Becher, Martin Roda (Hrsg.): Geschichten von Atlantis. Darmstadt 1986
Camp, L. Sprague de: Versunkene Kontinente. Von Atlantis, Lemuria und untergegangenen Zivilisationen. München 1975
Cayce, Edgar Evans: Edgar Cayce on Atlantis. New York 1968
Donnelly, Ignatius: Atlantis, The Antediluvian World. A modern revised edition, Hrsg. Egerton Sykes. New York 1949
Ebon, Martin: Atlantis. Neue Beweise. München 1978
Gadow, Gerhard: Der Atlantisstreit. Frankfurt 1973
Galanopoulos, Angelos u. Edward Bacon: Die Wahrheit über Atlantis. München 1976
Kamper, Dietmar und Ulrich Sonnemann (Hrsg.): Atlantis zum Beispiel. Darmstadt 1986
Kehnscherper, Günther: Auf der Suche nach Atlantis. Leipzig, Jena, Berlin 1985
Kukal, Zdenek: Atlantis in the Light of Modern Research. Amsterdam 1984
Luce, J. V.: Atlantis. Legende und Wirklichkeit. Bergisch Gladbach 1969
Muck, Otto: Alles über Atlantis. Düsseldorf 1976
Pischel, Barbara: Die Atlantische Lehre. Übersetzung und Interpretation der Platon-Texte aus »Timaios« und »Kritias«. Frankfurt 1982
Platon: Werke Bd. 5: »Timaios« und »Kritias«. Hamburg 1959
Ramage, Edwin S. (Hrsg.): Atlantis. Mythos, Rätsel, Wirklichkeit. Frankfurt 1979
Schulton, Adolf: Tartessos. Ein Beitrag zur ältesten Geschichte des Westens. Hamburg 1950.
Spanuth, Jürgen: Atlantis. Heimat, Reich und Schicksal der Germanen. Tübingen 1965
Spence, Lewis: Atlantis Discovered. New York 1974
Tributsch, Helmut: Die gläsernen Türme von Atlantis. Erinnerungen an Megalith-Europa. Frankfurt, Berlin 1986
Zhirov, N. F.: Atlantis. Moskau 1970
Zink, David: Von Atlantis zu den Sternen. Das Bimini-Rätsel. München 1978

Volker Panzer

Sahara – Ein verlorenes Paradies

Zum Ursprung der Wüstenvölker

AM ANFANG. Am 28. September 1987 befand sich ein Fernsehteam des ZDF auf dem Flug nach Niamey, der Hauptstadt der Republik Niger. Das Ziel der Drehreise war es, Filmaufnahmen vom Alltagsleben einiger der letzten echten Nomaden dieser Erde zu bekommen: den Fulbe-Bororo. Jahr für Jahr ziehen die Bororos mit ihren Rinderherden vom Süden der Republik Niger bis zu 500 Kilometer nach Norden an den Rand der Sahara, um ihre Tiere aus den salzhaltigen Quellen trinken zu lassen.

Die Zeit der Salzkur ist zugleich die Zeit der Feste. Die sonst nur vereinzelt mit ihren Herden ziehenden Familien treffen sich zwischen Oktober und November an versteckten Plätzen, wo die Weiden von den Sommerregen noch fruchtbar sind und in den Bodensenken noch genügend Wasser vorhanden ist. In diesen paar Wochen ist es zwar immer noch schwierig, die Bororos zu finden, aber nicht ganz so unmöglich, wie wenn die Familien allein leben würden.

Warum wollten wir überhaupt zu diesem seltsamen Volk? Völkerkundler sehen in ihnen die Nachfahren der Menschen, die vor 6000 bis 7000 Jahren in den abgelegenen Gebirgszügen der Sahara ein bis heute noch nicht ganz geklärtes Wunderwerk menschlichen Schöpfergeistes vollbracht haben: die faszinierende Galerie der prähistorischen Felsbilder.

Das war das Thema unserer Filmexpedition: den Fragen nachzugehen, wie die Felsbilder entstanden sind, wer sie gemalt hat und warum? Und wie sah die Wüste aus vor 10 000 Jahren, als sie noch nicht den Namen *Sahara* trug. Der arabische Name ist vieldeutig. Man kann ihn übersetzen mit »gelblich rot« aber auch mit »unfruchtbar« oder einfach mit der Bezeichnung »das Nichts«.

Auf dem Flug nach Niamey ahnten der Kameramann Werner Czarnojon, sein Team und ich zwar, was uns erwartete, daß wir aber am Ende – mit kurzen Unterbrechungen – drei Monate unterwegs waren, gut 17 000 Kilometer im Flugzeug zurückgelegt hatten, fast 5000 Kilometer in Geländewagen durchgeschüttelt worden und mehrere hundert Kilometer zu Fuß und in Kamelsätteln zu den entlegensten Orten der großen Wüste vorgedrungen waren, davon hatten wir uns nun wirklich kein klares Bild gemacht. Nur zum Vergleich: Die Strecke von 5000 Kilometern entspricht etwa der Entfernung Deutschland – Ural oder Deutschland – Nordpol.

← 23. Landschaft in Mudpans. Das Bild zeigt, warum es dort nicht regnet: Die sich bildenden Wolken können sich wegen des heißen Bodens nicht abregnen. Das Wasser verdunstet, ehe es den Boden berührt. Im Vordergrund Überreste eines Wattenmeeres, das vor 200 Millionen Jahren diese Gegend überschwemmte

SAHARA – EIN KONTINENT AUS STEIN UND SAND. Obwohl die Wissenschaftler die Grenzen der Wüste unterschiedlich ziehen – der Klimatologe wird das Fehlen von Niederschlägen als Kriterium heranziehen, der Pflanzenkundler die Veränderung der Vegetation und der Geologe die Struktur der Gesteinsarten –, kann man die Sahara doch recht genau eingrenzen.

Sie reicht vom Atlantik im Westen bis zum Roten Meer im Osten, nur unterbrochen von dem schmalen grünen Band des Niltals. Von West nach Ost dehnt sich die Wüste also gut 6000 Kilometer weit aus: von 17 Grad westlicher Länge bis 37 Grad östlicher Länge. In der Nord-Süd-Richtung reicht sie von 32 Grad nördlicher Breite bis 17 Grad südlicher Breite, also auch etwa 2000 Kilometer. Insgesamt sind dies zehn bis zwölf Millionen Quadratkilometer Wüste. Um sich diese Dimensionen einmal zu vergegenwärtigen, könnte man aus einer Weltkarte die einzelnen Kontinente ausschneiden und auf das von der Sahara abgedeckte Gebiet Nordafrikas legen. Die Fläche des gesamten Europa bis zum Ural hätte Raum genug, die USA einschließlich Alaska verschwänden in der Wüste, und neben Australien fänden Indonesien, Neuseeland und Japan auch noch Platz. Bei diesen riesigen Dimensionen war es nicht verwunderlich, daß von der Wüste zu allen Zeiten mit Respekt gesprochen wurde. Bahr belama, Meer ohne Wasser, nennen sie die Araber. Als »Große Wüste« wird sie in allen Karten des Mittelalters bezeichnet. Der Wüstenkontinent Sahara ist die größte Wüste der Erde. Sie ist die Wüste schlechthin. Im Vergleich zu ihr sind die anderen großen Wüstengebiete der Erde nur Halbwüsten, Steppen oder Savannen.

WÜSTENTRÄUME. Allein ihr gigantisches, extremes Erscheinungsbild hat die Menschen zu allen Zeiten bis heute fasziniert. Die Wüste zu durchqueren, kam der Überfahrt über einen wilden Ozean gleich, nach dessen Überwindung, wie bei der Entdeckung Amerikas, im Innern Afrikas Gold und Reichtum erwartet wurden. Das Kamel wurde zum »Wüstenschiff«, das über die Dünenkämme gleitet wie das Schiff über die Wellen. Bis Mitte des neunzehnten Jahrhunderts, als die Sahara noch kaum erforscht war, glaubten die Naturwissenschaftler, daß die Wüste ausschließlich aus riesigen, vom Wind ebenmäßig geformten Sanddünen bestünde. Und viele der begeisterten Wüstenfreunde glauben es heute immer noch. Doch das ist ein Irrtum.

Sicherlich gibt es z. B. in den großen *Ergs*, den Sandwüsten Algeriens, regelrechte »Traumdünen«, und die »große Sandsee« der libyschen Wüste

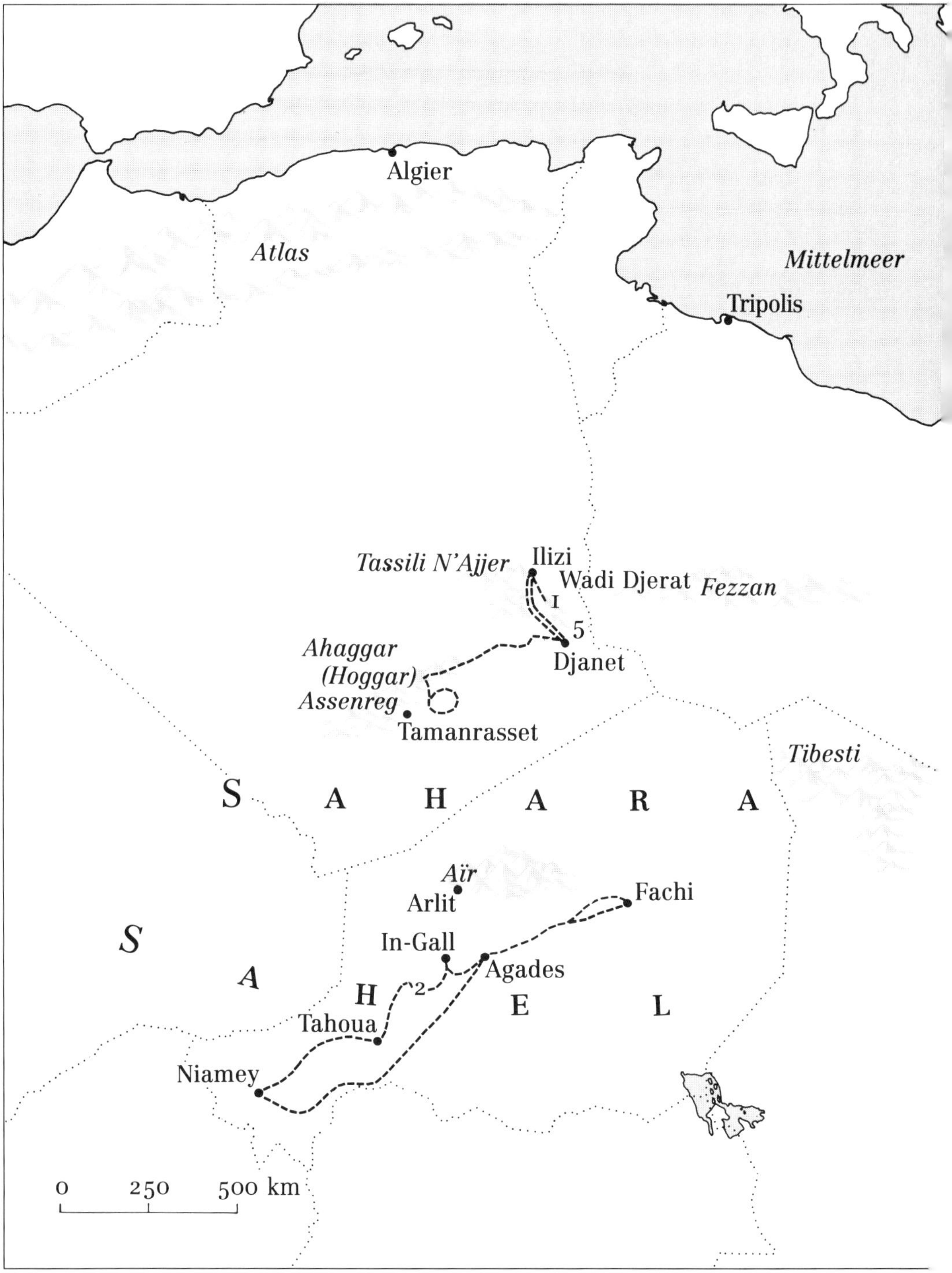
Algier
Atlas
Mittelmeer
Tripolis
Tassili N'Ajjer
Ilizi
Wadi Djerat
Fezzan
1
5
Ahaggar
(Hoggar)
Djanet
Assenreg
Tamanrasset
Tibesti
S A H A R A
Aïr
Arlit
Fachi
S
In-Gall
Agades
A
2
H
E
L
Tahoua
Niamey
0
250
500 km

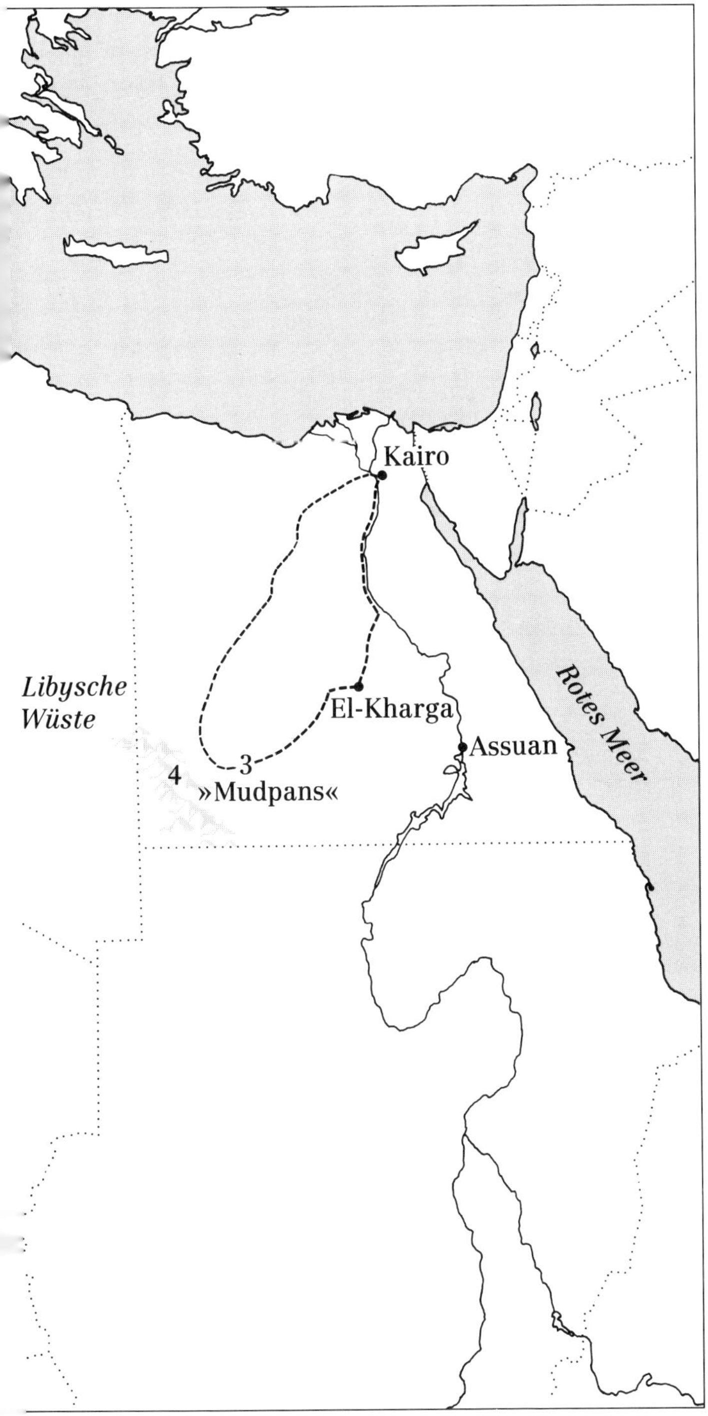

Die östliche Sahara mit den Expeditionsrouten.
1 Wadi Djerat
2 Bororo-Gebiet
3 Mudpans
4 Gilf Kebir
5 Gebiet der Felsmalereien im Tassili-Gebirge

besteht aus parallel von Nord nach Süd verlaufenden Dünenwällen, die ohne Unterbrechung bis zu 600 Kilometer lang sind. Wir selbst mußten bei den Dreharbeiten einige in halsbrecherischer Weise mit dem Auto überqueren. Aber die Wirklichkeit ist doch anders: Noch nicht einmal zehn Prozent der Fläche werden von Dünen bedeckt. Neunzig Prozent bestehen aus Gebirgen, ausgetrockneten Flüssen und großen *Serirs*, das sind riesige Steinebenen voller Schotter. Hinzu kommt, daß sich in den Oasen und den höher gelegenen Gebirgen, wie dem Hoggar- (oder Ahaggar-) und dem Tassili-Gebirge in Algerien oder dem Aïrgebirge im Niger, bis heute Vegetationsflächen finden, die von Menschen besiedelt werden. Die Sahara ist so vielfältig, daß man eigentlich von den Saharas sprechen müßte, die alle den Klischeevorstellungen der Europäer widersprechen. Und um schon an dieser Stelle ein weiteres Vorurteil zu revidieren: Zu keiner Zeit war dieser Wüstenkontinent ein leerer Raum. Zwar beschränkten sich die Siedlungsgebiete der Menschen auf die wenigen Wasserstellen, aber über die gesamte Zone zog sich wie ein feingesponnenes Netz ein Geflecht von Verkehrswegen und sozialen Bindungen, die erst durch die Eroberung der Sahara von eindringenden Europäern im achtzehnten, neunzehnten und frühen zwanzigsten Jahrhundert nach und nach zerstört wurden.

So verhängnisvoll sich dies auf die traditionelle Kultur auswirkte, so aufschlußreich war es andererseits für uns, denn ohne diese Eroberung und Erforschung hätte die Wüste ihr Geheimnis behalten. Was die Wüstenbewohner als naturgegeben hinnahmen, darüber wunderten sich die Eindringlinge.

SELTSAME ENTDECKUNGEN. Wir schreiben das Jahr 1847. Seit siebzehn Jahren wütet in den algerischen Provinzen Constantine und Oran der Kolonialkrieg. Die Franzosen haben ihren größten Widersacher, den Emir Ab del Kadr von Mascara, zur Aufgabe gezwungen, aber immer noch müssen die französischen Soldaten gegen den Widerstand der Bevölkerung ankämpfen.

Ein Spähtrupp ist auf dem Weg nach Ain Sefra, einem kleinen Palmenhain im Süden der Provinz Oran am Südrand des *Atlas-Gebirges*. Der Arzt und ein Offizier des Trupps schweifen in der Gegend umher, um für die Truppe gute Lagerplätze zu finden. Da bemerken sie an den Felswänden ungewöhnliche Abbildungen: Darstellungen von Löwen, Rindern, Antilopen, Straußen und von Menschen, die mit Pfeil und Bogen Jagd auf die wilden Tiere machen.

Zwar war das Erstaunen groß, und die Entdeckungen wurden sorgsam in den Erkundungsberichten vermerkt, aber niemand kümmerte sich weiter darum. Man schrieb sie den dort lebenden Beduinen zu.

Szenenwechsel: 1850 verläßt eine Expedition Tripolis im Auftrag der Englischen Krone, die geheimnisvolle Wüste zu durchqueren und nach Innerafrika vorzudringen. Als junger Wissenschaftler reist auch der Deutsche Heinrich Barth mit. Im *Fezzan-Gebirge*, im heutigen Libyen, bei Tel Issaghen, zeichnet er in sein Tagebuch, was ihm sehr rätselhaft vorkommt: eingraviert in den Fels Konturen eigenartiger, Masken tragender Menschen, die mit Speeren aufeinander loszugehen scheinen. In der Mitte der gravierten Fläche die Umrisse eines Rindes. Mitten in der Wüste solche Bilder! Heinrich Barth notiert in sein Tagebuch: »Vor allem drängt sich die Frage auf, wem sind diese Steinskulpturen zuzuschreiben?«

Auf seiner weiteren Reise entdeckt er noch mehr solcher eigenartiger Bilder, die er sorgfältig abzeichnet und später in seinen Reiseberichten veröffentlicht. Was eine Sensation hätte werden können, wurde allgemein übersehen. Barth war nicht der einzige, den anderen Felsbildentdeckern erging es ebenso.

1860 erwähnte der französische Forschungsreisende Henri Duveyrier einige Malereien in der Gegend von *Rhat*. Gustav Nachtigal, der bekannte deutsche Forscher, machte auf Gravuren aufmerksam, die Rinder darstellten. 1877 berichtete Erwin de Bary von Menschen-, Pferde- und Kameldarstellungen im *Aïr-Gebirge*. Schon Ende des neunzehnten Jahrhunderts zeigte sich, was heute Gewißheit geworden ist, daß nämlich *alle* Gebirge der Sahara Felsgravierungen oder Felsmalereien aufweisen.

Aber wie bei so vielen großen Entdeckungen mußte erst einige Zeit vergehen, bis sie überhaupt wahrgenommen wurden.

Bis weit ins neunzehnte Jahrhundert hinein stand für viele unumstößlich fest, daß die Bibel recht hat. Die Schöpfungsgeschichte wurde wörtlich genommen, und Charles Darwins Erkenntnisse, daß es eine langsame Entstehungsgeschichte der Menschheit gegeben habe, die sich über Millionen von Jahren hinzog, löste zwar lebhafte Diskussionen unter den Wissenschaftlern aus, wurde aber von den meisten als Ketzerei abgetan. Die Hochkulturen Mesopotamiens und Ägyptens galten als früheste und zugleich einmalige Höhepunkte menschlichen Schöpfergeistes, nicht zuletzt deshalb, weil sie im Alten Testament erwähnt wurden. Was sich früher auf der Erde abgespielt haben mochte, lag in einem nebulösen Dunkel.

Erst die zufällige Entdeckung der Höhlenbilder von Altamira mit den berühmten verwundeten Büffeln löste allgemeines Interesse und Staunen aus. Ganz im Geist der Zeit konnten die damaligen Gelehrten – man schrieb das Jahr 1880 – nur an Fälschungen denken. Ein Maler, der vor der Entdeckung der Höhlenbilder durch die Tochter des Grafen Sautuola als Gast bei ihrem Vater gewohnt hatte, wurde verdächtigt, die Bilder angefertigt zu haben. Es war undenkbar, sie primitiven Eiszeitmenschen zuzuschreiben. Erst als nach und nach die Höhlen von Les Combarelles, Fond de Gaume, La Mouthe und – erst 1940 – die berühmte Höhle von Lascaux entdeckt wurden, gab es keinen Zweifel mehr: die zum Teil überlebensgroßen Tiere, die jagenden Menschen, die magischen Zeichen stammten von hochentwickelten Eiszeitmenschen, die 40 000 Jahre vor unserer Zeit gelebt hatten.

Ein Zufallsfund hat zusammen mit der wissenschaftlichen Weiterentwicklung Licht auf ein Stück Frühgeschichte der Menschheit geworfen. Und ein Zufall war es dann auch, der die schon längst vergessenen Felsbilder der Sahara wieder ins Bewußtsein brachte.

EIN RITT MIT FOLGEN. 1933. Die Franzosen sind zwar die Kolonialherren Algeriens, aber die Lage ist äußerst gespannt. Vor allem im Süden des Landes leisten die Tuareg-Krieger des Stammes der Kel-Ajjer heftigen Widerstand gegen die Besatzer. Nach Angriffen ziehen sie sich immer wieder in die unwegsamen *Wadis* und Schluchten der Gebirge zurück. Der junge Meharistenleutnant Brenans bekommt den Auftrag, ein unzugängliches Tal zu erkunden. Es war das erste Mal, daß Europäer so weit vordrangen. Henri Lhote, der berühmte französische Felsbildforscher, beschreibt, was sein Freund Brenans ihm erzählte:

»In langsamem Kamelritt ritt Brenans an der Spitze seines Zuges. Da sah er an den Felswänden, die das Bett des *Wadi* einschließen, seltsame Figuren, wie er sie noch nie auf einem seiner früheren Ritte bemerkt hatte. Er stieg sofort ab und glaubte zu träumen, denn vor seinen Augen entfalteten sich tief in den Stein gegrabene Darstellungen großer Tiere: Elefanten mit erhobenem Rüssel, Flußpferde, die aus einem Sumpf aufsteigen, Rhinozerusse mit drohenden Nasenhörnern, Giraffen, die den Hals recken, als wollten sie die Spitzen der Dornbüsche abfressen. Es war ein überwältigender Anblick in diesem von der Sonne versengten Felseingang, über dem das drückende Schweigen der Wüste lag, in der seit Jahrhunderten jedes menschliche Leben ausgelöscht war. Als er nach etwa zehn Kilometern auf eine Geröllhalde stieß, die er unmöglich überschreiten konnte, hatte er eine der bedeutendsten Fundstätten vorgeschichtlicher Kunst in der Sahara entdeckt.« (Lhote, 34)

Die ersten Entdeckungen im zwanzigsten Jahrhundert sprachen sich wie ein Lauffeuer herum, und die Kopien der Gravuren, die Henri Lhote in den fünfziger Jahren anfertigen ließ und später in Paris ausstellte, wurden als Sensation gefeiert.

Die Militärstation Fort Polignac, von der Brenans' Ritt ausging, ist heute die algerische Provinzstadt Illizi, die bis vor ein paar Jahren nur aus wenigen Lehmhütten bestand und jetzt als Zeichen algerischer Präsenz an der libyschen Grenze zur Provinzhauptstadt ausgebaut wird. Überall hektisches Leben, halbfertige Häuser, Straßen werden trassiert und gepflastert. Das erste Hotel ist im Bau, ein geplanter Campingplatz soll die Sahara-Touristen auch nach Illizi locken. Es herrscht eine Art Goldgräbermentalität ohne Gold.

Aber wer in das berühmte *Wadi Djerat* will, der muß es noch genauso machen wie der Meharistenleutnant: auf dem Rücken von Kamelen.

UNZUGÄNGLICHES GELÄNDE. Bis heute ist das Gebirgsmassiv des *Tassili N'Ajjer* auch für Geländewagen unzugänglich (Abb. 32). Dabei soll es auch bleiben. Vor zehn Jahren ist das gesamte Plateau, das von der Grenze zur Republik Niger etwa 500 Kilometer nach Norden ungefähr bis Illizi reicht, zum Nationalpark erklärt worden, den Reisende nur mit autorisierten Führern betreten dürfen. Die staatliche Organisation du Parc national du Tassili ist mit Unterstützung der UNESCO dabei, dieses in der Welt einmalige Natur- und Kulturerbe der Menschheit zu schützen, was einer regelrechten Sisyphusarbeit gleichkommt, denn wie können 10 000 Quadratkilometer vor Vandalismus geschützt werden? So unglaublich es klingt: Immer noch dringen »Sahara-Abenteurer« mit der Entdekkersehnsucht im Blick ohne Genehmigung in dieses Schutzgebiet ein und zerstören aus Unwissenheit oder Habsucht Naturschönheiten, die Jahrmillionen überdauerten, oder die jahrtausendealten Kunstwerke der Vorgeschichte.

Wir selbst haben auf der dreitägigen Geländefahrt von der Oase Djanet nach Illizi Spuren dieser Kulturbarbarei gesehen: bei einer der schönsten Gravuren, dem lebensgroßen Rind bei Tin Terirt wurde versucht, einen Latexabdruck des Kopfes abzunehmen; und zwar so unsachgemäß, daß die weißen Klebespuren des flüssigen Gummis noch über Jahre hinweg das Kunstwerk entstellen werden (Abb. 29).

Tassili N'Ajjer heißt »Hochebene der Flüsse«. Vor Millionen von Jahren war ganz Nordafrika von einem gewaltigen Meer bedeckt. Die Gebirge und Gebirgswellen der Sahara sind nicht durch Auffaltung der Erdoberfläche entstanden wie in Europa, sondern langfristig durch Abtragung einer schon in der Erdaltzeit, dem Paläozoikum, vor 600 Millionen Jahren entstandenen stabilen Erdkruste. Die weicheren Gesteinsarten, wie Sandstein, wurden entweder zu Sandmeeren zermahlen oder von den abfließenden Wässern im Laufe der Zeit zerfurcht und regelrecht aufgefressen.

Übrigens profitieren wir bis heute noch von diesen Urzeitmeeren. In ihnen waren große Mengen planktonischer Lebewesen vorhanden, die nach ihrem Absterben den Boden mit Bitumen anreicherten. Dieses Tongestein wurde zur wichtigsten Voraussetzung für die großen Erdölvorkommen der Sahara.

Von der Kammhöhe des Tassili bis zu den Ausläufern des Massivs bildeten sich bis zu 300 Meter tiefe, in den weichen Sandstein eingegrabene Wadis, von denen mit 100 Kilometern Länge das Wadi Djerat das eindrucksvollste ist.

AUF LEUTNANT BRENANS SPUREN. Es ist Abend geworden. Wie immer wird es, wenn die Sonne hinter dem Horizont verschwindet, schon nach ein paar Minuten dunkel und kühl.

Achmed Zegri, ein *Targi* (so lautet die Einzahl von *Tuareg*) aus Illizi, hat uns bis hierher begleitet. Die letzten Kilometer mußten wir in unseren beiden von der staatlichen algerischen Touristenorganisation ONAT gemieteten Fahrzeugen mit Licht fahren. Es gibt keine Piste, und ohne Achmed Zegri hätten sich unsere beiden Fahrer in dem losen Sand hoffnungslos verfahren.

Achmed Zegri ist ein bekannter Mann; während die Familie seines Vaters noch im Zelt draußen vor der Stadt lebt, hat sich Achmed in Illizi niedergelassen und organisiert Expeditionen zu den Felsgravuren. Jetzt sitzt er mit den anderen Tuareg um das kleine Feuer am Boden und bespricht mit ihnen und uns die letzten noch offenen Details für den morgigen Aufbruch.

Vor uns liegen 80 Kilometer Fuß- und Kamelmarsch. 40 Kilometer wadi-aufwärts. 40 Kilometer wieder zurück. Dafür haben wir fünf Tage Zeit. Also nicht gerade viel, wenn man bedenkt, daß es sich um schwieriges Gelände handelt und wir eine beachtlichte Karawane zusammengestellt haben. Da ist der Kameramann Werner Czarnojon, sein Assistent Ludwig Stein, der Tonmeister Gyula Loczy und ich, alle ohne Kamelritt-Erfahrung. Dann unser wissenschaftlicher Begleiter Dr. Karl-Heinz Striedter, der Felsbildforscher des Leo-Frobenius-Instituts aus Frankfurt, der mehr als 40 000 Felsbilder in seiner Kartei führt und schon mehrmals

24. Teepause im Wadi Djerat. Die Tuareg sind geradezu süchtig nach stark gezuckertem Tee. Von weit oben eingegossen, vermischt sich der Zucker besser.

ausgedehnte Reisen in dieses Gebiet unternommen hat. Schließlich zwei Tuareg-Führer, drei Tuareg-Kameltreiber, ein junger Mann namens Jabba als Koch und Reda Gazeli, unser staatlicher Betreuer und Übersetzer. Also brauchen wir zahlreiche Reitkamele und drei Lasttiere für die fast 300 Kilogramm schwere Ausrüstung.

Am nächsten Morgen, noch vor Sonnenaufgang, weckt uns lautes Geschrei. Die Tuareg sind dabei, unsere Ladung auf die Kamele zu verteilen, die schon von den weitverstreuten spärlichen Weiden um unseren Lagerplatz geholt wurden. Unsere Schlafsäcke sind schnell zusammengerollt. Auch das Frühstück – Tee, trockenes Weißbrot, Marmelade – hält nicht lange auf, so daß nach einer Stunde aus dem Chaos von Kisten, Taschen, Säcken, Kamelsätteln und Proviantkartons eine leidlich geordnete Kamelkarawane geworden ist. Unsere Tuareg-Führer gehen zu Fuß vorneweg, am Ende die Lasttiere. Dazwischen die ZDF-Kamelreiter in mehr oder weniger eleganter Sitzhaltung. Es ist ein eigenartiges Gefühl, auf einem Kamel zu reiten. Nicht das berühmte Schaukeln ist das Problem, sondern die ständig angespannte Beinhaltung. Nur leicht sollen die Füße den Kamelhals berühren, denn jeder stärkere Druck bedeutet für das

Kamel das Komando »hinlegen«; die Beine müssen also immer leicht angehoben werden, will man nicht ständig auf- und absteigen müssen. Der Reiter balanciert mehr als er sitzt auf dem Kamelhöcker bzw. dem Dromedarhöcker, denn in Afrika gibt es ja nur die einhöckrigen Dromedare. Trotzdem sagt jeder, auch die Einheimischen, »chameau«, Kamel. Drei Stunden traben wir zügig nach Süden über eine weite ebene Sandfläche, unterbrochen von schütterem Grasbewuchs. Erst nach der Mittagsrast gegen vier Uhr rücken die Wadi-Hänge näher, das ausgetrocknete Flußbett wird steiniger und die Luft drückender (Abb. 26).

»Wir werden Schwierigkeiten mit dem Licht bekommen«, sagt der Kameramann, als wir unser erstes Lager aufschlagen. Denn wie eine Schlange windet sich das immer enger werdende Tal in das Sandsteinmassiv hinein. Mal gehen wir eine halbe Stunde nach Osten, dann wieder eine scharfe Biegung nach Westen. Das bedeutet, eine der fast senkrecht aufragenden, aus bröckeligem Sandstein bestehenden Wände glänzt entweder immer in der gleißenden Sonne oder liegt tiefschwarz im Schatten.

Ein neuer Tag bricht an. Mohammed, der ältere der beiden Tuareg, führt uns zu einem großen Sandsteinblock auf der aufwärtsliegenden linken Hangseite des Wadi. Der drei Meter hohe Brocken mußte schon sehr lange dort gelegen haben, denn der ansonsten rötlich-gelbe Sandstein ist durch Sonneneinwirkung im Lauf der Zeit schwarz geworden, ganz von Patina überzogen.

Diese Patina bildet gewissermaßen einen Schutzüberzug für das Gestein: sie besteht aus Eisenoxyd, Manganoxyd und verschiedenen Kohlenstoffoxyden, die sich bei eindringendem Wasser durch Regen oder Dunst auflösen, durch Kapillarwirkung, Sonnenbestrahlung und Verdampfung an die Oberfläche kommen und so die dunkle Patina bilden.

Zunächst sahen wir auf der schwarzen Fläche gar nichts. Erst als Mohammed mit dem Finger einer eingravierten Linie folgte, erkannten wir sie auch: Die Umrisse eines Elefanten waren etwa einen Zentimeter tief in die glatte Fläche des Sandsteinblockes eingraviert. Das Erstaunliche war, daß diese etwa 1,3 Meter breite und 80 Zentimeter hohe Ritzung so naturalistisch ausgeführt worden war, als handelte es sich um das Porträt eines ganz bestimmten Elefanten. Alle Details waren sorgfältig gearbeitet: die großen Ohren in der richtigen Proportion zum Körper, die Beine so dargestellt, daß es den Eindruck hatte, als bewege sich das Tier. Selbst der Schwanz mit der kleinen Quaste fehlte nicht. Nur bei genauem Hinsehen war überhaupt etwas zu erkennen, denn farblich unterschieden sich die Kerben, die in den Sandstein geritzt waren, überhaupt nicht von dem umgebenden Stein.

↑ 25. Der sogenannte »Große Gott von Sefar«, eine Felsmalerei der »Rundkopfepoche« in der Sahara

← 26. Schluchten im Tassili N'Ajjer

↑↑ 27. Ein typischer »Felsabris« mit Motiven aus der »Rundkopf-epoche«, ca. 8000–10 000 Jahre alt

↑ 28. Karl-Heinz Striether zeigt, wie in der Steinzeit gemalt wurde

↑↑ 29. Die berühmte Kuh von Tin Terirt

↑ 30. Um 1200 v. Chr. erscheint als Motiv der von Pferden gezogene Streitwagen

↑ 31. Hirtendarstellung aus der »Rinderepoche«, ca. 5000–1500 v. Chr.

→ 32. Luftaufnahme des Tassili N'Ajjer

↑ 33. Die großartige Landschaft von Mudpans. Dieser Ort in der Ostsahara gehört zu den trockensten Gegenden der Erde, an denen es keinerlei Vegetation gibt.
Vor rund 8000 Jahren lebten hier in einer savannenähnlichen Landschaft Jäger und Sammler. Wie klein der Mensch hier wirkt, machen die Dimensionen des Lagers, halblinks, und der Archäologen, rechts, deutlich

← 34. Bis heute gibt es noch »paradiesische« Flecken in der Wüste. 4000 Jahre alte Zypressen bei Tamrit

↑↑ 35. Das selten gefeierte Gerawol-Fest ist der Höhepunkt im Jahresablauf der Bororo, zu dem sich die Männer besonders schminken

↑ 36. Rinder sind die Lebensgrundlage der Bororo

↑ 37. Um auf ihre Schönheit besonders hinzuweisen, tragen die Bororo-Frauen solche riesigen Kopftücher

DER WÜSTENZOO. Es schien so, als habe dieser Elefant einen geheimen Bann durchbrochen und uns die Augen geöffnet. In den nächsten zwei Tagen gingen wir durch einen geheimnisvollen versteinerten Zoo. Wir sahen ein mufflonähnliches Tier, den *Bubalus antiquus*, mit zwei Meter breiten Hörnern. Wir ritten an einer glatten, fast waagerecht liegenden Sandsteinplatte entlang, auf der Giraffen in Lebensgröße dargestellt waren. Leider so ungünstig im Licht, daß es unmöglich war, sie zu filmen. Wir beobachteten eine Jagdszene: ein etwa 1,50 Meter großer Krieger mit einer helmartigen Maske, den Speer hocherhoben in der Rechten, rennt hinter einem Bubalus her. In der Nähe unseres Lagers bei Tin Touhoult erwartete uns auf einem vom Wasser der Vorzeit glattpolierten Felsplateau eine wirkliche Überraschung: neben Abbildungen von Straußen, Gazellen, Antilopen und Rindern, drei Meter breit, 1,50 Meter hoch, unübersehbar: ein Flußpferd. Waren alle Gravuren, die wir bisher entdeckt hatten, Abbildungen von Tieren, deren Lebensraum trockene Steppen sind, so kann ein Flußpferd nur dort leben, wo das ganze Jahr über reichlich Wasser vorhanden ist.

Diese Flußpferdgravur und die anderen kleineren Darstellungen von Wassertieren – Krokodile und sogar Fische – überall im Wadi Djerat waren für uns das erste Indiz dafür, daß die Wüste einmal Lebensraum dieser Tiere und viel fruchtbarer gewesen sein mußte.

»Niemand leugnet heute mehr die Tatsache«, sagt Striedter, »daß die Sahara früher wesentlich feuchter gewesen ist, mit ständig Wasser führenden Flüssen, Baumbewuchs, fruchtbaren Weiden voller Wildtiere. Der ideale Lebensraum für einen Jäger und Sammler.«

Wir stehen am Rand des Wadis, da, wo das Sandbett in einen Sandsteinfelsen übergeht, der immer steiler wird und sich bis zu den fast senkrecht aufsteigenden Wadi-Wänden hinzieht.

Die Fläche ist über und über mit Gravuren bedeckt, die sich zum Teil überlagern. »Weiß man denn, wie alt diese Abbildungen sind?« frage ich den Wissenschaftler.

»Eine absolute Datierung ist anhand der Felsgravuren und Felsbilder nicht möglich. Wir können sie nur relativ datieren, das heißt, welche Zeichnungen früher und welche später angefertigt wurden. Dafür haben wir zwei Möglichkeiten: einmal die Auswertung der Überlagerungen und zweitens die Auswertung der Patina. Wenn man einen Felsen anschlägt, wird die Patina durchbrochen, und der helle Untergrund des Felsens erscheint. Im Laufe der Jahrzehnte und Jahrhunderte dunkelt dieser Strich wieder nach und erreicht schließlich die Farbe des Gesteins. Je dunkler die Patina der Zeichnung ist, um so älter ist sie auch. Was das absolute Alter betrifft, müssen wir uns an die Ergebnisse der Archäologie und anderer Disziplinen halten, und das hieße, daß diese Gravuren etwa bis 12 000 Jahre alt sind. Sie können auch 40 000 Jahre alt sein. So alt wie die europäischen Felsbilder. Aber dafür gibt es keine Beweise.«

Mit welchen Methoden die angesprochenen Archäologen der Vorgeschichte auf der Spur sind, sollten wir später noch erfahren. Doch halten wir fest: Nach der Patina zu urteilen und nach ihrer Anzahl und Ausführung müssen über Jahrtausende hier wilde Tiere, aber auch Menschen gelebt haben, die das Wild jagten und deren Umrisse auf Fels bannten. Warum? Um mit dem Abbild auch das Tier selbst in ihre Macht zu bekommen? Zur Übung für die Jagd, als Zielscheibe sozusagen? Oder aus Verehrung, aus Magie, oder einfach aus ästhetischen Gründen?

Doch ob es früher tatsächlich so war, wissen wir nicht, und den abenteuerlichsten Spekulationen sind Tür und Tor geöffnet.

ASTRONAUTEN IM TASSILI N'AJJER? Der Aufstieg ist mühsam und dauert sechs Stunden. 700 Meter Höhenunterschied müssen bewältigt werden. Der Tafilalet ist einer von vier Pässen, die auf das Hochplateau des *Tassili N'Ajjer* führen. Tassili N'Ajjer heißt übersetzt: »Hochebene der Flüsse«. Aber es gibt auch andere Übersetzungen: »Hochebene der Steine«, sagt Sermi, der junge Targi, oder »Hochebene der Kühe«. Genau festlegen will er sich nicht. Und wie wir später sehen werden, haben alle Übersetzungen ihre Berechtigung.

Am frühen Morgen hat Sermi genau aufgepaßt, daß die Esel fachmännisch bepackt wurden, damit während des steilen Aufstiegs keine Ladung verrutschen kann. Wir befinden uns rund 500 Kilometer südlich von Illizi, etwa zehn Kilometer außerhalb der Oase Djanet, dem Ausgangspunkt für Exkursionen in die Felsengalerie der Wüste mit ihren Zehntausenden von großartigen Bildern.

Für Kamele ist der steinige Aufstieg zu steil, und selbst die Esel schlagen sich auf dem gewundenen Trampelpfad nach oben an den scharfkantigen Steinen die Füße wund.

Gegen Mittag haben wir es geschafft. Im Osten schimmert am fernen Horizont wie ein grüner Punkt die Oase Djanet vor einer weiten Ebene, aus der Tafelberge aufragen, wie man sie gelegentlich in Wildwestfilmen zu sehen bekommt. Nach Westen und Norden dehnt sich eine trostlose Fläche schwarzen Sandsteingerölls aus.

»Dort liegt Tamrit, unser Lagerplatz«, drängelt Sermi, und schon zwei Stunden später sind wir in einer anderen Welt. Das Wasser, der Wind und

38. Menschendarstellung der Rundkopfepoche, sogenannter Astronaut

die Zeit haben aus dem Sandstein eine bizarre, unwirkliche Landschaft geformt. Stille. Das Geräusch unserer Schritte hallt wie in einer Schlucht, dann öffnet sich der enge Durchgang, und wir stehen auf einem gleißend hellen Platz, umgeben von steil aufragenden Türmen: einer wird nach unten zu immer dünner und scheint auf einer winzigen Fläche zu balancieren, ein anderer sieht aus wie ein 25 Meter hoher Baumkuchen. Der Formenreichtum ist unendlich und nicht zu beschreiben.

Sermi biegt um die Ecke und bleibt stehen. Uns stockt fast der Atem. Da, wo das Wasser der Urzeit am Fuß einer Felswand eine glatte, in den Stein gewölbte Fläche gespült hat, sehen wir – Raumfahrer (Abb. 38). Rötlich-braun auf den helleren Untergrund gemalt, scheint eine Figur nahezu waagerecht durch die Luft zu schweben. Den großen, runden Kopf voran, die Arme nach hinten gestreckt, erinnert die Haltung an einen Skispringer. Eigenartige Antennen gehen von den Armen ab. Rechts von der schwebenden eine aufrecht stehende Figur, etwa 80 Zentimeter hoch, auch sie mit großem runden Kopf, der Körper bereit, gleich loszulaufen. Überall auf unserer Drehreise im Tassili finden wir auf den Felsen diese eigenartigen Figuren mit den runden Köpfen, als steckten sie in einem Helm, aus dem Antennen hervorkommen, in eigentümlicher Haltung, so als hätten sie keinen Halt unter den Füßen und schwebten in der Luft, manchmal in Reih und Glied hintereinander, wie zu einer Prozession aufgereiht, plumpe Körper in statuarischer Haltung.

Aber sind das wirklich Astronauten, die in der Vorzeit gerade hier gelandet waren, um den Steinzeitmenschen einen Schubs in Richtung Zivilisation zu geben? Das behauptet jedenfalls der Geschichtsspekulant Erich von Däniken. Und auf den ersten Blick scheint er recht behalten zu können, aber was ist wirklich hier abgebildet?

»Das Dilemma ist«, sagt Karl-Heinz Striedter, »daß wir es tatsächlich nicht wissen, und so kann jeder hineingeheimnissen, was er mag. Für den einen sind es Raumfahrer, für den anderen sind es Homers Zyklopen, denn bei vielen Malereien aus dieser Epoche ist mitten in den runden Kopf ein Kreis gemalt. Die Wissenschaft aber hat erst einmal die Aufgabe, nach irdischen Lösungen zu suchen, bevor sie solchen Spekulationen erliegt. Wir müssen die Bilder nur genau genug betrachten.«

Tatsächlich, die Figuren halten Pfeil und Bogen in der Hand. Sie sind umgeben von Wildtierdarstellungen: Mufflons, Widder, Antilopen; die Antennen kann man auch als Schmuckfedern deuten, wie sie heute noch bei westafrikanischen Völkern getragen werden. Die Prozessionsteilnehmer sind Frauen, die Lasten auf dem Kopf tragen, und die weißen gepunzten Linien, die Däniken als Reißverschlüsse und Gelenkverstärker gedeutet hat, sind eher Darstellungen von Tätowierungen und Schröpfnarben, wie sie bei Naturvölkern üblich sind. Ohne Scheuklappen betrachtet, ist jede platte außerirdische Deutung nicht so recht nachzuvollziehen. Nirgendwo ist »High-Tech« abgebildet oder gar ein Stück Metall gefunden worden. Nein, die Ähnlichkeit dieser erstaunlichen Motive mit der bis heute wirkenden afrikanischen Kunst ist größer als mit den Science-Fiction-Motiven der westlichen Vorstellungswelt. Was bleibt, ist aber rätselhaft genug.

Warum haben die Menschen solche Bilder geschaffen? Gerade während der sogenannten Phase der Rundköpfe sind wohl magische Motive ausschlaggebend. Da wird eine flache Felsenhöhle komplett mit einer riesigen, dreieinhalb Meter hohen Figur, die weit ihre Arme ausstreckt, in gelb-roten Farben ausgemalt.

Links und rechts davon erkennt man kleine Figuren, Frauen mit nackten Brüsten und wie zum Gebet erhobenen Armen. Als Henri Lhote diesen *Gott von Sefar*, wie er ihn bezeichnete, zum ersten Mal sah, notierte er:

»Das Ganze war ungemein eindrucksvoll, und der großartige Rahmen, den der überhängende, alles beherrschende Felsen bildete, steigerte unser Erstaunen noch mehr. Ich glaube nicht, jemals ein solches Gefühl von Macht und Geheimnis empfunden zu haben, wie hier. In ihrer ganzen Wucht thronte diese Gestalt vor uns, und wir fühlten uns als Eindringlinge in einen geheiligten Ort, im Tempel einer primitiven Gottheit, den wir entweihten. Etwas Ungeheuerliches, Überirdisches lag in dieser Erscheinung (Abb. 25).«

Die Magie des Ortes, den die Natur schon so theatralisch ausgestattet hat, bot sich geradezu an, ihn als Kultraum zu nutzen und auszugestalten.

IM ATELIER DER FELSMALER. Während an den Felsgravuren die genaue Abbildung und die sorgfältige Arbeit zu bewundern ist (die mit Steinmeißeln in den Sandstein getriebenen Rillen wurden sogar mit Holz- und Steinhobeln sehr sorgfältig poliert), fällt uns bei den Felsmalereien ihre außerordentliche, bis heute kaum verblaßte Farbigkeit auf. Von dunkelrot bis hellrot, von grün über gelb bis weiß reicht die Palette der Steinzeitkünstler. Auch schwarz ist vorhanden. Wo kommen diese Farben her? Ganz einfach, sie liegen überall herum. Malfarben bestehen aus Pigmenten oder Farbkörpern als farbigem Bestandteil und einem Bindemittel, das die Pigmentkörper sowohl untereinander als auch mit dem Untergrund verbindet.

Farbkörper sind reichlich in Form von Ockerplättchen vorhanden. Diese Gesteinsart, die das Gelb und Rot der Zeichnungen geliefert hat, findet man überall, ebenso grüne Erde. Die weiße Farbe ist wahrscheinlich aus gipshaltigem Sandstein gewonnen worden. Farbuntersuchungen am Doerner-Institut in München haben nachgewiesen, daß die Malereien des Tassili aus diesen natürlichen Erdfarben bestehen. Die schwarzen Teile der Bilder konnten als Pflanzenschwarz – also normaler Ruß – identifiziert werden, der bei jedem Holzfeuer entsteht. Ohne ein spezielles Bindemittel hätten die Farbschichten aber nicht auf dem Felsuntergrund gehaftet, dazu benutzten die Maler Wachs, Hautleim, Knochenleim oder ganz einfach Milch oder Blut. Im Lauf der Zeit sind diese organischen

Stoffe vollständig verschwunden und die mineralischen Bestandteile der Bilder Teil der Felswand geworden.

Wie wurde gemalt? Ohne vorherige Skizze malten die »Künstler« mit in die Farbe getauchten Fingern. Sehr oft finden sich auch ganze Handabdrücke. Da hat einer die Hand in die Farbe getaucht und den Felsen damit regelrecht markiert. Die feinen Umrißlinien vieler Bilder wurden wahrscheinlich mit einem an der Spitze zerkauten Holzstückchen, mit Schwanzhaaren oder Federn sorgfältig aufgetragen. Soweit die Vermutungen der Wissenschaftler. Wir wollten es genauer wissen.

Während der Mittagspause an einem der nächsten Tage setzen wir uns etwas abseits vom Lager vor einen flachen, glatten, unbemalten Felsüberhang. »Ich werde mal versuchen, ob ich einen Rundkopf hinbekomme«, beginnt Striedter und zerstampft auf einem flachen Stein die aufgesammelten Ockerplättchen zu einem feinen rötlichen Pulver. »Die Maler hatten natürlich viel schönere Reibschalen und Mahlsteine«, meint er. Dann rührt er mit Trockenmilch und Wasser eine recht flüssige Paste an und beginnt mit einem kleinen Holzzweig, den er an einem Ende faserig zerkaut hat, zu malen. Etwas ungeübt zwar, nicht so elegant wie die Originale, entsteht zu unserem Erstaunen in etwa zehn Minuten ein 40 Zentimeter hohes Rundkopfmännchen (Abb. 28).

Unsere Begeisterung hat Sermi, den Tuareg-Führer, der auf dem Tassili-Plateau geboren wurde, angelockt. Verdutzt bleibt er stehen, als er unseren Rundkopf sieht, so verblüffend echt ist er gelungen.

Schon nach einer Viertelstunde, als wir den »Original-Striedter« mit Wasser wieder abwaschen – wir wollen schließlich keine falschen Fährten legen –, hat sich die aufgetragenen Farbe schon so fest mit dem hellbraunen Untergrund verbunden, daß wir einige Mühe haben, den Urzustand wieder herzustellen.

Wenn es im Prinzip so einfach ist, diese Figuren aufzumalen, dann könnte es sich bei ihnen doch auch um hinterlistige Fälschungen handeln? frage ich mich. Schließlich gibt es genügend Motive und Beispiele für eine bewußte Irreführung der Forschung.

Dagegen sprechen allerdings zwei Hauptargumente: Einmal sind im Tassili und in anderen Gegenden der Sahara so ungeheuer viele Felsmalereien in annähernd gleichem Stil gefunden worden, daß es äußerst unwahrscheinlich ist, daß diese alle in moderner Zeit angefertigt worden sind. Dann kommt hinzu, daß sich auch auf den Malflächen Übermalungen und patinierte Gravuren finden, so daß die unteren Schichten, gerade die der Rundkopfepoche, immer wieder überlagert werden von anderen Malereien, die einen ganz anderen Stil aufweisen.

INDIZIENBEWEISE. Als 1956 der ehemalige französische Offizier und spätere Felsbild-Forscher Henri Lhote mit fünf jungen Malern den Tassili bestieg, um die wenigen bis dahin bekannten und zum großen Teil von ihm selbst entdeckten Felsbilder zu dokumentieren, zu fotografieren und auf Leinwand zu übertragen, richtete er sich auf einen Aufenthalt von drei Monaten ein. Aber erst eineinhalb Jahre später war die selbstgestellte Aufgabe erfüllt, und doch nur teilweise, denn bis heute werden immer noch neue Felsbilder gefunden. Tausende von Felsbildern wurden während des ersten Aufenthalts neu entdeckt, und Henri Lhote war es auch, der bei all der Problematik seiner Arbeitsweise – er befeuchtete z. B. manche der Bilder mit Wasser – ein wenig Licht in die Rätsel der Felsbilder brachte.

Erst die systematische, exakte Untersuchung der Felsüberhänge von *Tamrit, Sefar, Tin Tazarift, Tin Apoteka, Jabbaren* und *Auenrhat*, wie die wichtigen Felsbildfundorte des Tassili heißen, der Vergleich der Motive und Malstile untereinander und mit anderen Bildern aus anderen Gegenden der Sahara, lieferten Anhaltspunkte für eine Klassifizierung der Felsmalereien und Gravuren.

Das Verfahren ist im Prinzip einfach: Alle Motive wie z. B. Wildtiere, Rundköpfe oder Haustiere, aber auch Menschendarstellungen werden miteinander verglichen, so daß sich am Ende voneinander verschiedene Malstile herauskristallisieren. Das heißt: Die Wildtiere sind immer so geritzt oder gemalt, daß erkennbar wird, wie der Künstler sich um das genaue Abbild der Natur bemüht hat. Die Rundköpfe (Abb. 27 und 38) aber sind weniger naturalistisch nachgezeichnet, sondern mehr schematisiert. Hirtenszenen mit Rindern (Abb. 31) wiederum sind von der Proportion her kleiner, zierlicher, Pferde und Kamele (Abb. 39) erscheinen am Ende der Epochen schematisiert, weniger gekonnt, fast abstrakt.

Findet man nun unter ein und demselben Felsüberhang alle oder zumindest einige dieser Motive übereinandergemalt, so kann man davon ausgehen, daß hier Generationen von Felsbildkünstlern am Werk waren.

In fast jedem der flachen Überhänge oder *Abris*, wie sie auch nach dem Französischen heißen, finden wir Überlagerungen der einzelnen Malereien und zwar immer in der gleichen Reihenfolge. Vereinfacht dargestellt etwa so: Die Umrisse eines Bubalus antiquus werden an einer Stelle übermalt von einer Szene mit Rundköpfen. Diese wiederum von einer Hirtenszene usw. An keinem Fundort wurde aber eine umgekehrte Reihenfolge gefunden. Der Schluß ist also naheliegend: Die untersten Malschichten müssen älter als die obersten sein. Tatsächlich hat Henri Lhote nach diesem Verfahren eine relative Chronologie der Felsbildepochen

39. Um Christi Geburt kommt das Kamel nach Afrika.
Die Wüste sieht zu dieser Zeit schon fast genauso aus wie heute

entwickeln können, die von anderen Wissenschaftlern ergänzt und im großen und ganzen bestätigt wurde.

Danach sind die ältesten Zeugen, die Darstellungen der großen Wildtiere, Elefant, Nashorn, Flußpferd und Bubalus, vorwiegend Gravuren. Danach folgt die archaische Phase der »Rundköpfe«, die hauptsächlich von Malereien repräsentiert wird, gefolgt von der Epoche der Hirten und Rinder und schließlich die Phasen, in denen das Pferd und das Kamel auf Felszeichnungen erscheinen. Nun wußten die Wissenschaftler zwar die Reihenfolge der Motive, aber niemand konnte eine absolute Datierung liefern, das heißt angeben, zu welchem Zeitpunkt der Entwicklungsgeschichte die frühesten Kunstwerke entstanden sind. Anders als bei den Höhlenbildern Europas konnten archäologische Forschungen nicht zu Rate gezogen werden. Während dort in den weitgehend ungestörten Höhlen in archäologisch datierbaren Schichten kleine Steinplastiken gefunden wurden, die dem Stil der dargestellten Bilder exakt entsprachen, gab es eine solche Situation in der Sahara nicht. Natürlich finden sich überall in der Sahara Spuren steinzeitlicher Siedlungsplätze: Vom Wind an die Oberfläche gewehte Steinwerkzeuge, Pfeilspitzen, Tonscherben,

40. Heute ist das Kamel das Symbol der Wüste.
Lange Handelskarawanen pendeln zwischen dem Sahel und den Oasen Bilma und Fachi

Reibschalen und Mahlsteine, aber nirgendwo sind sie in einen direkten Zusammenhang mit den Felsbildern zu bringen.

Wenn Artefakte, also von Menschen hergestellte Dinge, etwa Steinwerkzeuge, in der Nähe von Felsbildern gefunden werden, dann bedeutet das zunächst einmal nur, daß sich hier vor vielleicht 40 000 oder auch nur 4000 Jahren Menschen aufgehalten haben. Sonst aber gar nichts. Ob gerade sie die Urheber der Bilder waren, bleibt Spekulation. Die Forscher in der Wüste: ratlos. Da kam wieder einmal der Zufall zu Hilfe. »Im Jahre 1955«, schreibt der italienische Forscher Fabricio Mori, »kamen wir am Ende einer Expedition, die uns durch den ganzen Fezzan geführt hatte, auch in das bis dahin weitgehend unerforschte Acacus-Massiv und entdeckten dort bei Ti-N-Lalan die ersten Gravierungen.«

Jahrelang zog es ihn immer wieder in dieses Gebirge, das auf libyschem Territorium liegt, nur ein paar Kilometer östlich vom Tassili, bis er das Glück hatte, eine ungestörte Fundstelle zu finden. Am Fundplatz Uan Mihuggiag fand er bei Ausgrabungen etwas, wovon Sahara-Archäologen nur träumten: ein Stück Felsen in einer eindeutig datierbaren Schicht aus Holzkohle. Untersuchungen dieser Holzkohle ergaben, daß sie von einem

Feuer stammte, das vor 5000 Jahren gebrannt hatte. Darunter lag ein Felsbrocken: »Zur Zeit der Ausgrabung war die Oberfläche des Brockens nach unten gekehrt; als dieser dann umgedreht wurde, kamen zwei deutliche Rinderfiguren zum Vorschein, die im Stil der späten Rinderzeit gemalt waren. Diese Figuren waren offensichtlich vor dem Herabstürzen entstanden, als der Brocken noch ein Teil der Rückwand der Grotte war und seine Oberfläche in senkrechter Stellung nach außen wies«, schrieb Fabricio Mori.

Die Holzkohle war mit Hilfe der Radio-Karbon-Methode auf 2780 ± 310 v. Chr. datiert worden. Bei dieser auch *C^{14}-Methode* genannten Methode handelt es sich, der Leser sei noch einmal daran erinnert, um ein Verfahren, das in den vierziger Jahren dieses Jahrhunderts von dem amerikanischen Physiker Willard Libby entwickelt wurde. Es basiert auf der Tatsache, daß Organismen zusammen mit inaktivem »normalen« Kohlenstoff (C^{12}) auch radioaktiven Kohlenstoff (C^{14}) über den Stoffwechsel aus der Atmosphäre aufnehmen. Stirbt der Organismus dann ab, endet die Kohlenstoffzufuhr, und der C^{14}-Anteil verstrahlt. Da die Halbwertzeit von Kohlenstoff bekannt ist (sie beträgt 5400 Jahre), gibt das Verhältnis zwischen C^{12} und C^{14} genau an, wieviel Zeit seit dem Absterben des organischen Gewebes vergangen ist. Mit dieser Methode, die seit ihrer Entdeckung immer zuverlässiger wurde, gelang es zum ersten Mal in der Archäologie, naturwissenschaftlich absolute, also nicht nur relative Daten zu bekommen.

Wenn die Rinderzeichnungen also *unter* der datierbaren Holzkohleschicht lagen, mußten sie älter als diese sein, das heißt, sie lagen schon auf der Erde, als das Feuer darüber angezündet wurde.

Aufgrund von ähnlich datierbaren Befunden in anderen Höhlen konnte man nun die Reihenfolge der Stile auch mit Altersangaben versehen. Etwa 10000 Jahre vor Christus entstanden die großen *Ritzzeichnungen*, abgelöst von der Phase der *Rundköpfe* um 8000 v. Chr., und um 5000 v. Chr. entstanden die Hirtenbilder der *Rinderepoche*, die am längsten, bis etwa 1500 v. Chr. dauerte. Dann erst erschienen *Pferde*-Abbildungen auf den Felsen, und zur Zeitenwende, also sehr spät, kam das *Kamel* als Motiv hinzu. Vorher gab es dieses heute sprichwörtliche Symbol der Wüste hier wohl noch nicht.

Über Jahrzehntausende hinweg also war die Wüste, die Sahara, der Siedlungsraum für eine große Zahl von Menschen. Die heute so menschenfeindliche Einöde muß über einen so langen Zeitraum, wie wir ihn uns nur schwer vorstellen können, fast ein Paradies gewesen sein, in dem es Nahrung genug gab und das von Kriegen verschont blieb, denn regelrechte Kampfszenen sind auf den Felszeichnungen selten. Die vorgeschichtliche Kunst liefert sozusagen das Bilderbuch einer heute fast völlig verschwundenen Kultur.

B.O.S. – DIE EXPEDITION INS »NICHTS«. Standortwechsel: Wir sind auf dem Gipfel des U-Boot-Berges. Wieso U-Boot-Berg? »Weil er tatsächlich wie ein U-Boot aussieht und ansonsten noch keinen Namen hat«, sagte am Mittag der Leiter der Expedition, der Kölner Archäologe Dr. Rudolph Kuper. »Und seid vorsichtig, daß ihr auf dem bröckligen Gestein nicht abrutscht.« Jetzt sehen wir unter uns im vergoldenden Licht der tiefstehenden Sonne auf eine von Kies durchsetzte weite Sandfläche, die sich ohne jegliche Vegetation wie eine riesige flache Schale bis zum Horizont erstreckt. Aus ihr erheben sich einige unregelmäßig geformte Kegelberge, die aussehen, als habe sie eine riesige Hand aus einzelnen Felsbrocken aufeinandergeschichtet. Am Fuße eines solchen Berges, klein wie Spielzeug, unser Lager. Wir sind in »Mudpans« in der libyschen Wüste, mehrere hundert Kilometer von jeder Zivilisation entfernt. Das englische *mudpans* heißt wörtlich übersetzt »Schlammpfannen«. Der Platz wurde so genannt, weil der Sand an der tiefsten Stelle der flachen Senke deutlich dunkler aussieht als anderswo. Von hier oben sind die Wissenschaftler in ihrer Ausgrabungsstätte nur mit dem Fernglas oder dem Teleobjektiv auszumachen, wie Ameisen wirken sie in dieser grandiosen, leblosen, völlig stillen Weite (Abb. 33).

B.O.S. lautet die Abkürzung für das Forschungsprogramm an der Forschungsstelle Afrika der Universität Köln. B.O.S. heißt *B*esiedlung der *O*st-*S*ahara, und gleichzeitig ist »bos« die lateinische Bezeichnung für das Hausrind. Die Abkürzung ist also zugleich Motto für das Programm. In der heute zu den trockensten Gegenden der Welt zählenden Ostsahara soll nach vorgeschichtlichem menschlichen Leben geforscht werden, um wissenschaftlich exakte Aussagen über die prähistorische Besiedlung der Wüste zu machen. Nicht nur Archäologen sind an diesen Untersuchungen beteiligt, sondern auch Geologen, Zoologen, Botaniker und Völkerkundler. Das Projekt, das seit 1980 von der Deutschen Forschungsgesellschaft finanziert wird, geht der Frage nach, wie sich der Klima- und Landschaftswandel auf die Besiedlung durch den Menschen ausgewirkt hat.

Blick zurück. – Am Morgen des 18. November 1987 setzt sich ein wohlausgerüsteter Konvoi von vier Geländewagen von Kairo aus in Bewegung. Wir sind erst tags zuvor mit dem Flugzeug angekommen, während die fünf Wissenschaftler schon seit zehn Tagen unterwegs sind. Von Köln haben sie die wüstentauglichen Geländefahrzeuge über die Fährlinie Venedig-Alexandria nach Kairo gebracht und die nötigen amtlichen Unterlagen besorgt.

Tausend Kilometer Fahrt liegen vor uns. Bis zur Oase Kharga, etwa 250 Kilometer westlich von Luxor, ist das kein Problem. Die Asphaltstraße am Nil entlang ist zwar viel befahren, aber in gutem Zustand, und auch die Wüstenverbindung nach Kharga wird ständig ausgebessert und in Schuß gehalten.

Am späten Morgen des zweiten Fahrtages erreichen wir die Oase. Nach den üblichen Polizeikontrollen an der Stadtgrenze erwartet uns der Direktor der ägyptischen Antikenverwaltung. Nach den schlechten Erfahrungen der früheren Jahrzehnte, als Ausgräber sich eher wie Grabräuber denn als Wissenschaftler betätigten, schreibt jetzt ein Gesetz vor, daß bei jeder Grabungskampagne ein Ägypter als wissenschaftlicher Begleiter dabei sein muß. Und weil unser Grabungsgebiet in der Nähe der libyschen Grenze liegt, soll auch noch ein Soldat mitkommen. Seltsamerweise ist er aber gänzlich unbewaffnet.

Am nächsten Morgen verlassen wir bei Kilometer 106 die Straße von Kharga nach Dachla. Die Wagen sind schwer beladen. Neben den Ausrüstungsgegenständen der Archäologen, dem Proviant und den Filmgeräten transportieren die Geländewagen jeweils 300 Liter Dieselöl und genausoviel Wasser, denn für die nächsten zwei Wochen sind wir ausschließlich auf uns gestellt. Das Gebiet, in das wir wollen – den Teil der libyschen Wüste, der etwa 200 Kilometer östlich der Grenze zu Libyen am Fuße der großen Gebirgsplatte des *Gilf Kebir* auf ägyptischem Territorium liegt –, ist terra incognita, unbekanntes Gelände. Nur wenige Europäer sind in den vergangenen hundert Jahren hier gewesen.

Für das Team und mich war es zuerst ein etwas mulmiges Gefühl, stundenlang durch eine Landschaft zu fahren, in der es nichts gibt. Keine Piste, noch nicht einmal ein Anflug von Leben (Abb. 23). Gegenüber dieser Gegend waren das Wadi Djerat und das Tassiliplateau noch regelrecht grüne Oasen mit ihrem vereinzelten Pflanzenbewuchs. Ohne Kompaß und die Erfahrung des Expeditionsleiters Rudolph Kuper, der schon 1981 und 1985 wissenschaftliche Expeditionen in die Wüste geleitet hat, wären wir verloren gewesen.

Alle paar Kilometer hält der Konvoi an. Kuper steigt aus, geht ein paar Schritte zur Seite, damit die Metallmasse der Autos nicht die empfindliche Kompaßnadel ablenkt, und peilt eine der kleinen Erhebungen am Horizont an, korrigiert den Kurs, und weiter geht die Fahrt. Die Wagen fahren etwas versetzt hintereinander, damit eine möglichst breite und eindeutige

Spur gelegt wird, denn sollte doch einmal etwas passieren, werden diese Spuren der Wegweiser zurück sein – oder ein unübersehbares Zeichen für Suchtrupps. Manchmal treffen wir auf die immer noch gut sichtbaren Fahrrillen der vorangegangenen Expeditionsgruppen, die vor sieben Jahren zum ersten Mal diesen Weg genommen haben.

Dann, am dritten Tag – die Wagen stehen auf einer Anhöhe –, liegt vor uns eine bis zum Horizont reichende Sandebene. Rudolf Kuper gibt mir das Fernrohr und zeigt auf einen winzigen Punkt in der Ferne. Ob ich erkennen könne, was das sei, fragt er. »Nein, vielleicht ein heller Sandsteinfelsen?« »Das sind unsere Dieselfässer, die wir als Kraftstoffdepot vor drei Jahren zurückgelassen haben.« Wir hatten Mudpans gefunden.

Was sich so einfach liest, war ein navigatorisches Meisterwerk. Man stelle sich die Fläche der Bundesrepublik ohne Häuser, ohne Straßen, ohne Flüsse, nur als hügelige, kahle Landschaft vor. Von Flensburg kommend, soll nun ein Fußballfeld in der Nähe von Garmisch-Partenkirchen angefahren werden, als Hilfsmittel ist nur der Kompaß erlaubt. Das war in etwa die Lage, in der wir uns befanden. Und zu glauben, daß es hier möglich gewesen sein sollte zu überleben, daß in dieser »Mondlandschaft« Überreste menschlichen Lebens zu finden waren, fiel wirklich schwer. Und doch, hier lebten die frühen Jäger und Sammler.

AM TATORT. Das Leben im Camp ist eintönig. Jeden Morgen nach dem Frühstück (Müsli mit Trockenmilch) schultern die fünf Gelehrten ihr Handwerkszeug, Schaufel und Eimer, Pinsel und Kelle, Meßlatte und Geologenhammer, Zeichenblock und Sandsiebe und marschieren zum Grabungsplatz. Erst zum Mittagessen (Müsli mit Früchten) werden sie zurückkommen. Während der größten Hitze bleibt die Mannschaft im Schatten des Arbeitszeltes, und am Nachmittag wird wieder bis zum Abendessen nach Sonnenuntergang (Eintopfgerichte aller Art und einmal Pfannkuchen) gegraben. Wissenschaft als Schinderei!

Mudpans ist einer von vielen Arbeitsplätzen der Forschungsstelle Afrika. Vom Mittelmeer bis weit in den Sudan sind sie auf einer Karte eingezeichnet. Durch die Ostsahara wurde sozusagen ein Nord-Süd-Schnitt gelegt, um später einmal die verschiedenen Regionen und ihre prähistorische Entwicklung zu vergleichen. Nach einer intensiven Oberflächenanalyse, das heißt der genauen Bezeichnung des Geländes, wurden die Grabungsorte ausgewählt. Mudpans zum Beispiel deshalb, weil schon beim ersten zufälligen Vorbeifahren – selbst aus dem Auto heraus – Tausende von Artefakten, also von Menschen geschaffenen Dingen, erkennbar waren. Bei einer solchen Anzahl von »Menschenprodukten« würde es sich auch lohnen, in die Tiefe zu gehen.

Auf einer freien Fläche von mehreren Millionen Quadratkilometern kauert in einem Loch von vielleicht zwei Metern Durchmesser in 70 Zentimeter Tiefe völlig verdreckt ein Mann: Dr. Klaus Bokelmann vom Landesmuseum Schleswig pinselt an der Grubenwand eine dunkle Verfärbung im Gestein frei.

»Seit zwei Tagen«, sagt er zu uns, »sitze ich hier in dieser Grube und habe nun am Grund eine Holzkohlenschicht gefunden, mindestens fünf Zentimeter stark, durchsetzt mit fingerkuppendicken Holzkohlebrocken. Dabei lagen auf der gleichen Ebene Knochenstücke, Straußeneischerben und Steingeräte. Die Schicht, die auf dem Grund der Grube sitzt, zeigt uns, daß hier an dieser Stelle vor mehr als 7000 Jahren einmal ein Feuer gebrannt hat. Daraus und aus Kratzspuren können wir schließen, daß diese Grube einmal künstlich in den Sandstein hineingebrochen wurde.«

Das Trugbild einer Archäologie, dem nur zu gerne viele Menschen verfallen, das den Archäologen als Desperado auf der Suche nach dem Gold von El Dorado oder den Reichtümern von Atlantis zeigt, wird hier in der Wüste gründlich zurechtgerückt. Nicht der spektakuläre Schatz ist Ziel der Grabung, sondern aussagekräftige Indizien zur Skizzierung des Steinzeitalltags.

»Der Archäologe muß sich verhalten wie ein Kommissar, der zu einem Tatort kommt und rekonstruieren will, was sich dort abgespielt hat«, sagt Rudolph Kuper, der auf dem Boden hinter einem Sieb sitzt und Knochensplitterchen, Holzkohlebrocken und Keramikscherben vorsichtig in kleine, sorgfältig beschriftete Plastikbeutel steckt. »Der Unterschied ist nur, daß es sich nicht in der letzten Nacht abgespielt hat, sondern eben vor 5000 oder 10 000 Jahren. Das heißt, die Hauptaufgabe des Archäologen ist Spurensicherung, und dabei muß er systematisch vorgehen, er muß genau beobachten, notieren, dokumentieren, woher die einzelnen Funde und Befunde kommen. Und das machen wir hier in der Wüste genauso, wie wir das in Mitteleuropa auch machen. Wir haben ein festes Meßsystem, nach dem unsere Funde eingemessen werden, um sie hinterher einander zuordnen zu können.«

Und das funktioniert folgendermaßen: Mit dem Maßband wird die Ausgrabungsfläche in gleich große Planquadrate eingeteilt, die dann nacheinander sorgfältig mit Kelle und Pinsel abgetragen werden (Abb. 41 und 42). Jeweils fünf Zentimeter bilden eine Schicht. Auf jedem Plastiktütchen werden Planquadrat-Nummer, Schicht-Nummer und Fund exakt vermerkt, so daß später in den Labors des Kölner Instituts jeder genau weiß,

41. Ausgrabungen in Mudpans, Ost-Sahara

wo und in welcher Tiefe etwas gelegen hat. So ist es z. B. möglich gewesen, die Lage der abgesplitterten Teile eines Steins, aus dem ein primitives Werkzeug geschlagen wurde, exakt zu rekonstruieren und aufgrund ihrer Verteilung um den Hauptstein zu sagen, daß der Mensch, der diesen Stein einmal bearbeitet hat, ein Linkshänder gewesen sein muß.

Was die Wissenschaftler aber vorläufig am meisten interessiert, ist die Frage nach dem absoluten Alter eines Fundes. Um sie zu beantworten, braucht der Archäologe organische Substanzen, weil deren Alter mit der schon erwähnten naturwissenschaftlichen Methode ermittelt werden kann: »Wir haben hier für die Ostsahara einen Platz, der außerordentlich gute Fundbedingungen aufweist«, erklärt Rudolph Kuper. »Hier sind nicht nur Scherben und Steinartefakte erhalten, sondern auch organische

42. Keine Schätze, sondern Informationen suchen die Archäologen

Substanzen, also Knochen und Holzkohle, die etwas über die Umwelt und die Lebens- und Wirtschaftsweise des prähistorischen Siedlers aussagen.« Aus seinem Sieb fischt er ein gut pflaumenkerngroßes Stück Holzkohle heraus und hält es zwischen Daumen und Zeigefinger in die Höhe: »Aus der Holzkohle läßt sich noch bestimmen, von welchem Baum sie stammt, sie gibt also Aufschluß über die Vegetation: hier z. B. standen Akazien, Tamarisken, also eine relativ trockene Gegend. Dafür sprechen auch die Tierknochen, die wir finden. Vorherrschend sind Hase, Gazelle, Antilope; alles Tiere, die in trockenen Gegenden zu Hause sind.« Wann war das nach Meinung der Wissenschaft?

»Dieser Fundplatz ist nach ersten Radio-Karbon-Daten, die wir haben, etwa 7600 Jahre alt; das heißt, 5600 Jahre vor der Zeitwende haben hier Menschen gelebt, wahrscheinlich als Jäger und Sammler. Wir haben nämlich unter den Knochen keinerlei Hinweise auf Haustierhaltung, während für andere Fundstellen der Sahara, weiter südlich, vermutet wird, daß bereits 2000 Jahre früher Rinderzucht betrieben wurde. Es wäre ganz erstaunlich, wenn diese Errungenschaft an den Menschen hier vorbeigegangen sein sollte, zumal wir auf dem Platz Hinweise auf sehr weitreichende Beziehungen haben. So haben wir Aspatariamuscheln gefunden, wie sie im Nil vorkommen und Kaurischnecken, die aus dem Roten Meer stammen. Weit über 500 Kilometer sind diese Dinge hierher transportiert worden.«

Während wir reden, wirft die untergehende Sonne unsere Schatten zwanzig, dreißig Meter weit über den Sand. Im Gegenlicht leuchtet die ausgesiebte Erde aus dem Grabungsfeld wie pures Gold. Nur wenige Minuten, dann verschwindet der Sonnenball hinter dem Horizont, und alles wird fahl und kühl. Es stimmt schon: Die Sahara ist ein kaltes Land, in dem die Sonne scheint. Wir gehen die wenigen Schritte zum Lager. Hätten wir es vor 7600 Jahren an der gleichen Stelle aufgeschlagen, dann stünde es mitten im Wasser.

DAS BILD ERHÄLT KONTUREN. Der Geologe der Expedition, Stefan Kröpelin von der Freien Universität Berlin, hat nach den ersten Untersuchungen bestätigt, was Rudolph Kuper vermutete: Die dunklere Sandfarbe an der tiefsten Stelle der großen Mulde, die dem Ort den Namen Mudpans, Lehmpfanne, einbrachte, war vor gut 8000 Jahren einmal der Grund eines Sees, umgeben von schütterem Baumbewuchs inmitten einer Art Savannenlandschaft.

Noch heute sind die ehemaligen Zuflüsse als Rinnen in der Landschaft zu sehen. Damals kamen die Niederschläge noch wesentlich häufiger. Man kann sogar davon ausgehen, daß es oft regnete. Das Wasser sammelte sich hier in der Senke und bildete zeitweilig einen See, der für mehrere Monate eine Besiedlung möglich machte. Heute wissen wir durch Untersuchungen an anderen Stellen der Sahara, daß während dieser Zeit die Klimagürtel der Erde anders verteilt waren als heute. Ganz Europa bis fast zum Mittelmeer lag unter einer dicken Eisschicht.

Die bisherigen Untersuchungen haben gezeigt, daß es vor 6000 bis 10 000 Jahren überall in den Tälern der Sahara solche Seen gegeben hat, mit einer Gehölzflora, wie sie heute im Mittelmeerbereich vorkommt, bestehend aus Tamarisken, Akazien, Zedern und Zypressen. Die Hochflächen trugen vermutlich eine savannenartige Gras- und Krautdecke, hin und wieder durchsetzt von Buschwerk und einzelnen Bäumen. Aber um einem Vorurteil vorzubeugen: ein Paradies oder gar der versunkene Kontinent Atlantis, wie manche meinen, war die Sahara nie. Zu allen Zeiten, auch als die Wolkendecke geschlossener war, die Sonne nicht so unbarmherzig schien und Regenfälle für Wasser sorgten, mußten die Menschen in der damals grüneren Sahara ums Überleben kämpfen. Über Jahrtausende durchzogen sie als Jäger und Sammler die gewaltigen

Räume, immer auf der Suche nach erlegbarem Wild – Antilopen, Gazellen, Hasen –, auf die sie mit Pfeil und Bogen Jagd machten. Wo es besonders gute Jagdgründe gab, ließen sie sich nieder und blieben längere Zeit, vielleicht ein paar Wochen, vielleicht ein paar Monate.

Während dieser Zeiten relativer Ruhe entstanden wahrscheinlich auch die großen Wildtiergravuren, wie wir sie im Wadi Djerat gefunden haben. Auch in Mudpans fanden wir solche Ritzungen, die Gazellen und Giraffen darstellen, aber viel kleiner und ungelenker sind als im Tassili.

Die spätere, sogenannte neolithische Revolution, also die Änderung der Lebensweise vom Jäger und Sammler zum seßhaften Bauern und Haustierhalter, war kein plötzlicher Umbruch, sondern dauerte vermutlich Jahrtausende. Dieser Wechsel hat sich in Afrika ganz anders abgespielt als anderswo. Warum zum Beispiel sollten die Menschen sich der Mühe unterziehen, ängstlich Vorratswirtschaft zu betreiben, wenn die sie umgebende Natur Nahrung für alle bietet? Tat sie das? Vielleicht auch anders, etwas salopp formuliert: Als der erste Saharajäger auf die geniale Idee kam, die wildlebenden Rinder zu zähmen, hatte er die Zauberformel gefunden für ein Jahrtausende währendes, vergleichsweise angenehmes Leben.

DIE BILDERGALERIE DER HIRTEN. Verlassen wir die ausgedörrte Ostsahara und kehren in das zerklüftete Tassili-Gebirge zurück.

Wer vom Lagerplatz Tamrit des Parc national du Tassili durch die Gassen dieser Urweltnaturstadt geht, erlebt früher oder später folgendes: Er biegt um die Ecke und sieht Bäume. Groß und grün stehen sie an einem kleinen Wassertümpel. In feuchten Jahren – bis heute regnet es im fast 2000 Meter hohen Tassili gelegentlich – hat sich um das Wasser ein Schilfgürtel gelegt, und die Blätter bilden mit ihrem satten Grün einen wohltuenden Kontrast zum Hellgelb der Felsen und dem Blau des Himmels (Abb. 34). Genauso muß es auch ausgesehen haben während der fast 4000 Jahre, in denen diese Höhen von riesigen Rinderherden beweidet wurden. Holzuntersuchungen an den Zypressen von Tamrit haben ergeben, daß die Bäume bis zu 4000 Jahre alt sind.

Es braucht kaum Phantasie, sich das prähistorische Leben dieser Hirtenzeit vorzustellen, denn unter Hunderten von Felsvorsprüngen ist diese Zeit fast wie in einem Bilderalbum dokumentiert. Sermi, unser Targi, der sich wahrscheinlich noch mit geschlossenen Augen in diesem Wirrwarr der Felsen zurechtfände, führt uns durch einen engen Canyon. Plötzlich verbreitert sich der Weg, den vor Jahrmillionen einmal das

Wasser gebahnt hat. Sermi zeigt nach oben, und wir sehen in etwa drei Metern Höhe das Panorama des Hirtenlebens (Abb. 31). Auf einer Fläche von zwei mal zwei Metern ist ein Lager dargestellt. In der Aufsicht ein längliches Zelt, in dem anscheinend Schlafmatten liegen. Davor steht ein schlanker Mann, auf einen Stab gestützt, und schaut auf seine Herde. Um seine Beine herum läuft ein Hund. Ein Slughi, so wie er heute noch bei den Wüstenvölkern anzutreffen ist. Und im Hintergrund sitzen sich zwei Frauen gegenüber, wie in einem Gespräch versunken.

Das Verblüffende an dieser Darstellung ist nicht so sehr die Tatsache, daß eine menschliche Ansiedlung abgebildet ist, sondern wie sie gezeichnet wurde. Da gibt es keine Schematisierung wie bei den rätselhaften Rundköpfen, sondern alle Details sind fast fotografisch genau getroffen. Selbst die Rinder sind – fast könnte man sagen individuell – nach dem lebenden Modell gemalt: geflecktes braunes Fell und ausladende Hörner. Die Künstler dieser Epoche waren keine Magier mehr, sondern Chronisten. Auf allen Felsbildern der Rinderhirtenepoche sieht man immer die gleichen Motive. Da sitzen Menschengruppen ums Feuer, ein Mann kämmt eine Frau, ein kleiner Junge versucht, an einem Strick ein Kalb hinter sich her zu ziehen, ein Hund verbellt eine Gruppe von Rindern, die sich von der Herde entfernt haben.

Was der Archäologe Dr. Rudolph Kuper in den trockenen Ebenen der Libyschen Wüste herausgefunden hat – hier ist es sozusagen illustriert. Die Menschen lebten von der Jagd, besaßen aber, wie man weiß, schon Keramik, was auf eine gewisse Art von Vorratswirtschaft hindeutet, hatten Tiere gezähmt, betrieben aber keinen Ackerbau (nur ein einziges Felsbild kennt man im Tassili, das Menschen beim Pflanzen eines kleinen Setzlinges zeigt) und zogen, mehr oder weniger seßhaft, von Weidefläche zu Weidefläche.

Und noch etwas wird an den Felsbildern deutlich: wenn das prähistorische Leben nicht unbedingt dem paradiesischen Zustand entspricht, wo einem die gebratenen Tauben in den Mund fliegen, so scheint es während dieser 3000 Jahre zumindest recht friedlich zugegangen zu sein. Kampfszenen sind äußerst selten. Zwar sind an den Fundstellen Auenrhat und Jabbaren zahlreiche Bogenschützen, zum Teil in faszinierend getroffener Kampfhaltung, dargestellt, aber es handelt sich dabei fast immer um Jagdszenen, oder es werden Viehdiebe gestellt und vertrieben. Nirgends finden sich Schlachtenpanoramen zwischen ethnisch zu unterscheidenden Völkern.

Das ist verwunderlich, denn neben Menschen mit den typischen Merkmalen der schwarzen Rasse entdeckt man Zeichnungen von Menschen mit berberischen, also hellhäutigen Zügen und Menschen, deren Aussehen äthiopischen Völkern gleicht. All diese verschiedenen Menschen scheinen friedlich nebeneinander gelebt zu haben. Sicherlich: Drei Jahrtausende sind eine lange Zeit. Sie reicht von heute aus gerechnet bis zu König Salomon und der geheimnisvollen Königin von Saba um 900 v. Chr. zurück. Und deshalb ist es nicht ausgeschlossen, daß jene verschiedenen Bevölkerungsgruppen nacheinander und nicht gleichzeitig diesen Bereich der heutigen Wüste bewohnten. Aber es sind auch Felsbilder bekannt, auf denen sowohl hellhäutige als auch dunkelhäutige Menschen zusammen abgebildet sind.

FRAGEN NACH DEM URSPRUNG. Ziemlich sicher ist heute – nach den legendären Funden in Ostafrika auf den Gebieten der heutigen Staaten Kenia, Tansania und Äthiopien –, daß die Wiege der Menschheit in Afrika gestanden hat.

Im Omo-Tal in Südäthiopien wurden Skelettreste und Steinwerkzeuge gefunden, die 2 400 000 Jahre, also fast zweieinhalb Millionen Jahre, alt sind. Ermittelt wurden diese Daten nach der Kalium-Argon-Methode, die ähnlich wie die Radio-Karbon-Methode die Veränderung der Radioaktivität mißt. Die Kalium-Argon-Methode beruht auf dem Zerfall und der Umwandlung des radioaktiven Kaliums in das Edelgas Argon. Dieses Gas bleibt im Gestein gefangen, und aus dem Verhältnis zwischen vorhandenem Kalium und dem Zerfallsprodukt Argon läßt sich das Alter der Gesteinsschicht bestimmen. Anders als bei der Radio-Karbon-Methode, mit der nur organische Substanz untersucht werden kann, kann man mit der Kalium-Argon-Methode eben auch Gestein untersuchen. Nachteil dieser Methode: Es können nur große Zeiträume unterschieden werden, denn die Halbwertzeit des Kaliums, also die Zeit, in der die Hälfte einer gegebenen Menge Kalium zu Argon verfällt, beträgt immerhin 1,3 Milliarden Jahre. Doch diese frühen Menschen standen eher dem Tierreich näher als uns. Aber seit etwa 40 000 Jahren, so haben Skelett- und Werkzeugfunde hauptsächlich aus Südafrika und dem Sudan bewiesen, unterscheiden sich die Menschen dieser Zeit, was ihre intellektuellen und körperlichen Fähigkeiten angeht, in keiner Weise mehr von uns. Gerade diese Eigenschaften befähigten den »homo sapiens«, sich immer weitere Räume zu erobern. Zwischen diesen wahrscheinlich unabhängig voneinander stattfindenden Entwicklungen in Nord-, Mittel- und Südafrika (eindeutige Untersuchungen stehen noch aus) lag als schwierig zu überwindendes Hindernis schon damals die Wüste.

Denn neuere Forschungen der Klimatologen, unter anderem von Professor Hans-Joachim Pachur am Institut für physische Geographie, Geomorphologisches Labor der Freien Universität Berlin, haben bewiesen, daß die Sahara schon immer eine Wüste war, die nur hin und wieder feuchtere Phasen erlebte. So stellten die Wissenschaftler fest, daß vor 24 000 bis 11 000 Jahren das Gebiet der heutigen Sahara »hyperarid« war, also ähnlich ausgesehen haben muß wie jetzt. Erst danach, als möglicherweise durch eine minimale Änderung der Erdumlaufbahn die steiler auftreffenden Sonnenstrahlen die riesigen Eisdecken Nordeuropas abschmelzen ließen, wurde aus der Sahara wieder besiedelbarer Raum.

Von Norden und Süden drangen die Menschen immer weiter und tiefer in die Sahara ein. Daher sind beide Theorien, daß die Siedler der Sahara aus dem Osten, vom Oberlauf des Nils, herstammten, oder vom Süden, aus dem Sudan, in die Wüste vorstießen, plausibel. Die Sahara wurde zum melting pot, zum Schmelztiegel verschiedener Völkerstämme, die über einen großen Zeitraum friedlich nebeneinander leben konnten, denn Raum war ja genügend vorhanden.

Vor 5000 bis 6000 Jahren war die schleichende Austrockung der Sahara aber schon wieder so weit fortgeschritten, daß nur noch die Gebirge und dabei hauptsächlich das Tassili zu den bevorzugten Räumen menschlicher Besiedlung wurden. Deshalb auch die verhältnismäßig hohe Bevölkerungsdichte, deren ausdrucksstarkes Zeugnis die Felsbilder sind. Ich versuche, diese Felsbilder in meiner Phantasie lebendig werden zu lassen: Dann weiden auf dieser trostlosen Steinwüste jetzt Hunderte von Kühen, dazwischen die Hirten, lässig auf einen Stock gestützt. Dahinter, im Schatten der Zypresse, hantieren ein paar Frauen mit Tongeschirr und Fellen, und um die Felsnase kommt eine ganze Familie auf uns zu, die Lastochsen bepackt mit dem kompletten Hausrat, an Stricken geführt und von Hunden umbellt.

Striedter unterbricht meine Visionen: »Das brauchen Sie sich gar nicht vorzustellen, das gibt es tatsächlich noch heute, nur 500 Kilometer weiter südlich in der Sahelzone.«

IM SAHEL. Rückblende zum Ausgangspunkt unserer Reise. Da sitzen wir im Luxushotel in Niamey, die Karte der Republik Niger vor uns, und sind ratlos. Wie sollen wir auf einem Territorium, das fünfmal so groß wie die Bundesrepublik ist, ein paar Nomaden finden?

Der Besuch der deutschen Botschaft am Morgen war auch nicht ermutigend. »Dieses Jahr hat es wenig Regen gegeben«, sagt Seine Exzellenz, der Botschafter, »wahrscheinlich finden die großen Tanzfeste der *Bororos* gar nicht statt. Außerdem sehen es die offiziellen Stellen nicht gern, denn sie wollen sich im Ausland als moderne Staaten präsentieren, nicht als exotische Kulisse.«

Immerhin, wir haben alle Drehgenehmigungen bekommen, die angegebene Fahrroute ist genehmigt, und zwei Geländewagen sind für drei Wochen gemietet. Am nächsten Morgen beginnt die Fahrt in den Busch.

Abdulai ist ein großer, schlanker, junger schwarzer Mann vom Stamme der *Haussa,* die mehr als die Hälfte der Bevölkerung des Niger stellen und zu den geschicktesten Händlern in ganz Westafrika zählen. Drei Wochen lang ist er Fahrer, Dolmetscher, zeitweise Koch, Mechaniker und Schlitzohr in einem. Piero Ravà, ein mittelgroßer, etwas untersetzter 40jähriger Italiener, hat als ausgebildeter Arzt vor zehn Jahren seinen Dienst in Mailand quittiert, ist nach Agades umgezogen, besitzt zwei Geländewagen und kutschiert jetzt mit Abdulai zusammen die »Afrika-Touristen« durch Niger und Mali. Auch er ist skeptisch, ob wir die Fulbe-Bororos treffen.

In den letzten Jahren hat er sie nur während der schrecklichen Hungerperiode zu Gesicht bekommen, als die große Dürre selbst die tiefsten Brunnen austrocknen ließ und die Bororo-Familien, deren Rinder verdurstet waren, bis in die Städte getrieben hat, um Nahrungsmittel von den Hilfsorganisationen zu bekommen. Während unseres Besuchs im Sahel, Oktober 1987, scheint sich diese Region wieder erholt zu haben. Die letzten Jahre hat es ausreichend geregnet und die Landschaft, durch die wir in Richtung Norden fahren, ist grün.

Wir fahren stundenlang über eine schlechte Asphaltstraße in Richtung Filingué. Über viele Kilometer ist der Einfluß der Großstadt Niamey zu bemerken, kleine Ansiedlungen aus Stroh und Wellblech links und rechts von der Straße, weite Felder mit Hirse, dem Hauptnahrungsmittel der Menschen. In kurzen Abständen kommen uns klapprige Kleinlaster entgegen, drei Meter hoch beladen mit Brennholz für die Hauptstadt. Die zunehmende Abholzung der Region wird einmal dafür verantwortlich sein, daß die Sahelzone langsam zu einer Wüste wird. Und das Traurige ist, bis heute gibt es dazu keine Alternative.

Drei Tage lang fahren wir durch die besiedelte Steppe, an Hirsefeldern entlang, fragen in den Dörfern der seßhaften Haussa nach den Bororo und bekommen immer wieder zur Antwort, daß sie auf dem Weg nach Ingall seien, einem Marktflecken im Norden der Republik Niger.

»Nach Ingall brauchen wir noch zwei Tage«, sagt Piero Ravà, »wir müssen durch den Busch fahren und brauchen nicht die Straße zu nehmen, dann haben wir vielleicht in dem kleinen Ort T-chintabaradene, wo gerade Markt ist, die Chance, ein paar Vertreter des eigenartigen Volkes der Wodabe zu treffen.«

DAS VOLK, DAS SICH WODABE NENNT. Die Bororo erkennt man sofort. Sie sind hochgewachsen, schlank, haben schmale, scharf geschnittene Gesichter mit ausgeprägter Nase. Ihre Haut ist bronzefarben, das Haar schwarz und glatt. Die Männer tragen wagenradgroße helmartige Hüte, wenn sie unterwegs sind. Die außerordentlich hübschen und selbstbewußten Frauen schmücken sich mit riesigen Gebilden aus Stoff, die sie auf den Kopf getürmt haben (Abb. 37). Als ich in T-chintabaradene die ersten Bororo leibhaftig und majestätisch daherschreiten sah, stand für mich fest: Die Vorfahren dieser Menschen mußten die Schöpfer der Felsbilder gewesen sein, so verblüffend ist die Ähnlichkeit mit den steinernen Porträts noch nach 7000 Jahren.

Das einzige aber, was bisher bekannt ist, ist die Tatsache, daß nach Hinterlassenschaft der großartigen Malereien dieses Volk sich gewissermaßen für lange Zeit aus der nachprüfbaren Geschichte verabschiedet hat. Der Völkerkundler Professor Peter Fuchs erzählt, daß auch die Ethnologen bis heute mehr oder weniger vor einem Rätsel stehen. Erst im Mittelalter gibt es wieder Quellen von einem Volk, das unvermittelt an der Westküste Afrikas erscheint und sich seither in der gesamten Region bis zum Tschad ausgebreitet hat. »Die Deutschen bezeichnen sie als *Fulbe* (Einzahl *Pullo*), von den Franzosen werden sie *Peul* (sprich »Pöhl«) genannt und von den Engländern *Fulani.* Zwischen Senegal und Tschad gibt es etwa sechs Millionen *Fulbe,* die eine gemeinsame Sprache sprechen, das *Fulfulde.*«

Die meisten dieser sechs Millionen sind im Laufe der Jahrhunderte seßhaft geworden und haben nicht selten wichtige Funktionen in den jeweiligen Staaten übernommen. Die *Fulbe-Bororo* sind ein nomadischer Zweig der Fulbe. Von ihnen gibt es nur noch wenige Tausende, die nach den Forschungen von Fuchs aus rätselhaftem Grund in den letzten Jahrhunderten ganz langsam zwar, aber unaufhörlich, nach Osten ziehen. Im Mittelalter im Senegal zum ersten Mal erwähnt, sind jetzt schon die ersten Bororo-Gruppen am Oberlauf des Nils angekommen.

Die *Bororo* nennen sich selbst *Wodabe,* was soviel heißt wie »die mit dem Tabu behafteten«, oder sie sprechen von sich als »die letzten Menschen des Morgens«. Alles Hinweise auf eine sehr lange Tradition, die bis heute Verhaltensweisen vorschreibt, deren erkennbarer Sinn in den Jahrtausenden verloren gegangen ist.

JOUIS LAGER. In T-chintabaradene ist Markttag. Aus allen Himmelsrichtungen sind die Leute der Umgebung hierhergekommen, um zu kaufen oder zu verkaufen. Etwas außerhalb des Dorfes, abseits von den mit Matten gedeckten Marktständen mit Hausrat, Getreide und grobem Handwerkszeug, befindet sich auf einem flachen Hügel der Viehmarkt. Tuareg verkaufen Ziegen, Esel stehen beladen herum, Kamele werden abgeladen. Es herrscht ein farbenfrohes Durcheinander von Menschen und Tieren. Abdulai, unser Haussa-Fahrer, ist schon seit einiger Zeit verschwunden. Jetzt, kurz vor Sonnenuntergang – wir wollen wieder aus der Stadt in das freie Land fahren, um unser kleines Zeltlager aufzubauen –, erscheint er wieder in Begleitung eines schlanken, vielleicht 35 Jahre alten Bororo. »Das ist Joui«, sagt er, »er hat sein Lager eine Tagesreise von hier nordöstlich. Wir können mit ihm kommen.« Ohne ein Wort zu sagen, setzt sich Joui in eines der Autos. Wir fahren los, müssen aber schon bald die Zelte für die Nacht aufbauen. Nächster Tag. Schon nach drei Stunden Fahrt durch die für uns immer gleichbleibende Savanne haben wir Jouis Lager gefunden. Zuerst sehen wir von weitem seine Herde. Etwa 40 bis 50 dunkelbraune, langhörnige Zeburinder, wie wir sie schon von den Felsbildern her kennen, grasen dicht nebeneinander.

Wir halten in respektvoller Entfernung vom Lagerplatz, an dem sich nur die Frauen und Kinder befinden: Jouis Frau Mowa, eine Schwester Jouis, die zu Besuch ist, und seine Mutter, die etwas abseits sitzt und ein kleines Kind von vielleicht drei Jahren auf den Knien wiegt.

Nachdem Joui seine Familie begrüßt hat und wir uns im Schatten eines Busches auf unsere Matten gesetzt haben, passiert erstmal gar nichts. Dann kommt Mowa mit einer Kalebasse (schön dekorierte Kürbisschalen) auf dem Kopf zu unserem Platz, stellt sie wortlos auf den Boden und geht wieder zu ihren Leuten zurück. Das Gefäß ist mit fetter Kuhmilch gefüllt. Alle trinken einen Schluck. Nicht zuviel, das verbietet die Höflichkeit – und damit ist die Begrüßungsszene beendet. Über das ganze Gesicht lachend, kommt Joui nun zu uns herüber und beginnt mit Abdulai zu reden, dem einzigen unserer Gruppe, mit dem er sich verständigen kann, denn die Haussa-Sprache beherrschen die Bororo ebenso wie ihre eigene Sprache, das Fulfulde.

Nach und nach sind alle Familienmitglieder zu uns gekommen, es wird Tee zubereitet und man unterhält sich, soweit das irgend möglich ist. Von den Dias der schönsten Felsbilder aus der Rinderepoche habe ich mir große Papierabzüge machen lassen. Die zeige ich Joui. Ohne Erstaunen oder Verblüffung sagt er: »Ah, Wodabe«, und lacht und deutet mit dem Finger auf die Fotos: »Das ist ein schönes Tier«, übersetzt Abdulai, »diese

Kuh wird bald kalben«, »das ist das Bett«, fällt Mowa, seine Frau, ein. Selbst die kleinsten Symbole können die beiden erklären. Als ich ihnen durch Abdulai übersetzen lasse, daß die Abbildungen 7000 Jahre alt sind, können sie das nicht verstehen. Sie glauben, daß es Fotos ihres heutigen Nomadenalltags seien. Für sie sind die abgebildeten Szenen Gegenwart.

Außer der Viehherde, die allerdings einen beträchtlichen Wert darstellt, besitzen die Bororo nicht viel mehr als das, was sie auf dem Leib tragen. Die Milch der Tiere und sämtlicher Hausrat gehören den Frauen, ebenso die hölzernen Bettpfosten, die Matten und Vorratskrüge und vor allem die mit typischen Zackenornamenten verzierten Kalebassen. Nach und nach vererbt die Frau diese Geräte an ihre Töchter, sobald sie heiraten und einen eigenen Haushalt führen.

Wenn ein Bororo heiratet, gründet er mit der Familie gleichzeitig eine Rinderherde, denn an diesem Tag bekommt er von seinem Vater das Erbteil: je nach Anzahl der Söhne eine bestimmte Anzahl Rinder. Von diesem Tag an ist es sein Lebensziel, »daß bei seinem Tod die Herde wenigstens um ein Rind, die Familie wenigstens um einen Sohn vermehrt wurde«, wie Peter Fuchs schreibt. Deshalb trennen sich die Bororo nur sehr ungern von ihren Tieren. Nur in der größten Not wird eines verkauft, um Hirse zu bekommen, und geschlachtet werden Rinder nur einmal im Jahr. Beim Gerawol-Fest, am Ende der Regenzeit (Abb. 36).

DAS GERAWOL-FEST. Keine andere Zeit im Leben der Bororo wird so sehr herbeigesehnt, wie das Ende der Regenzeit im Oktober. Es ist die Zeit des Überflusses und der Feste. Die Weiden sind noch saftig grün, die Kühe geben für alle ausreichend Milch, und die sonst weit verstreut lebenden Sippen treffen sich. Wir fahren zum Festplatz.

Aufgeputzte Mädchen mit riesigen Kopftüchern gehen Hand in Hand zum Ende des Platzes, um sich die Vorbereitungen der Tänze anzusehen. Sie sind ja auch die Hauptpersonen bei der einen Tag und eine Nacht dauernden Zeremonie. Denn das Gerawol-Fest ist ein Schönheitswettbewerb der jungen Männer um die Gunst der Frauen.

Seit den frühen Morgenstunden sind die jungen Männer der verschiedenen Sippen dabei, sich zu schminken und zu schmücken. Um die Augen größer wirken zu lassen, werden die Augenhöhlen mit roten Strichen und schwarzem Antimon angemalt. Senkrecht über das ganze Gesicht zieht sich ein leuchtendgelber Strich, um die Nase zu betonen. Rote und ockerfarbige Punktelemente zieren Wangen, Mundwinkel und Kinn. Es stimmt schon: Die Männer putzen sich für dieses Fest zum Sexualobjekt heraus, denn es geht ja darum, daß die Frauen den schönsten Mann aus Dutzenden von tollen Kerlen heraussuchen und jede mit dem Kandidaten ihrer Wahl für ein paar Stunden im »Busch« verschwindet (Abb. 35).

Der Tanz beginnt. Mehrere Kreise haben sich gebildet, die Männer stehen Seite an Seite, ein Vorsänger beginnt einen monotonen Singsang, in den nach und nach alle anderen einfallen, während sie den Rhythmus mit den Händen klatschen und gleichzeitig mit kleinen, abgezirkelten Schritten im Kreis herumtanzen. Um diese Tänzer hat sich mittlerweile die gesamte weibliche Jugend geschart, die mit kritischem Blick die einzelnen Tänzer mustert. Da kommt ein großgewachsener Bororo auf mich zu und grinst mich an. Sein Gesicht ist vollständig bemalt: Es ist Joui, der es auf seine alten Tage noch einmal versuchen will. Und wo ist Mowa, seine Frau? Niemand weiß das so genau in diesen Stunden.

Es ist dunkel geworden, aber das Fest noch lange nicht zu Ende. Große Holzfeuer beleuchten die Zeremonie. Mittlerweile haben die Tänzer eine lange Linie gebildet. Der Gesang hat gewechselt. Das heißt, es ist kein Gesang mehr, sondern es klingt eher wie ein rhythmisches Zischen. Die Männer rollen mit den Augen, um sie größer und strahlender erscheinen zu lassen, und fletschen die blendendweißen Zähne. Sahen nicht genauso auch die Masken auf den Felswänden des Tassili aus?

Immer wieder rennt eine alte Frau auf diese Front der Schönlinge zu und beschimpft sie als häßliche, krummgewachsene Mißgeburten, um die Männer zu noch größerem Imponiergehabe anzustacheln. Da und dort verschwindet ein Paar im Busch. Stunde um Stunde wiederholt sich immer das gleiche. Kreise werden gebildet, neue Tänzer kommen hinzu, andere verlassen den Tanzplatz. Noch bis zum Morgengrauen hören wir, mittlerweile schon längst wieder in unseren Zelten, den monotonen Gesang der Bororo.

DIE NEUEN HERREN: GARAMANTEN. Die eigenartigsten und auch seltensten Felsmalereien stellen die Wissenschaftler bis heute vor ein Rätsel: Um etwa 1200 v. Chr. erscheinen Darstellungen von Pferd und Wagen auf den Felsabris (Abb. 30). Meist handelt es sich um einen zweirädrigen Wagen, der römischen Kampffahrzeugen ähnlich sieht und von zwei oder mehr Pferden in gestrecktem Galopp gezogen wird.

Man weiß dazu nur soviel, daß um 1200 v. Chr. an der Mittelmeerküste die sogenannten »Seevölker« in ägyptischen Quellen erwähnt werden, die dort als »Libyer« beschrieben sind. Es waren hellhäutige, blauäugige Menschen. Sie trugen Phallustaschen, Tierschwänze und steckten sich

Federn ins Haar, das ihnen an einer Seite des Kopfes zopfartig herabhing. Eindrucksvoll sind diese Menschen in ägyptischen Grabausmalungen, zum Beispiel im Grab Sethos' I. im Tal der Könige, dargestellt, und vielen bekannt sind die Kampfdarstellungen der Schlachten Ramses' III. gegen jene »Libyer« an der Außenwand seines Totentempels in Medinet Habu.

Damals muß sich über einen langen Zeitraum eine Tragödie abgespielt haben. Der immer kleiner werdende fruchtbare Raum an der Mittelmeerküste, um den sich immer mehr eindringende Völker stritten, zwang die sogenannten Libyer dazu, nach Süden in die Oasen auszuweichen und in die schon besiedelten Gebirgsgegenden vorzudringen. Ob die Rinderhirten des Tassili bereits vor dem Ansturm der technisch überlegenen Reiter und Wagenlenker das Gebiet verlassen haben oder erst von ihnen vertrieben wurden, wissen wir nicht genau, doch geben uns historische Quellen indirekt Auskunft.

Herodot, der griechische Geschichtsschreiber, schreibt um 450 v. Chr. über das Fezzan-Gebirge, das nicht weit vom Tassili entfernt liegt:

»Und wohnen Menschen daselbst, die heißen mit Namen Garamanten, ein gewaltig großes Volk ... Diese Garamanten machen Jagd auf die Äthiopier, die da in Höhlen wohnen, zu Wagen mit vier Pferden.«

Tatsächlich hat sich in der heutigen Oase Djerma das einzige Staatsgebilde der Sahara um 1200 v. Chr. ausgebildet und zu Herodots Zeiten um 500 v. Chr. seine Blüte erlebt. Die Stadt Garama mit Befestigungsanlagen und Steinhäusern, deren Spuren bis auf wenige Steinreste heute völlig verschwunden sind, bestand bis 19 v. Chr., als die Römer unter Cornelius Balbus in einer Strafexpedition gegen die Garamanten bis tief in die Wüste vordrangen und den Stadtstaat zerstörten. Das Volk der Garamanten, die in die Wüste geflohenen Libyer, hatte aufgehört zu existieren, aber ihre Nachkommen sind bis heute die eigentlichen Herren der Wüste geblieben, die von den Arabern so genannten Tuareg, was soviel bedeutet wie »die von Gott Verstoßenen«.

TUAREG, DIE ARMEN RITTER DER WÜSTE. Natürlich nennen die *Tuareg* sich selbst nicht »die von Gott Verstoßenen«, sondern *Imazighen*, das heißt die »Freien« oder die »Unabhängigen«. Die Tuareg sind das einzige Volk der Welt, bei dem die Männer einen Gesichtsschleier tragen, den *Litham*, ein indigoblau gefärbtes Tuch, den sie in der Öffentlichkeit niemals abnehmen. René Gardi, ein Schweizer, der lange bei den Tuareg gelebt hat, vermutet, daß es sich dabei um mythische Gründe handeln muß: »Es heißt, der sterbende Krieger verliere bei unbedecktem Gesicht

43. Die Tuareg gelten als die Nachfolger der Garamanten. Sie sind das einzige Volk der Erde, bei dem die Männer verschleiert sind. Warum das so ist, blieb bis heute ungeklärt

die Seele, die durch Nase und Mund entweiche. Oder ohne Litham atme man böse Geister ein. Die heutigen Tuareg wissen keine Erklärung. Sie finden es einfach unschicklich, sich ohne Gesichtstuch zu zeigen.« (Abb. 43)

Auch ich machte diese Entdeckung. »Es ist einfach so«, sagte mir Sermi, unser Felsbildführer, der zu der vornehmen Kaste der Tuareg gehört, »ohne den Litham wären wir keine *Imocharen* mehr«.

Imocharen könnte mit Adlige übersetzt werden, und in der Tat ist die Sozialstruktur der Tuareg streng feudalistisch gegliedert. Oben in der Rangordnung stehen die Adligen, die keinerlei Arbeit nachgehen, sondern in der Vergangenheit allenfalls die gefürchteten Rezzu, die Überfälle, auf Karawanen und Oasenbauern durchführten, um ihren eigenen Besitz zu mehren. Diese wilden Krieger auf ihren weißen Mehari-Kamelen leisteten noch vor Jahren, nur mit Schwert und Lanze bewaffnet, erbitterten

Widerstand gegen die Unterwerfung durch die Franzosen. Die nächste Rangstufe nehmen die Vasallen ein, die sogenannten *Imard* oder *Kel Ulli,* was soviel wie »Ziegenleute« bedeutet. Sie hüten die Ziegen- und Kamelherden der Adligen und durften an den Plünderungszügen teilnehmen, mußten aber einen Teil der Beute an ihre Herren abgeben. Auf der untersten Stufe der Hierarchie stehen die *Iklan,* die schwarzen Sklaven, die keine Tuareg sind, sich aber wie diese kleiden und verhalten. Sklave ist dabei vielleicht das falsche Wort, »sie werden eher als Familienmitglieder minderen Grades betrachtet, und zwischen Herr und Knecht herrscht meistens ein durchaus freundschaftliches Verhältnis«, meint René Gardi. Entweder bestellen diese Iklan als seßhafte Oasenbauern die Felder der Feudalherren oder begleiten sie als einfache Knechte auf ihren Wanderungen, denn die Tuareg sind echte Nomaden, die nur mit Verachtung von den Seßhaften reden.

Neben allen Rangebenen innerhalb der Sozialordnung der Tuareg stehen die *Schmiede,* die auf der einen Seite wegen ihres Handwerks verachtet werden, gleichzeitig aber den Ruf haben, Zauberkraft zu besitzen und deshalb gefürchtet werden. Wahrscheinlich liegt es daran, daß die Schmiede, die eigentlich Universal-Handwerker sind – sie verarbeiten Holz ebenso wie Leder –, die Voraussetzung für das Überleben der Tuareg liefern, nämlich Waffen, mit denen die Krieger zwar umgehen, die sie aber nicht herstellen können.

Etwa um Christi Geburt finden sich Hinweise für die Tuareg auf Felsbildern. Die ockerfarbenen Bilder sind nicht mehr so sorgfältig ausgeführt wie die früheren Malereien und zeigen oft stark schematisiert und stilisiert Reiter auf einem Tier, das zu dieser Zeit aus der arabischen Halbinsel kam und das die eigentliche Überlebensgarantie in der Sahara gewährleistete: das einhöckerige Kamel, das Dromedar. Nur dieses an das Wüstenklima extrem angepaßte Tier hat es möglich gemacht, daß die Wüste bis heute ein besiedelbarer Raum geblieben ist.

In den letzten 2000 Jahren verbreiten sich die Tuareg über die gesamte südliche Sahara. Und erst in unserer Zeit erweist sich das an die Wüste angepaßte Nomadenleben als äußerst gefährdet. Die feudale Grundstruktur der Tuareg-Gesellschaft steht nämlich im Widerspruch zu den Regierungsformen der modernen afrikanischen Staaten, die überall versuchen, die Tuareg seßhaft zu machen und ihre Lebensgrundlage damit zerstören.

Wir sind nach Abalessa im *Ahaggar-Gebirge,* auch Hoggar-Gebirge, gefahren, an den Ort, wo die vornehmsten Tuareg herkommen sollen. Nach einer alten Sage soll hier die Königin *Tin Hinan* gelebt haben, die einst von Norden kam und die Stammutter der Tuareg sein soll. Von dieser Sage wird bis heute die hohe Stellung der Frau bei den Tuareg abgeleitet. Sie trägt niemals einen Schleier und ist die eigentliche Hüterin der traditionellen Kultur. Auf der Imsadt, einem einsaitigen Instrument, trägt sie die im Tifinagh, einem alten libyschen Alphabet, aufgezeichneten Lieder der Tuareg vor, Liebeslieder und Lobpreisungen des Nomadenlebens in der Wüste. Obwohl die Tuareg islamisiert sind, hat sich bis zum heutigen Tage das Mutterrecht noch weitgehend gehalten. »Die Kinder gehören zur Kaste der Mutter, nicht zu derjenigen des Vaters, und nicht der leibliche Vater ist der nächste männliche Verwandte des Kindes, sondern ein Bruder der Mutter. Von diesem Onkel erben dann auch die Kinder, nicht vom eigenen Vater. Die Autorität der Frauen ist bis heute groß«, schreibt René Gardi.

Das war vor zwanzig Jahren. Und heute? Abalessa ist eine künstliche Oase, Motorpumpen brummen morgens und abends und saugen das Wasser aus zwanzig Metern Tiefe an die Oberfläche, wo es in kleine Kanäle geleitet und zu den Feldern geführt wird.

Statt der traditionellen Lederzelte hat die Regierung den angesiedelten Tuareg-Familien Lehmhäuser bauen lassen. Auf den ersten Blick ist hier der Wüste ein Stück vom Paradies wieder abgerungen worden; die Menschen haben zu essen, aber ihre 2000 Jahre alte traditionelle Lebensweise verloren. Auf dem alten Instrument Imsadt kann keine der Frauen in Abalessa mehr spielen und daß die niedrigen Steinmauern außerhalb des Dorfes auf einem Hügel die Überreste des Grabes ihrer sagenhaften Königin Tin Hinan gewesen sein sollen, scheint die zu Oasenbauern gewordenen angesiedelten Tuareg nicht mehr zu interessieren.

SALZKARAWANE. Die Sahara ist ein empfindliches Ökosystem, das auf winzige Störungen sehr empfindlich reagiert. Was geschieht in Abalessa, wenn die Brunnen immer tiefer gebohrt werden müssen, um an das Wasser zu kommen, wenn die Böden versalzen? Die einmal in Jahrtausenden gewachsenen Überlebensstrategien der Wüstenbewohner können dann nicht so ohne weiteres wieder belebt werden.

Um ein Beispiel dieser außerordentlichen Anpassung der Menschen an die Natur, ja geradzu ihre Symbiose mit ihr zu erleben, sind wir von Agades 500 Kilometer nach Osten durch die Sandwüste der *Ténéré,* dem südöstlichen Zipfel der Sahara, nach Fachi gefahren. Fachi ist eine Oase, die völlig isoliert, nur auf sich gestellt, nicht überleben könnte, denn die Gärten liefern zu wenig Gemüse und Getreide, um alle Bewohner zu ernähren. Aber Fachi besitzt etwas, das überall in der Sahara gebraucht

44. Die Salzsalinen in der Oase Fachi, Ost-Sahara

wird: gute Dattelpalmen und vor allem Salz. Ohne das Salz hätten die schwarzen *Kanuri,* die die Oase seit Jahrhunderten besiedelten, schon längst von hier wegziehen müssen. Aber Salz ist in den Steppengebieten Westafrikas mit den Millionen Weidetieren ein kostbarer Artikel, denn es gibt nur wenige natürliche Vorkommen.

Vorzüglich als Transportmittel eignet sich das Kamel. Bis heute ziehen in den Monaten September bis Januar die Kamelkarawanen der Tuareg, die aus Hunderten von Tieren bestehen, wochenlang durch die glutheiße Sandwüste, vollgepackt mit Hirse, Zwiebeln, Tee, Zucker, Fetten und anderen Lebensmitteln, bis sie die Salzoasen Fachi oder Bilma erreichen, um ihre Waren gegen Salz und Datteln zu tauschen (Abb. 40).

Die Salzgewinnung ist ein mühsames Geschäft. Die Salinen von Fachi liegen weit außerhalb des Ortes in tiefen Gruben, die bis zum salzhaltigen Grundwasserspiegel ausgehoben wurden und nun wie glitzernde Kraterseen mit etwa 50 bis 60 Metern Durchmesser im gleißenden Sonnenlicht liegen. Wie ein Schachbrettmuster sieht es von nahem aus, weil kleine Erdwälle die Wasserfläche in Vierecke zerteilen (Abb. 44). Das Salzwasser, das ständig aus dem Untergrund aufsteigt, verdunstet, und eine Salzkruste bleibt zurück, die an das Eis auf einem zugefrorenem Teich erinnert. Bis zu den Waden stehen die Salinenarbeiter im Wasser und gießen es mit zerbrochenen Kalebassen immer wieder über diese dünne Salzschicht, bis sie zerbricht und die Stücke versinken. Nach ein paar Stunden hat sich eine neue Salzkruste gebildet, die wieder zerstört wird, bis allmählich eine immer dicker werdende Salzschicht von unten nach oben wächst.

Die Kanuri mögen die Tuareg nicht, weil sie die verschleierten Männer für Halunken halten, und die Tuareg mögen die Kanuri nicht, weil sie die Schwarzen wegen ihrer seßhaften Lebensweise verachten. Aber beide Völker sind bedingungslos aufeinander angewiesen. »Ohne Karawanen ist das ganze Salz von Fachi nicht einmal ein Maß Hirse wert«, sagen die Leute von Fachi. Aber auch umgekehrt gilt: Ohne Salz könnten die Tuareg nicht leben, denn ohne den Gewinn, den das Salz in den Umschlagplätzen Agadez und Tahua bringt, könnten sie kein Getreide bekommen. Und schließlich sind die Bauern der salzlosen Sahelzone darauf angewiesen, das Sahara-Salz gegen ihre Überschüsse an Hirse einzutauschen.

Noch funktioniert dieses System der bedingungslosen Abhängigkeit, weil es zum großen Teil auf Tauschhandel beruht, und der Transport mit Lastwagen zu mühselig – es gibt keine Pisten – und zu teuer ist. Aber wenn durch eine moderne Entwicklung auch nur ein Zahnrädchen aus diesem Mechanismus herausgebrochen wird, den Kanuri z. B. die harte Salinenarbeit zu schwer fällt und die Jugend in die immer größer werdenden Städte abwandert, bricht das gesamte Wirtschaftssystem zusammen, und eine Lebensform verschwindet.

Jahrtausendelang haben es die Menschen verstanden, sich den Veränderungen ihrer natürlichen Umgebung anzupassen und die wachsende Lebensfeindlichkeit der Sahara zu überwinden, und wie die außerordentliche Felsbildgalerie zeigt, es ist ihnen zu allen Zeiten gelungen. Erst als die Europäer im neunzehnten Jahrhundert die Sahara als ein Kolonialgebiet entdeckten, geriet dieses sich selbst regulierende Wechselspiel zwischen Mensch und Natur – Nomade, Oasenbauer und Wüste – ernsthaft in Gefahr. So paradox es klingt: Nicht das Klima zerstört den Siedlungsraum Sahara, sondern die moderne Zivilisation.

EPILOG

»Ich führe meine Söhne hinweg aus bewohnten Gegenden,
auch wenn es dort Wasser gibt in Fülle,
das die Menschen zu Sklaven macht.«

So heißt die Übersetzung eines alten Tuareg-Liedes, auf das uns Achmed Zegri, reicher, seßhafter Targi aus Illizi, gerade aufmerksam gemacht hat. Wir sitzen zusammen um die große Schüssel mit Kuskus auf dem Boden des kahlen Wohnraums in seinem neuen Haus, und im Hintergrund strahlt der neue Farbfernseher eine uralte Folge von »Dallas« aus.

Die Bilder der Neuen Welt haben die Sahara erreicht.

LITERATURVERZEICHNIS

Barth, Heinrich: Die große Reise. Forschungen und Abenteuer in Nord- und Zentralafrika 1849–1855. Hrsg. von Heinrich Schiffers. Tübingen, Basel 1977

Beckwith, Carol und Marion von Offelen: Nomads of Niger. New York 1983

Brentjes, Burchard: Fels- und Höhlenbilder Afrikas. Heidelberg o. J.

Creyaufmüller, Wolfgang: Völker der Sahara – Mauren Twareg, Linden-Museum. Stuttgart 1979 (Katalog)

Daniel, Glyn (Hrsg.): Enzyklopädie der Archäologie. Bergisch Gladbach 1980

Däniken, Erich von: Meine Welt in Bildern. Düsseldorf, Wien 1973

Eckert, Ursula und Wolfgang: Algerische Sahara. Köln 1981

Frobenius, Leo: Schwarze Sonne Afrikas. Mythen, Märchen und Magie. Düsseldorf, Köln 1980

Frobenius, Leo: Kulturgeschichte Afrikas. Wien 1933

Fuchs, Peter: Das Brot der Wüste. Wiesbaden 1983

Gardi, René: Sahara. Monografie einer großen Wüste. Bern 1967

Gardi, René: Ténéré – die Wüste, in der man Fische fing. Bern 1978

Göttler, Gerhard (Hrsg.): Die Sahara, Mensch und Natur in der größten Wüste der Erde. Köln 1987

Hamilton, Paul: Sahara. Mit berühmten Entdeckern auf Abenteuer. London 1971

Hugot, Henri und Maximilian Bruggmann: Zehntausend Jahre Sahara. Luzern 1976

Kühn, Herbert: Die Felsbilder Europas. Stuttgart 1952

Krings, Thomas: Sahel, Senegal, Mauretanien, Mali, Niger. Köln 1982

Kuper, Rudolph (Hrsg.): Sahara, 10 000 Jahre zwischen Weide und Wüste, Handbuch zu einer Ausstellung des Rautenstrauch-Joest-Museums für Völkerkunde. Köln 1978

Lajoux, Jean-Dominique: Wunder des Tassili N'Ajjer. München 1967

Lhote, Henri: Die Felsbilder der Sahara. Würzburg, Wien 1968

Lhote, Henri: Oasis of art in the Sahara. In: National Geographic. Washington, August 1967

Merian: Sahara. Hamburg, September 1985

Pachur, Hans-Joachim: Vergessene Flüsse und Seen der Ostsahara. In: Geowissenschaften in unserer Zeit, 5. Jahrg. 1987/Nr. 2

Panzer, Volker: Die Bildergalerie in der Wüste. Expedition zu den Felsmalereien der Sahara. In: Gottfried Kirchner (Hrsg.), Scherben, die Geschichte schreiben. Frankfurt/M. 1981

Rhotert, Hans: Libysche Felsbilder. Darmstadt 1952

Ritter, Hans: Salzkarawanen in der Sahara. Zürich/Freiburg i. Br. 1980

Rohlfs, Gerhard: Quer durch Afrika. Die Erstdurchquerung der Sahara vom Mittelmeer zum Golf von Guinea. Stuttgart 1984

Strelocke, Hans: Algerien. Kunst, Kultur und Landschaft. Köln 1974

Striedter, Karl-Heinz: Die Felsbilder Nordafrikas. Frankfurt/M. 1984 (Katalog)

Helga Lippert,
Arno R. Peik, Eberhard Thiem
Das Mysterium des Shiva
Heilige Männer in Indien

VIELLEICHT IM NÄCHSTEN LEBEN. In Indien lebte ein heiliger Mann schon jahrzehntelang in strenger Askese und Meditation. Eines Tages erschien ihm Narada, der Seher der Götter. »Du hast einen Wunsch frei«, sagte Narada zu dem Heiligen. »Dann wüßte ich gerne«, erwiderte er, »wieviele Leben ich noch auf diese Weise zubringen muß, um nicht mehr wiedergeboren zu werden und erlöst zu sein.« Und er bekam zur Antwort: »Sieh' die Blätter des Tamarindenbaumes, unter dem du sitzt. Erst wenn du so viele Leben in Askese und Meditation zugebracht hast wie dieser Baum Blätter trägt, erst dann wirst du Erlösung finden.« Da sprang der heilige Mann auf, begann vor Freude zu tanzen und rief: »Was, nur noch so wenige!«

Eine Legende, zugegeben. Aber können wir Europäer ihre Bedeutung jemals erfassen? Prunkvolles Märchenland der Maharadschas, Armenhaus hungernder Millionen, modernes Staatswesen für einen aufstrebenden Mittelstand, Schmelztiegel der Völker und Kulturen, geheimnisvolles Reich der Götter und Heiligen: für uns lebt Indien in schroffen Gegensätzen, aber all das macht auch seine Faszination aus.

Diesem Indien waren wir als Kamerateam auf der Spur, drei Monate lang, vom Himalaya bis Kap Comorin, von Kalkutta bis Bombay – auf der Suche nach jenen kaum glaubhaften Geschichten über Fakire und Yogis mit übernatürlichen Kräften, von denen man auch heute noch immer wieder hört.

Um es gleich zu sagen: Wir sind demütig geworden und sprachlos. Demütig angesichts einer großen alten Kultur, in die man nicht einfach eindringen kann mit den Worten: »Ton ab, Kamera läuft!« Und sprachlos angesichts der Ausdrucksformen einer Religion, die Menschen zu seltsamen und für uns fremdartigen Handlungen treibt.

Asketen, Magier und Fakire: ein Thema, das buchstäblich auf Indiens Straßen liegt. Denkt man. Da die meisten von ihnen aber ohne festen Wohnsitz und somit ständig unterwegs sind, löst sich manch heißer Tip schnell in Luft auf. Der Gesuchte ist einfach nicht mehr zu finden. Er ist weitergewandert, und niemand weiß, wohin.

Dichter Nebel, als wir im Januar 1987 aus dem Flugzeug steigen. New Delhi hat eine Tarnkappe übergestülpt, sozusagen ein Symbol für unsere Dreharbeiten. Damals ahnten wir noch nicht, wie schwierig die Suche nach dem Mysterium des Shiva werden sollte.

Indien empfängt einen nicht, es erschlägt einen. Gnadenlos. Letzte Schranke sind die bürokratischen Paß- und Zollformalitäten, von gewis-

← 45. Varanasi (Benares), heiligste Stadt der Hindus am Ganges

senhaften, nach britischem Vorbild trainierten Beamten mit unendlicher Langsamkeit zelebriert. Dann taucht man ein in den indischen Alltag mit seinen überfüllten Straßen, dem infernalischen Lärm, den nie gekannten seltsamen Gerüchen.

Diesen Alltag muß man erst einmal verstehen lernen, ist er doch eng mit der Religion und der Suche nach Erlösung verknüpft. Und nichts macht uns verwöhnte Europäer mehr betroffen als die unzähligen Obdachlosen und Bettler, das traurige »Markenzeichen« der indischen Großstädte. Häusliche Abgeschlossenheit können sich Millionen Menschen in diesem Land nicht leisten. Dicht gedrängt vegetieren sie in armseligen Elendsquartieren, die aus Matten, Blech oder Pappe notdürftig zusammengebaut sind. Zwischen den Glas- und Betonfassaden der Hochhäuser breiten sich die Slums wie Schimmelpilze aus – überall, wo es noch ein bißchen Platz gibt. Aber auch das ist kein sicheres Fleckchen. Jeden Tag können die Bagger kommen und die Behausungen zusammenschieben, einfach auslöschen – immer dann, wenn wieder Bauland gebraucht wird. Gefragt wird hier niemand.

Die Ärmsten der Armen haben überhaupt keine Bleibe. Für sie ist die Straße der Ort, wo sich alles abspielt: wo sie sich waschen, kochen und essen, wo sie arbeiten und schlafen, wo sie beten und – wo sie sterben. Zu Recht werden die Straßen indischer Großstädte als Bühne des Lebens bezeichnet. Eine Bühne, auf der eine Inszenierung nach der anderen ohne Regisseur stattfindet.

Man fühlt sich wie ein indiskreter Zuschauer, der in die Intimität einer Familie eindringt. Hier wird eine kärgliche Mahlzeit gekocht, wenige Schritte entfernt rasiert ein Friseur seinen Kunden, unmittelbar daneben knetet der Bäcker den Teig oder verrichtet ein Händler seine Notdurft; eine Mutter stillt ihr Baby, ein Bettler streckt seine von Lepra zerfressenen Hände nach Almosen aus und – unbeirrt von alledem – meditiert ein Heiliger am Straßenrand.

Nachts liegen sie auf den Bürgersteigen – schemenhafte Gestalten, so gut es geht in Lumpen gewickelt. Manchmal wimmert ein Kind; Hunde schnüffeln zwischen den Menschenbündeln, aber Eßbares finden sie hier bestimmt nicht. In der Morgendämmerung raffen die Obdachlosen ihre wenigen Habseligkeiten zusammen und verschwinden in der Menge. Später kommen die Unberührbaren und sammeln die Toten ein.

Wir schämen uns fast, an diesen hohlwangigen Wesen vorbeizugehen oder nachts gar über sie hinwegzusteigen hinter die gläserne Fassade der Luxushotels, wo kühler Marmor und anheimelnder Plüsch, großzügige Weite und saubere Betten, eisklirrende Drinks und Essen im Überfluß den

Menschen vergessen machen und ablenken vom Elend, mit dem er sich gerade entsetzt konfrontiert sah.

Bis vor wenigen Jahren noch wurde Betteln in offiziellen Statistiken als Berufsbezeichnung geführt. Und in der Tat, es ist ein Beruf, ein gut organisierter sogar. Regelrechte Syndikate haben sich gebildet, der Mafia ähnliche Organisationen, deren Verbindungen bis in ferne Dörfer reichen, wo man Kinder kauft oder entführt und zum Betteln abrichtet. Sie lernen, unerbittlich aufdringlich zu sein, die Passanten zu berühren, sich förmlich an sie zu hängen, Mitleid zu erregen und zu fordern. Abends werden die Gelder von Hintermännern kassiert. Als Lohn gibt es schäbige »Arbeitskleidung« und Essen, vielleicht ein paar Münzen.

Halbwüchsige mit blitzenden Zähnen und strahlenden Gesichtern, auf kleinen Rollbrettern hockend, kommen uns fröhlich entgegen. »Bakschisch, Almosen«, rufen sie schon von weitem. Und da sehen wir erst, daß sie keine Beine mehr haben. Sie sind verstümmelt worden, um mehr Geld einzubringen. Denn für einen Krüppel greift fast jeder in die Tasche. Wie viele Kinder hat diese grausame Erkenntnis um Gesundheit und Zukunft gebracht! Gelassen tragen sie ihr Schicksal, denn die Existenz des Menschen ist immer das Ergebnis seiner vorherigen Existenzen. Wenn er gegenwärtig als Bettler leben muß, hat er im letzten Leben etwas falsch gemacht. Seine soziale Stellung erklärt sich aus den Lehren des Hinduismus, der großen indischen Volksreligion.

Dabei ist *Hinduismus* – rein religionswissenschaftlich gesehen – gar keine Religion, sondern mehr ein philosophisches Prinzip, das sich ständig verändert und weiterentwickelt hat, eine sehr tolerante Glaubensform ohne strenge, grundlegende Dogmen; eher eine Sammelbezeichnung unterschiedlichster Geistesströmungen.

Seine religiösen Führer – Gurus, Swamis und Yogis – erreichen ihre Popularität nur durch allgemeine Anerkennung ihrer Persönlichkeit und den Einfluß sowie die Zahl ihrer Anhänger. Im Hinduismus gibt es auch keine kirchliche Hierarchie und keine organisierte Mitgliedschaft. Zu diesem Glauben kann man nicht übertreten. Man wird als Hindu geboren. Von den 751 Millionen Indern sind das immerhin 83 Prozent. Der Rest verteilt sich auf Sikhs, Buddhisten, Jainas (Abb. 46 und 49) und auf Gläubige, deren Religionen durch Eroberungszüge oder Handelsbeziehungen, also von außen, nach Indien kamen: Christen, Mohammedaner, Parsen und Juden.

Die Wurzeln des Hinduismus gehen bis zur *Indus-Kultur* ins dritte Jahrtausend v. Chr. zurück. Vom Namen des Flusses Indus sind die Bezeichnungen Inder und Hindu abgeleitet. Im zweiten Jahrtausend v. Chr. wanderten Hirtennomaden aus Zentralasien nach Indien ein, die

46. Ein »luftbekleideter« Jaina protestiert in Delhi gegen das neu erlassene Verbot des Nacktgehens

Arier. Sie besiegten die Ureinwohner, aber im Süden des Landes konnten sie Kultur und Religion der einheimischen *Drawiden* nicht verdrängen.

Die Arier brachten ihre eigene Sprache mit, das *Sanskrit* – heute die alte heilige Sprache, aus deren Schriftzeichen sich auch die Buchstaben der modernen Hindi-Sprache entwickelten. Die Lebensauffassung und Glaubensvorstellungen der Arier waren in ihren heiligen Schriften, den *Veden,* aufgezeichnet.

Später entstanden die *Kasten,* eine soziale Rangordnung, in die man auch heute noch hineingeboren wird und die sich im Lauf der Zeit zu einem komplizierten System von über 3000 größeren und kleineren Gruppierungen ausgeweitet hat.

Ursprünglich gab es vier große Gruppen: an der Spitze die Brahmanen, zunächst gehörten nur Priester dazu, dann alle, die einen geistigen Beruf ausüben. Es folgen die Kshatriyas: der Adelsstand, Krieger und Könige; dann die Vaishyas, das sind Handwerker, Bauern und Kaufleute; und schließlich die Shudras: niedere Gewerbetreibende und Leibeigene, streng getrennt von den ersten drei Kasten. Schließlich gibt es noch die Gruppe der Parias, der Unberührbaren. Sie galten als völlig rechtlos und mußten die niedersten Arbeiten verrichten: Leichen verbrennen, Tiere schlachten und Kloaken säubern. Die indische Verfassung von 1950 hat die Unberührbarkeit abgeschafft – auf dem Papier. Neuerdings versucht man aber, gerade junge Menschen dieser Unterprivilegierten bei der Vergabe von Ausbildungs- und Studienplätzen gezielt zu fördern, wenn nicht zu bevorzugen. Es soll sogar immer wieder vorkommen, daß Bewerber nur vorgeben, der untersten Kaste anzugehören, um eher eine Stelle zu bekommen.

Jede Kaste ist eine streng geschlossene Gesellschaftsschicht mit unterschiedlichen religiösen und sozialen Vorrechten, Geboten und Verboten – Auffangnetz und Gefängnis zugleich. Mit der Kaste ist praktisch auch die Berufswahl entschieden, der Ehepartner muß aus der gleichen Gruppe kommen, und keinesfalls darf jemand mit dem Mitglied einer niederen Kaste essen, ohne »unrein« zu werden. In eine höhere Kaste aufzusteigen, ist Männern erst im nächsten Leben möglich, wenn sie in diesem Leben ihre Pflichten erfüllen. Nur Frauen haben schon jetzt eine Chance: Sie könne in eine höhere Kaste einheiraten.

Offiziell seien die Kasten bedeutungslos geworden, hört man. Mag sein, daß sich in den Städten die Grenzen verwischen, aber es gibt auch da keinen Inder, der nicht genau weiß, welcher Kaste er angehört. Auf den Dörfern hingegen werden die Gesetze genauso streng eingehalten wie eh und je – unüberwindliche Schranken selbst im modernen Indien.

So bleibt Millionen Menschen nur die Hoffnung, wiedergeboren zu werden in eine höhere Schicht, in ein besseres Leben. *Samsara,* der ewige Kreislauf der Wiedergeburten, endet erst dann, wenn der Gläubige *Moksha,* die Erlösung, erreicht hat.

Die Erlösung wiederum hängt von seinen Taten ab, die alle – ob gut oder schlecht – ihren gerechten Lohn nach dem Tod finden. Ein Hindu lehnt sich nicht auf, er fügt sich widerspruchslos in sein Schicksal. Vielleicht ist so auch die Gleichgültigkeit der Inder gegenüber dem sozialen Elend zu erklären. Andererseits konnte sich auch nur in einem Land,

→ Der indische Subkontinent

CHINA
AFGHA-
NISTAN
LADAKH
PAKISTAN
Kailas
Devaprayag
TIBET
Indus
Hardwar
Rishikesh
New Delhi
NEPAL
BHUTAN
Ganges
Varanasi
(Benares)
Khajuraho
BANGLA-
DESH
Kalkutta
BURMA
INDIEN
Konarak
Ellora
Bombay
Arabisches
Meer
Goa
Golf von Bengalen
Bangalore
Mahabalipuram
Mysore
Madurai
SRI LANKA
(CEYLON)
Kap Comorin
Indischer Ozean
0 250 500 km

in dem Millionen in Elend und Armut existieren müssen, die Idee von Erlösung und Wiedergeburt so erfolgreich durchsetzen.

Natrajan ist 60 Jahre alt, dunkelhäutig und äußerst schlank, fast ausgemergelt (Abb. 47). Er kommt aus Madurai, der berühmten Tempelstadt im Süden Indiens. Früher war er Schreiner und gehörte der Kaste der Handwerker an. Er war verheiratet, hatte zwei Kinder und führte ein bescheidenes Leben. Dann starb seine kleine Tochter und wenig später auch seine Frau. Natrajan brachte den kleinen Sohn bei Verwandten unter. Er faßte den Entschluß, *Sannyasin* zu werden; das heißt »gänzlich zu entsagen«, sich auf eine Stufe mit den Bettlern zu stellen und sein Leben in Armut und Askese zu verbringen, so wie es in der *Manu-Smriti*, dem ältesten hinduistischen Gesetzbuch, aufgezeichnet ist:

»Er soll nichts mehr sein eigen nennen, er soll weder wünschen zu leben noch wünschen zu sterben, er soll auf die rechte Zeit warten wie ein Tagelöhner auf seinen Lohn. Er soll immer alleine wandern, immer schweigen; er soll niemals Zorn mit Zorn vergelten, segnen vielmehr diejenigen, die ihn verfluchen. Wahrheitsliebend in der Sprache soll er die Freude im Absoluten finden.«

Die strengen Vorschriften haben sich inzwischen gelockert. Sannyasins sind nicht mehr zum Schweigen verpflichtet und brauchen auch nicht unbedingt allein zu wandern. Aber sie dürfen nach wie vor nichts besitzen, keine feste Bleibe haben, nur einmal am Tag essen und müssen absolut enthaltsam leben.

Diese Regeln hält auch Natrajan schon seit 30 Jahren ein, seit er damals das orangefarbene Gewand der Heiligen anzog und ein *Sadhu* wurde, ein »Guter« – wie die Sannyasins auch genannt werden. An die Ordnung der Gesellschaft, ja selbst an die Gesetze seiner Kaste ist er seitdem nicht mehr gebunden. Natrajan suchte sich zunächst einen *Guru* – einen Lehrer – und lernte bei ihm verschiedene Yoga-Praktiken, bis er seinen Körper unter Kontrolle hatte und vollkommen beherrschte. Seitdem wandert er durch Indien, besucht die heiligen Pilgerstätten und betet überall zu seinem Gott *Shiva*. Er schläft da, wo er gerade eine Bleibe findet, meistens im Freien. Seine Mahlzeit nimmt er fast immer in einem Ashram – einem religiösen Zentrum – ein. Das Geld für die Verpflegung der heiligen Männer spenden meistens fromme Hindus, erwerben sie dadurch doch besondere Verdienste, die sich im nächsten Leben positiv auswirken. So müssen Sadhus fast nie um ihre Existenz bangen. Sie

→ 47. Der Yogin Sadhu Natrajan.
Bevor er sein Leben in Askese und Armut verbrachte, war er Schreiner

stehen bei der Bevölkerung in hohem Ansehen; man gibt ihnen unaufgefordert das bißchen, das sie brauchen.

Außer dem, was Natrajan am Leib trägt, und einer Handvoll Habseligkeiten besitzt er nichts mehr. In der langen Zeit seiner Wanderschaft hat er sich mit der alten Medizin vertraut gemacht. Der Sadhu sammelt Kräuter und stellt verschiedene Heilmittel her, die er dann im Tempel verschenkt. Oft steckt man ihm dafür Geld zu; so finanziert er seinen Lebensunterhalt, wenn er nicht gerade im Ashram verpflegt wird. Viel braucht er ja nicht – ein bißchen Reis, ein bißchen Gemüse, manchmal ein wenig Milch.

Warum gab dieser Mann seine gesicherte Existenz auf, wo er doch zu den Glücklichen gehörte, die Beruf und Auskommen hatten? Er folgt dem Gesetz des *Dharma;* ein zentraler Begriff im Hinduismus, um den alles kreist, der aber schwer zu übersetzen ist. Vielleicht könnte man »Recht und Sitte« oder auch »Rechtschaffenheit« sagen, Bedeutungen, die sich aus menschlichem Verhalten ableiten lassen. Aber Dharma, das ewige Weltengesetz, hat auch eine metaphysische Dimension. Es bestimmt das jenseitige Geschick des Menschen, seinen himmlischen Lohn, seine Strafen und auch die künftigen Wiederverkörperungen auf Erden. Dharma ist also etwas Umfassendes: das, was unser Leben und Handeln bestimmt; die Grundlage für Moral und Ethik; die gesetzliche Ordnung des Universums und die Basis der Religion. Die Inder nennen den Hinduismus sogar Sanatana-Dharma, die ewige Religion, weil sie auf keinen Gründer zurückzugehen scheint.

Dieses Gesetz des Dharma teilt das Leben in vier Abschnitte, sozusagen als Modell eines idealen hinduistischen Daseins, gültig aber nur für Männer der ersten drei Kasten. Im ersten Stadium, der Jugend, lernt der Mensch. Er läßt sich in den Veden unterweisen, den alten heiligen Schriften, und zwar entweder von seinem Vater oder von einem Guru, der als geistiger Vater den leiblichen Vater während dieser Lehrzeit vertritt.

Im zweiten Abschnitt heiratet der Mann und gründet eine Familie, deren Sinn sich mit der Geburt eines Sohnes erfüllt. Söhne sichern den Fortbestand der Sippe und versorgen später die Mutter. Der Familienvater übt seinen Beruf aus, strebt nach Besitz und Wohlstand und führt ein Leben mit allen irdischen Freuden und Leiden. Es ist jene lange Zeitspanne, in der ein Mensch reift und die Rolle erfüllt, die ihm sein *Karma* bestimmt hat. Darunter versteht der Inder geistige oder körperliche Handlungen und die Konsequenzen, die sich aus allem Tun des Menschen in diesem oder einem vorangegangenen Leben ergeben. Karma entsteht aus dem Charakter, aus Bewußtsein, Eindrücken und Neigungen. All dies leitet das Verhalten des Menschen, steuert seine Gedanken und Motive für gegenwärtige oder zukünftige Handlungen. So ist jedes Karma »Saat« für ein neues Karma, seine »Früchte« werden als Freude oder Leid »geerntet«, abhängig vom Tun oder Denken.

Wenn der Mann seine Rolle als Hausvater erfüllt hat, wenn die Kinder großgezogen und die Familie versorgt ist, dann sind die Voraussetzungen geschaffen für den dritten Abschnitt, für das Leben als Einsiedler im Wald. Das ist nicht unbedingt wörtlich zu verstehen, aber der Mann zieht sich völlig aus der Gesellschaft zurück, übergibt seinen Besitz an die Kinder, nimmt Abschied von allem, was ihm lieb war. Er lebt von dem, was er finden oder erbetteln kann. Er lernt, durch Yoga seinen Körper zu beherrschen, widmet sich dem Studium der heiligen Schriften, der regelmäßigen Verehrung seiner Götter und bereitet sich so auf die vierte und letzte Stufe vor: auf das Leben des Entsagens, also das Leben des Wanderasketen und Heiligen.

Er versenkt sich in tiefe Meditation, in sein inneres Ich – bis zur Ekstase, zur Vereinigung mit seinem Gott, zur Erlösung. Erlöstsein heißt befreit sein vom Kreislauf der Existenzen. Denn nach dem Tod wird die Seele so lange in anderen Körpern wiedergeboren, bis der Mensch alle Bindungen überwunden hat und alle Begierde von ihm gewichen ist. »Moksha, die Erlösung, winkt nicht am Ende der Dorfstraße, sondern über den Sternen«, schreibt der Indologe Heinrich Zimmer. »Moksha ist angewandte Metaphysik.« So, wie jemand abgetragene Kleider wegwirft, so gibt auch die Seele die abgetragenen Körper auf und geht in andere, neue ein. So lange, bis sich die Einzelseele vereint mit der Allseele – so, wie sich ein Wassertropfen auflöst im See.

Wie lange das dauern kann, erzählt die Legende vom Tamarindenbaum am Anfang dieses Kapitels. Aber welcher Mensch ist schon so geduldig? Deshalb hat es neben den großen Heiligen immer auch andere Asketen gegeben: solche, die sich extremen körperlichen Qualen aussetzen und so den Weg zur Erlösung abkürzen wollen, und solche, die ihn gar nicht erst ernsthaft angetreten haben, weil sie die strengen Regeln nicht so genau nehmen. Wahre Erleuchtete, ewige Büßer, fromme Gaukler – das »Heil« hat in Indien viele Gesichter.

MÄNNER IM BÜSSERGEWAND – HEILIGE ODER SCHARLATANE? Der erste, den wir treffen, wohnt nicht gerade ruhig: auf einer Art Verkehrsinsel mitten in New Delhi. Ein alter, heiliger Platz, früher nahe einer Verbrennungsstätte und damals noch von dichten Wäldern umgeben. Vor 650 Jahren sollen die ersten Yogins dorthin gekommen sein. Yogins mit übernatürlichen Kräften. Alles, was sie wollten, konnten sie materialisieren, das heißt angeblich aus dem Nichts erschaffen.

Baba Naumi – Baba, so nennen die Inder respektvoll ihre heiligen Männer – hat diese Gabe nicht mehr, zumindest läßt er nichts davon erkennen. Unbeirrt vom Verkehrslärm lebt er in seiner kleinen Hütte, Kleider und Handtücher trocknen in den stinkenden Abgasen, und selbst das entnervende Dauerhupen stört nicht seine Gebete und Opfer am Altar. Baba empfängt uns in froher Erwartung, hat er doch Bedingungen für unseren Besuch gestellt: ein Kilogramm Hammelfleisch, eine Flasche Schnaps und eine Wolldecke sollen wir mitbringen. Winter ist es in Delhi, und auch Yogis haben Hunger. Aber Fleisch für einen frommen Hindu? Und gar Schnaps? Als er dann auch noch 500 Rupies (etwa 70 Deutsche Mark; das ist ungefähr der Monatslohn eines Arbeiters) verlangt, schien uns »Seine Heiligkeit« doch etwas zu geschäftstüchtig zu sein.

Andererseits nicht verwunderlich: Die meisten heiligen Männer nehmen Geld, ja sie erwarten es geradezu. Völlig offen und ohne sich zu zieren. Haben sie doch ihr bürgerliches Leben hinter sich gelassen und sind auf Spenden angewiesen. Und warum dann nicht aus einem »reichen« Filmteam aus Europa so viel wie möglich herausholen? Viele Sadhus, denen wir begegnet sind, wollten allerdings nur ein Minimum; nur so viel, um sich ein paar Tage ernähren zu können. Einige lehnten Geld sogar ganz ab: »Nein danke, ich habe zur Zeit genug zu essen.«

Man muß aber auch wissen: Nicht jeder, der das orangefarbene Gewand trägt, ist wirklich ein Heiliger. In letzter Zeit flüchten sich immer mehr zwielichtige Gestalten in diese Kleidung: Gescheiterte, Steuerflüchtlinge, ja sogar Kriminelle – Aussteiger auf indisch! Sie ziehen unerkannt und unbehelligt durchs Land – nicht der schlechteste Weg, sich über Wasser zu halten. Auch für Inder ist es oft schwer, hier die Spreu vom Weizen zu unterscheiden.

Scharlatane im Gewand eines Büßers – selbst in der heiligen Stadt Rishikesh am Oberlauf des Ganges finden wir einen solchen. Er sei ein Meister im Yoga und könne auf dem Wasser sitzen, prahlt er, offensichtlich angelockt von der Hoffnung auf schnelle Beute. Eine Flasche Whisky will er haben, schottischen, versteht sich. Das »große Wunder« entpuppt sich schnell als Flop. Er legt sich einfach nur – vor Kälte zitternd – als »toter Mann« auf die Wasseroberfläche; eine Übung, die bei uns fast jedes Kind beherrscht. Dann schluckt er noch, hektisch paffend, den Rauch zweier Zigaretten, um ihn erst Minuten später unter ohrenbetäubendem Rülpsen wieder rauszublasen: Zirkus am Ganges!

Körperbeherrschung durch *Yoga* soll eigentlich nur ein erster Schritt sein auf dem Weg zur wahren Meditation. Denn Yoga, abgeleitet von yuj, heißt »anschirren«, kontrollieren der Sinne und des Denkens, den Geist konzentrieren, sich mit Gott vereinigen. Jeder Weg zur Gotteserkenntnis kann als Yoga bezeichnet werden; im Hinduismus gibt es viele Namen für diese Wege – je nach Veranlassung derer, die Gott suchen: am bekanntesten sind *Karma-Yoga*, das selbstlose Handeln; *Bhakti-Yoga*, die hingebende Liebe zu Gott; *Inana-Yoga*, der Weg der abstrakten Erkenntnis und *Raja-Yoga*, der »königliche Yoga«, der identisch ist mit dem Yoga des großen Gelehrten Pantanjali und der zu einer der sechs klassischen Philosophieschulen Indiens geworden ist.

Im Abendland versteht man unter Yoga meist nur den *Hatha-Yoga*, der auf Körper- und Atemübungen basiert. Dieser »körperliche« Yoga gilt in Indien – wie gesagt – jedoch nur als eine Vorbereitungsübung für die geistigen Yoga-Formen; denn nur, wer seinen Körper kontrollieren kann, ja ihn sogar überwunden hat, kann sich seinem Ziel, der Vereinigung mit Gott, nähern. Alle Yoga-Übungen sind daher eingebunden in ein religiös-mystisches Ziel. Dieses Bestreben wurde in keiner anderen Religion so konsequent durchgebildet wie in der hinduistischen, wenn auch Yoga als Weg zur Gotteserkenntnis kein indisches Privileg ist. Denn alle, die nach mystischer Erfahrung streben – seien es christliche und islamische Mystiker oder indianische Schamanen –, sind in diesem Sinn Yogins. Yoga ist so zwar verbunden mit dem Hinduismus, aber nicht identisch mit ihm.

Die Inder haben die Technik der Körper- und Atemübungen bis zur Virtuosität gesteigert. Es gibt nicht weniger als 84 Yoga-Positionen und unzählige Weisen des Atmens, die – physiologisch gesehen – zu einer Anreicherung von Kohlensäure in Lunge und Blut und damit zu Zuständen der Ekstase führen sollen. Allerdings muß man auch auf die Gefahren hinweisen, die sich für die körperliche, seelische und geistige Gesundheit ergeben können. Gerade die Bewußtmachung unwillkürlicher Körperfunktionen wie die des Atmens kann zu tiefgreifenden Störungen im Gesamtorganismus führen, der dann vegetativ nicht mehr selbständig arbeiten kann. Überhastete und unkontrollierte Yoga-Experimente enden nicht selten im Krankenhaus oder auf der Couch des Psychiaters. Andererseits können beruflich überbeanspruchte Menschen unter sachkundiger Anleitung Gewinn aus derartigen Übungen ziehen.

In seinem großen Lehrbuch *Yogasutra*, im Deutschen auch unter dem Titel »Die Wurzeln des Yoga« erschienen, beschreibt *Pantanjali* im zweiten Jahrhundert n. Chr. die Techniken, die letztendlich zur Trennung von Geist und Materie und damit zur Befreiung des Selbst führen.

Acht Stufen gilt es zu überwinden: *Yama* – moralische Zucht und Gewaltlosigkeit; *Niyama* – geistige Läuterung, Hingabe an einen persönlichen Gott; *Asana* – Beherrschung bestimmter Sitz- und Körperhaltungen und *Pranayama* – Kontrolle des Atems (diese beiden Stufen sind der Berührungspunkt zum Westen mit seinen in Mode gekommenen Yoga-Kursen); *Pratyahara* – die Unempfindlichkeit der Sinne gegenüber störenden äußeren Reizen. Das sind die Voraussetzungen für die eigentliche Versenkung, die in den letzten drei Stufen erfolgt: *Dharana* – die Ausschaltung unkontrollierter Gedankengänge; *Dhyana* – die Meditation und schließlich *Samadhi* – die totale Versunkenheit. In diesem Zustand hat sich die Seele vom Körper getrennt, und manche Asketen fühlen sich so bereits in diesem Leben erlöst.

Das alles läßt sich mit einem Wort von Michael von Brück zusammenfassen: »Yoga will den Menschen zu vollkommenem Schweigen führen, damit er wirklich hören kann . . . Meditation ist die Vorbereitung für die Selbstoffenbarung und setzt ein anschauliches Bild Gottes voraus.«

Aber auch im Hinduismus erreichen viele Asketen niemals das Stadium der Versunkenheit. Sie kommen nicht über die Körperbeherrschung hinaus und stehen somit in der Hierarchie der Heiligen auf unterster Stufe. Selbst dann, wenn sie nach unseren Vorstellungen Außergewöhnliches leisten, wie zum Beispiel das Liegen auf dem Nagelbrett.

Diese Übung wird mit einer Legende verknüpft. Die gut handlangen und äußerst spitzen Nägel symbolisieren das Pfeilbett des Helden Bhisma. Der fiel – während eines Kampfes von Hunderten von Pfeilen getroffen – von seinem Wagen. Aber die Pfeile fingen ihn auf und hielten ihn hoch, so daß es aussah, als ruhe er auf einem Bett.

Von solchen Fakiren hat zwar hierzulande schon jedes Kind gehört, aber sie sind inzwischen rar geworden. Wir haben auf unserer Reise nur einen gefunden und staunen, als der kleine, runzlige Mann mit dem ausgemergelten, höchstens 50 Kilogramm schweren Körper auf sein »Bett« steigt. 30 Jahre macht er das schon, und jedesmal betet er vorher an einem kleinen Altar. Dann setzt er sich langsam nieder, atmet nur noch ganz flach. Eine ganze Weile bleibt er so liegen. Offensichtlich macht ihm das überhaupt nichts aus, aber sein Rücken ist – wie wir später sehen können – voller narbiger Löcher. Jeder einzelne Nagel hat sich im Lauf der Jahre fingertief eingegraben. Wir wollen es genau wissen; mutig drücken wir die Hände auf die Nägel: Es schmerzt sehr, und noch Stunden später kann man die Abdrücke in den Handflächen sehen – und vor allem spüren.

Auf Hanuman, den mythischen Affengott, geht eine außergewöhnliche Selbstkasteiung zurück. Als einst in Ceylon die Zauberpfeile eines Dämons

↑ 48. Meditierender Sadhu in der Nähe von Nasik, dem Varanasi (Benares) des indischen Westens. Er hat allem Weltlichen entsagt und sucht so, Erlösung zu erlangen

↑ 49. Aus dem Fels gehauene Jainastatuen bei Gwalior. Die Nacktheit zeigt Glaubensmerkmal und Lebensweise der Jainas

↑ 50. Teilansicht der Tempelanlage von Madurai

← 51. Kultmaske des Gottes Shiva um 900 n. Chr., Berlin

← 52. Brahmanen bei einem Opfermahl in Varanasi (Benares)

← 53. (oben links) Yogin hebt einen ca. 50 Kilogramm schweren Stein mit seinem Penis hoch

← 54. (oben rechts) Dieser Sadhu bläst zu Ehren Shivas das Muschelhorn

← 55. (Mitte links) Shiva-Anhänger mit Rudraksha-Kette, einer Art Rosenkranz, und Stirnbemalung

← 56. (Mitte rechts) Dieser Yogin ruht unverletzt auf einem Dornenhaufen

← 57. (unten links) Shiva-Anhänger mit Kultschlange

← 58. (unten rechts) Dieser Wanderasket soll seit 12 Jahren, wegen eines Stehgelübdes, ununterbrochen stehen

↑ 59. Als Zeichen von Buße hat sich dieser Yogin einen Stab durch die Zunge gestochen und die Kokosnüsse mit Haken an der Haut befestigt

↑↑ 60. Völlig unerklärlich: Ein Rifa'i-Meister hat sich einen Spieß durch seine Zunge gebohrt und sie abgeschnitten

↑ 61. 15 Sekunden später setzt er sie durch Festdrücken wieder an

↑ 62. Diesem Rifa'i wurden 12 Spieße durch die Haut gestochen – ohne Blutfließen

den Gott Rama und andere Helden betäubten, wurde Hanumann ausgesandt, um vom Berg Kailas Heilkräuter zu holen. Vor Ort konnte sich Hanuman aber nicht mehr erinnern, welche Pflanzen er pflücken sollte. Also schleppte er kurzentschlossen den ganzen Berg vom Himalaya nach Ceylon und legte ihn seinem Gott zu Füßen: ein spektakulärer Beweis seiner Kraft und Körperstärke.

Und genauso spektakulär die Idee, mit der ein Asket in Nordindien heute noch diese Legende weiterleben läßt. Langes, graues Haar, zu einem Knötchen zusammengesteckt, weißer Vollbart, den Körper mit Asche bemalt – so präsentiert er sich. Zuerst macht er eine ganze Reihe kompliziertester Yoga-Übungen: Er kreuzt beide Beine im Nacken und stützt sich dabei noch mit den Händen vom Boden ab, oder er steht auf einem Bein, das andere zieht er langsam über den Kopf und legt es um den Nacken. Dann läßt er plötzlich sein orangefarbenes Lendentuch fallen. Nackt steht er da. Verschämt kichernd, eilen einige Inderinnen vorbei, denn das Ganze spielt sich mitten auf einem Durchgangsweg zum Ganges ab. An der Seite hat sich der Asket einen Minitempel mit Bildern und Figuren Hanumans aufgebaut. Dort betet er zuerst, dann schlingt er ein langes Tuch um einen großen schweren Steinbrocken, umfaßt mit der Hand seinen Penis und hängt die Stoffschlaufe in die so entstandene Beuge zwischen Penis und Rumpf. Alle Sehnen und Muskeln seines drahtigen Körpers aufs äußerste angespannt, zieht er den Stein hoch und hält ihn so für kurze Zeit fest. Der Stein soll mehr als einen Zentner gewogen haben. Von uns jedenfalls konnte ihn keiner hochheben (Abb. 53). Unsere Geldspende und ein paar Zigaretten machen den Hanuman-Verehrer offensichtlich sehr glücklich. Fröhlich lachend begleitet er uns noch zur Straße.

Auch Subratha, der uns in Varanasi über den Weg gelaufen ist, hat sich mit weißer Asche eingerieben. Er nennt sich selbst »Yogin«, aber er trägt bei seiner »Schau« eine Badehose, die gewöhnlich nicht zur Garderobe eines Heiligen gehört.

Er könne auf dem Dornenbett liegen, hat er uns erzählt. Das ist eine alte und berühmte Form der Kasteiung in Indien. Als wir am nächsten Tag in sein Dorf kommen, herrscht schon helle Aufregung. Man ist gerade dabei, das unbequeme Lager aufzuschichten. Jeder wird eingespannt, selbst die Kinder schleppen mit spitzen Fingern ein bißchen Gestrüpp zu dem kleinen Platz nahe der Straße. Bald hat sich das ganze Dorf versammelt – jeder gibt gute Ratschläge.

Daß Subratha kein echter Yogin ist, war uns von Anfang an klar. So hartnäckig hatte er um den Preis gefeilscht, immerhin fast 50 Mark, ein fürstlicher Tageslohn. Subratha zeigt seine Vorstellung überhaupt nur dann, wenn einer zahlt. Das hat Tradition in seiner Familie. Schon sein Vater und auch sein Großvater machten auf diese Weise Kasse. Wir lassen uns auf den Handel ein, weil wir gespannt sind, wie »ein ganz normaler Sterblicher« mit einer schwierigen und nicht gerade alltäglichen »Bußübung« fertig wird. Wir müssen zugeben – er macht es geschickt.

Am schwersten ist der Anfang. Irgendwie muß Subratha auf diesen Dornenhaufen kommen. Zuerst wirft er einen langen, armdicken Holzstock in das Gestrüpp, dann hangelt er sich allmählich hinterher, immer bemüht, sich möglichst nur auf diesen Stock zu stützten. Es dauert eine ganze Weile, dann sitzt er endlich mit gekreuzten Beinen oben. Das Gewicht seines Körpers lastet ausschließlich auf dem glatten Holz. So verletzt er sich nicht. Dann legt er sich ganz langsam zurück, drückt sogar den Kopf tief in die Dornen. Mit geschlossenen Augen »meditiert« er – ein geschickter Verkäufer (Abb. 56). Wenn die Badehose nicht wäre, man könnte ihn wirklich für einen echten Büßer halten! Das Absteigen vom Dornenhaufen wird dann schon etwas schwieriger. Nazir, unser indischer Begleiter und Dolmetscher, muß ihn förmlich mit der ganzen Kraft seiner Arme hochziehen. Sorgfältig achtet Subratha darauf, daß er ja den Stock immer an der richtigen Stelle unter sich hat. Als wir dann zum Schluß seinen Rücken sehen, sind wir doch einigermaßen erstaunt: Er hat zwar ein paar sichtbare Einstiche im Fleisch, aber keine ernsthaften Verletzungen. Nur aus zwei kleinen Löchern sickert ein bißchen Blut, an den Beinen sieht man wenige kleine Schrammen. Wir waren auf Schlimmeres gefaßt, hatten wir doch vorher genau überprüft, daß die spitzen Dornen gleichmäßig verteilt waren, auch auf der »Liegefläche«. Man muß dem Mann immerhin zugutehalten, daß er sich hervorragend verkauft, und daß er eine außergewöhnliche Einnahmequelle aufgetan hat.

Indien, das Land mit dem Hang zur Magie, zur Zauberei, zum Okkulten, hat schon immer – neben echten Heiligen mit übernatürlichen Kräften – Scharlatane und Blender hervorgebracht. Subratha ist nur ein Beispiel, dem wir zufällig begegnet sind. Vielleicht wäre er gern ein echter Yogin, vielleicht geht er eines Tages diesen Weg.

Immerhin ist jede Form von Körperbeherrschung eine Art Yoga, ob mit religiösem Hintergrund oder nicht.

Auch Hassan kann stolz sein auf seine Künste, aber er gibt sich wenigstens nicht als Yogin aus und verbrämt seine Fähigkeiten nicht mit dem Schein des Heiligen. Er ist ein Zauberer, ein sehr guter sogar. Abends unterhält er in den Hotels die Gäste mit verblüffenden Tricks: Ringe tauchen plötzlich in Bananen auf, einem Gast zapft er Wasser aus dem Hosenbein, Gegenstände verschwinden auf rätselhafte Weise – Hassan zieht alle Register seiner Fingerfertigkeit. Plötzlich schlägt er sich mit der Hand in den Nacken und würgt unter lautem Ächzen zunächst eine Handvoll langer, rostiger Nägel aus dem Hals; dann kommen immer mehr, immer mehr. Am Ende sind es über 50, wir haben sie gezählt. Woher hat er die? Niemand hat gesehen, wie sie in seinen Mund gekommen sind. Zauberer lenken das Auge des Zuschauers ja bekanntlich geschickt ab. Aber wie kann jemand so viele Nägel im Hals horten? Er muß sich doch einfach verletzen!

Am nächsten Tag führt er uns das Kunststück noch einmal vor. Wir sind sicher, Hassan hat die Nägel irgendwo »geparkt«, bevor er sie herauswürgt. Im Mund kann er sie nicht versteckt haben. Den öffnet er nämlich bereitwillig, hebt die Zunge: alles leer.

Hassan hat uns das Geheimnis verraten. Wir bringen ihn zu einem Röntgenarzt, um uns zu überzeugen. Dort schluckt er die Nägel wieder. Die erste Aufnahme wird gemacht. Aber leider funktioniert das Gerät nicht richtig. Der Arme muß die langen, spitzen Nägel noch einmal hinunterwürgen. Jetzt sehen wir auch, daß er sie alle auf einmal in den Hals schiebt, die Spitzen stecken in einem kleinen Lederkäppchen.

Auch der zweite Versuch klappt nicht. Hassan versucht, die Nägel im Hals zu behalten, was ihn offensichtlich sehr anstrengt. Ihm treten fast die Augen aus dem Kopf; so lange hat er die Fremdkörper sonst nicht im Hals. Das dritte Röntgenbild gelingt endlich; man sieht ganz deutlich: das dicke Nagelbündel ist im Rachenraum gelagert. Wann Hassan es schluckt, sieht der Zuschauer normalerweise nicht, weil seine Aufmerksamkeit in diesem Moment natürlich auf andere Dinge gelenkt wird. Hassan hat seinen Hals- und Rachenraum jahrelang konsequent trainiert. Zu Anfang habe er nur wenige Nägel schlucken können, erzählt er, aber durch ständiges Üben seien es immer mehr geworden.

Ähnliches führt Mustafa vor, dessen Großvater schon 1924 bei Hagenbecks Ostindienschau aufgetreten ist. Mustafa würgt einen fast faustgroßen Stein aus dem Hals; wie er es macht, verrät er uns aber nicht.

Zaubertricks in Vollendung – dafür ist Indien berühmt. Die Illusion hat Konjunktur in einem Land, wo für viele die Realität des Lebens nicht erstrebenswert sein kann und wo die Kunst der Körperbeherrschung in allen erdenklichen Formen von alters her trainiert wird. Die einen betreiben diese Kunst kommerziell zur Unterhaltung der Menschen, für andere ist sie heilige Handlung, Voraussetzung zur Überwindung ihres Selbst. Dazwischen gibt es alle Grauzonen, alle Schattierungen des Einfallsreichtums – Indien ist tolerant. Noch lange nicht jeder, der im orangefarbenen Gewand des Asketen »Kunststücke« vorführt, muß vorsätzlich ein Scharlatan sein. Vielleicht hat er nur irgendwann seine Grenzen erkannt: daß er niemals Samadhi, die wirkliche Versunkenheit, erreicht – jene Stufe, in der sich ein Asket bereits im Leben erlöst glaubt.

SHIVA-KULT AM HEILIGEN FLUSS. Jeden Morgen frische Blumen. Liebevoll legt der Busfahrer die bunte Blütenkette um die kleine Götterfigur auf dem Armaturenbrett. Ein glimmendes Räucherstäbchen verbreitet intensiven Duft. So wird es auch am Abend wieder sein; kurz bevor der Wagen für die Nacht abgestellt wird, bringt man den Göttern noch ein Dankopfer. In christlichen Landesteilen wie Goa hängen Bilder von Jesus oder vom Papst in den Autos. Sie werden genauso liebevoll geschmückt wie Krishna oder Shiva. Hinduistische Frömmigkeit ist in Indien überall bildhaft sichtbar, ja förmlich zu greifen und findet nicht im Verborgenen statt. Eine Religion zum Anfassen!

Die enge Verbindung zwischen Menschen und Göttern lebt in einer Vielzahl von Ritualen und farbigen Zeremonien, die das Leben des Hindu von der Geburt bis zum Tod begleiten. Im Tempel fallen die Schranken zwischen Irdischem und Göttlichem, hier wird die Gottheit für den Menschen sichtbar, ist die Erlösungsidee in Stein symbolisiert. Gewaltige Tempelanlagen wie Khajuraho, Konarak oder Mahabalipuram sind heute historische Monumente und Zeugnisse einer glanzvollen Vergangenheit. Sie bestätigen diese Verbindung genauso wie jedes kleine Heiligtum oder große Tempelstädte wie Madurai, die heute Zentren der Götterverehrung sind (Abb. 50, 63, 64 und 66).

Wieviele Götternamen es wirklich gibt, weiß niemand genau. Es sollen Millionen sein; für uns Europäer ist das alles zunächst völlig verwirrend. In Wirklichkeit muß man die vielen Götter im modernen Hinduismus lediglich als verschiedene Erscheinungsformen des All-Einen sehen. Jeder Gott zeigt sich demnach in unzähligen Inkarnationen. Ebenso wird die ihm zugeordnete Partnerin in vielen Erscheinungsformen verehrt.

Wir wollen uns hier nur mit *Shiva* näher befassen (Abb. 51). Zusammen mit *Vishnu* und *Brahma* bildete er ursprünglich die Dreiheit der großen Hindugötter, die sogenannte *Trimurti.* In diesen Göttern verkörpert sich die Vorstellung von Zerstörung, Erhaltung und Schöpfung der Welt. In der indischen Volksfrömmigkeit setzte sich der Glaube an Trimurti aber nicht durch. So ist die Anbetung des Gottes Brahma heute nahezu erloschen. Vishnu und Shiva hingegen werden so stark verehrt, daß daraus fast eigene Glaubensrichtungen geworden sind, die Hauptkulte des Hinduismus.

63. Dem Sonnengott Surya zur Ehre begann man im 9. Jahrhundert mit dem Bau dieses Tempels in Konarak. Von Pferden gezogen und auf 24 Rädern ist der Tempel das riesige Abbild des kosmischen Wagens, in dem der Sonnengott über das Firmament fährt

64. Kultisch-erotische Darstellung am Vishwanath-Tempel in Khajuraho

Vishnu ist der große Erhalter der Welt, Shiva Schöpfer und Zerstörer zugleich. Mit einem Aufstampfen kann Shiva die Erde zerstören – er, der »Herr des Tanzes«, der im Feuerkreis den kosmischen Tanz zelebriert, der »Herr der Tiere«, der im Himalaya auf dem Berg Kailas sein Paradies hat (Abb. 122). Shiva gilt auch als der Ur-Asket. »Wer an mich, den Höchsten glaubt«, so heißt es in alten Schriften, »überwindet den Tod. Es gibt keinen anderen Weg zur Erlösung. Ich bin der Ursprung der Welt und ihre Auflösung. Ich bin das Leben in allen Wesen und die Askese in den Asketen. Ich bin die Unsterblichkeit und der Tod. Ich bin sowohl das Sein als auch das Nichtsein.«

Mit seiner Gattin Parvati reitet Shiva auf dem Stier Nandin durch die himmlischen und irdischen Gefilde. Diesem großen Gott bauten Menschen zu allen Zeiten Verehrungsstätten. Vor mehr als tausend Jahren wurde das Paradies Shivas in *Ellora,* nordöstlich von Bombay, in einem Felsen verewigt. Über 200 000 Tonnen Gestein mußten aus dem Berg herausgeschlagen werden, bis der Kailasanatha-Tempel – ähnlich einer Skulptur – aus einem Stück gehauen war; eine Wallfahrtsstätte für alle, die nicht nach Tibet zum Kailas pilgern konnten.

Täglich bringen die Gläubigen Shiva Opfer dar, und jeder seiner Tempel richtet ihm einmal jährlich ein großes Fest aus. Landesweit feiern die Inder – ebenfalls einmal pro Jahr – das große Fruchtbarkeitsfest *Maha Shivaratri,* die Nacht des Shiva, ein Fest, das daran erinnert, wie ein unwissender Jäger ganz ohne seine Absicht in einer einzigen Nacht durch Wachen und zufälliges Hören der Namen Shivas zum Heiligen wurde und Erlösung fand. Der Gott wird in dieser Nacht mit Hymnen besungen, und wer seine 108 Namen in konzentrierter Versunkenheit ausspricht, ist rein von allen Sünden. Er kommt ins Paradies und darf dort glücklich leben, befreit vom Kreislauf der Wiedergeburten.

Shiva als Schöpfer der Welt offenbart seine Zeugungskraft im *Lingam,* im Phallus-Symbol. Am Shivaratri-Fest fasten die Menschen tagsüber. Nachts dürfen sie nicht einschlafen und opfern dem Lingam alle drei Stunden – Milch, Rosenwasser, Honig und Blumen. Das Lingam, meist eine einfache Steinsäule oder ein aus beliebigem Material geformter Kegel, gehört untrennbar zur *Yoni,* der weiblichen Vulva, Quelle allen Werdens. Lingam und Yoni dürfen aber nicht als Sexsymbole verstanden werden, sie repräsentieren vielmehr die männlich-weibliche Urpolarität, die Polarität des Universums, das kosmische Mysterium (vgl. Abb. 64).

Wir haben uns aufgemacht zu diesem großen Fest Maha Shivaratri. Das Räucherstäbchen im Bus ist heruntergebrannt, die Koffer und Kisten sind verstaut, endlich verlassen wir New Delhi und rumpeln über die

Landstraße. Rumpeln ist noch milde ausgedrückt. Der Bus hat so gut wie keine Federung, die Straße aber viele Schlaglöcher, und der Fahrer scheint sie mit einer Rennpiste zu verwechseln. Unbeirrt rast er gen Norden. Keine Sekunde vergeht ohne Hupen. Das nervt.

Aber gute Nerven braucht man auf indischen Straßen. Der Verkehr ist das reinste Chaos. Die Autos sind klapprige Kisten, ihre Motoren schwach, das Benzin schlecht und der Gestank der Abgase gewaltig. Höchstens in Großstädten macht man den Versuch, sich an Verkehrsregeln zu halten, anderswo ignoriert man sie einfach, weil das die einzige Chance ist, überhaupt noch vorwärts zu kommen. Die Straßen sind schmal, die Ränder unbefestigt. So versucht jeder, in der Mitte zu bleiben; bei entgegenkommendem Verkehr gefriert einem das Blut. Erst Sekunden vor dem drohenden Aufprall weicht einer der beiden Fahrer aus. Wer die stärkeren Nerven hat, bleibt auf der Teerspur. Überholmanöver gleichen einem Himmelfahrtskommando. Ausgerechnet dann kommt garantiert ein Lastwagen entgegen, der natürlich auch gerade überholt wird. Vier Fahrzeuge rasen aufeinander zu. Als ob das nicht genug wäre, schiebt sich noch ein Ochsenkarren oder ein fröhlich grunzendes Schwein zusätzlich auf die Fahrbahn. Die Katastrophe scheint unausweichlich. Wie sich dann doch immer wieder eine Lücke auftut als Rettung im allerletzten Moment, das gehört zu den Wundern Indiens, zu den Geheimnissen indischer Fahrkunst. Ein unerfahrener Europäer würde keinen Kilometer am Steuer überstehen, aber die indischen Fahrer bleiben gelassen, unterhalten sich selbst in kritischsten Situationen seelenruhig mit dem Nebenmann. Sie leisten Schwerstarbeit und verdienen unsere Bewunderung.

Einmal ist während einer Dreizehnstunden-Tour die Wasserpumpe des Autos defekt. Den Wagen wechseln können wir nicht, eine Reparatur würde zu lange dauern, und wir müssen weiter. Also kauft unser erfindungsreicher Betreuer Nazir kurzentschlossen einen Eimer auf dem Markt. Und dann geht es los: Alle zwanzig Kilometer müssen wir anhalten, und der Beifahrer versucht, irgendwoher Wasser zu bekommen – aus Tempelseen, verschlammten Gräben und dünnsten Rinnsalen. Wenn er Glück hat, ist ein Dorf oder ein Brunnen in der Nähe. Bei einem Halt raubt er einfach einer Hausfrau das kostbare Naß, das sie mühsam in einer Schüssel unter einem nur spärlich tropfenden Wasserhahn gesammelt hat. Aber wir erreichen – nach nicht weniger als 68 Eimern Wasser – wohlbehalten unser Ziel.

Höchstens 40 Kilometer weit kommt man pro Stunde. Ein Tempo, bei dem sich wenigstens die Gegend betrachten läßt. Das lenkt ab, man stiert nicht dauernd auf entgegenkommende Vehikel.

Sattes Grün überall. Auf den Feldern wird geerntet: Zuckerrohr, Gemüse, Mais. Die Bauern versuchen mit großen Mühen, dem Boden so viel wie möglich abzuringen.

Inzwischen ist Indien zwar in der Lebensmittelversorgung weitgehend autark und hat auch in der Industrialisierung große Fortschritte gemacht. Aber höchstens acht Prozent der Bevölkerung – in diesem Fall hauptsächlich die städtische Mittelschicht – haben überhaupt Geld, um sich mehr als das zu kaufen, was zum Überleben unbedingt notwendig ist. So ist es zu einer eigenartigen Situation gekommen: Wachstum im industriellen Bereich und zunehmende Verelendung in Städten und ländlichen Bezirken laufen nebeneinander her. Über die Hälfte der Bevölkerung lebt unter der Armutsgrenze, und jährlich werden noch dreizehn Millionen Inder dazugeboren. Im Jahr 2000 wird Indien vermutlich die Milliardengrenze überschritten haben.

Das sind Gedanken, die einem unwillkürlich durch den Kopf gehen, sieht man die Menschenmassen in den Städten und Dörfern: Handwerker, Händler, »Rikscha«-Fahrer, Lastenträger, Frauen in bunten Saris und immer wieder Kinder, Kinder – Kinder mit großen fragenden Augen, die man nie vergißt.

Kreuzlahm und durchgeschüttelt kommen wir nach über fünf Stunden in Rishikesh an, der heiligen Stadt am Oberlauf des Ganges, der Stadt der Ashrams und Sadhus. Rishikesh erlangte in den sechziger Jahren eine zwar kurze, dafür aber schlagzeilenträchtige Berühmtheit. Hier lebten die Beatles vorübergehend bei ihrem Guru, Maharishi Yogi.

Rishikesh ist ein Eldorado für Vegetarier. In der ganzen Stadt gibt es kein Fleisch, auch in den Hotels nicht, und fast nirgendwo bekommt man Eier; denn die Hindus sehen auch im Ei ein Stück Leben, dessen Zerstörung sie ablehnen. Natürlich kann man hier auch keinen Alkohol kaufen. So hilft nur der mitgebrachte Whisky, um die Nacht zu überstehen. In unserem Hotel feiert eine Hochzeitsgesellschaft. Stundenlang werden Türen unter ohrenbetäubendem Kreischen zugeschlagen. Irgendwo hustet und röchelt jemand so erbärmlich, daß man das Schlimmste befürchten muß.

Schon sehr früh plärren die Lautsprecher am nächsten Morgen fromme Gesänge vom Fluß her. Maha Shivaratri, das Fest des Shiva, hat begonnen. Wir sehen uns zuerst in Rishikesh um und fahren dann hinunter ins heilige Hardwar, die Stadt, die man auch das »Tor zu Gott Shiva« nennt. Hier, wo der Ganges aus dem Himalaya kommt und sich durch eine Schlucht zwängt, um dann seinen langen Weg bis zum Golf von Bengalen anzutreten, ist das Wasser noch sauber und schimmert hellgrün.

65. Verbrennungsplatz in Varanasi (Benares). Nach dem Glauben der Hindus müssen sich alle Körper am Ende in ihre Elemente auflösen. Heute wird das Holz für die Totenverbrennungen allmählich knapp, und es werden immer mehr elektrische Verbrennungsstätten gebaut. Nur die Reichen können sich noch eine Holzverbrennung leisten

Nirgendwo in Indien lassen sich der Kreislauf des Lebens und das Streben nach Erlösung so nachvollziehen wie an diesem Fluß, der als heilige Göttin Ganga verehrt wird.

Der Legende nach ist er im Himmel entsprungen und aus Shivas Haaren auf die dürstende Erde geflossen, um Leben zu spenden und die Toten zu reinigen. Geographisch hat der Ganges seinen Ursprung in den Ausläufern des Himalaya. Gleich nach der Vereinigung seiner beiden Quellflüsse bei Devaprayag wird er zur Hauptschlagader für die frommen Hindus. Der Ganges umschließt Leben und Tod.

Flußabwärts – ungefähr 1000 Kilometer von Rishikesh und Hardwar entfernt – liegt Varanasi, in Europa besser unter der englischen Verballhornung Benares bekannt und wohl der berühmteste unter den vielen heiligen Orten längs des Gangesufers (Abb. 45). Jeder Hindu soll in diese Stadt pilgern, Brahmanen müssen sogar einmal im Leben hier dem Fluß ein Opfer dargebracht haben (Abb. 52). Viele Inder kommen sogar zum Sterben nach Varanasi. Auf einer der Stufen hinunter zum Fluß krümmt sich ein graues Bündel. Ein Toter? Passanten kommen und schlagen die Lumpen zurück, der Mann lebt noch. Man will ihm Wasser geben, aber er winkt müde ab. So deckt man ihn wieder zu. Am nächsten Morgen sehen wir ihn neben einem der Scheiterhaufen liegen. Er ist während der Nacht gestorben. Sein Körper wird noch einmal in den heiligen Fluß getaucht, dann verbrannt und die Asche in den Ganges gestreut. Das Wasser und die Flammen reinigen die Toten von aller fleischlichen Unvollkommenheit (Abb. 65). Alle Körper müssen sich am Ende in ihre Elemente auflösen, so glauben die Hindus. Nur Schwangere, kleine Kinder und Heilige werden nicht verbrannt; sie gelten als rein, ihre Körper übergibt man so dem Ganges. Varanasi ist eine Stadt, in der die Feuer nie ausgehen. Das Holz für einen Scheiterhaufen kostet 500 Rupien, das sind ungefähr 70 Mark. Wenn die Familie eines Verstorbenen nicht soviel Geld aufbringen kann, kauft man eben nur wenige Stämme. Der Tote wird dann nur halb verbrannt. Sobald die Hirnschale im prasselnden Feuer gesprungen ist, entweicht die Seele; der Rest ist nur noch Materie und kommt halb verkohlt in den Fluß. Neuerdings werden überall elektrische Verbrennungsstätten gebaut. Das Holz werde knapp, heißt es; außerdem könne so auch jeder restlos verbrannt werden. Bis es soweit ist, setzt man in Varanasi Wasserschildkröten ein. Sie sollen die im Fluß treibenden Leichenreste fressen. Am meisten ist der Ganges aber durch den Schmutz der Industrie, Krankenhäuser und Städte belastet, die ihre ungereinigten Abwässer in den Fluß einleiten. Dennoch gilt das Gangeswasser unverändert als rein. Die Menschen baden im Fluß, sie putzen ihre Zähne darin, ja sie trinken das Wasser sogar, weil es heilig ist.

Auch in Hardwar, am Oberlauf, nehmen am Tag des Shiva-Festes viele Pilger ein Bad im Fluß, das von allen Sünden reinigen soll – kleine Schritte zur Erlösung für alle, die nicht das Leben eines Heiligen führen. Kranken, die nicht mehr selbst kommen können, wird das Wasser gebracht. Man füllt es in kleine Fläschchen, die sorgsam in geschmückten Körben verstaut und in farbenprächtigen Prozessionen in die entlegensten Dörfer getragen werden.

Unter der Brücke stehen ganze Familien Schlange. Sie lassen sich die Köpfe scheren als äußeres Zeichen eines Gelübdes oder der Trauer. Nur am Hinterkopf bleibt eine dünne Strähne stehen. Oder sie lassen sich registrieren, in eine Art Standesamtsregister eintragen. Familienname, Kaste, Dorf, Staat – gewissenhaft notieren die Priester mit spitzem Federkiel und klecksender Tinte die Daten in Sanskrit auf langen Papierstreifen. So kann man noch nach hundert Jahren ganze Sippen nachweisen. Viele müssen schon hiergewesen sein, die zusammengerollten Papierbündel stapeln sich nämlich im Magazin bis unter die Decke und geben so beredtes Zeugnis ab von einer alten Tradition.

Feiertag, ein Tag der Bettler; in Scharen strömen sie herbei. Almosengeben gehört zu den vornehmsten religiösen Pflichten eines Hindu. Und wer will sich nicht ein besonderes Verdienst bei seinem Gott erwerben! Ein gutes Geschäft für die Geldwechsler. Riesenmengen kleinster Münzen haben sie auf ihren Tischen gehortet. Das Kleingeld findet reißenden Absatz; möglichst viele Bettler sollen an einem solchen Tag beschenkt werden. Irgendwer hat Gutscheine für eine warme Mahlzeit an die Armen verteilt. Dankbar essen die Glücklichen, die Tabletts werden einfach auf dem Boden abgestellt.

Sofort kommen die Kühe und machen sich selbst über das kleinste Restchen her. Sie sind die Müllabfuhr auf Beinen, fressen alles: Abfälle, Schalen, sogar Zeitungspapier. Diese Kühe sind aber keineswegs herrenlos. Nur tagsüber laufen sie frei herum, abends trotten sie friedlich nach Hause zu ihren Besitzern. Kühe sieht man überall – in den engen Gassen der Altstadt, mitten auf den Straßenkreuzungen, auf den Stufen zum Ganges. Irgendwo sieht man sich immer einer feuchten Schnauze oder einem großen braunen Auge gegenüber. Sind es heilige Kühe? Davon hört man ständig, doch die Wirklichkeit sieht etwas anders aus. Es stimmt zwar, daß sie nicht geschlachtet werden, aber als Arbeitstiere quält man sie fast, vor allem die Ochsen. Wie oft sind die Tiere vor völlig überladene Karren gespannt und so eng unters Joch gezwängt, daß sie beinahe zusammenbrechen.

Das Shiva-Fest ist in vollem Gang. Umzüge mit Götterfiguren und Dämonen, fliegende Händler, wahre Ströme von Pilgern, Sadhus, die die Symbole des Gottes, den Dreizack, die Schlange oder das Muschelhorn, bei sich tragen – wir sehen alles, nur nicht das, was wir wirklich suchen: einen der großen Eremiten, einen mit übernatürlichen Kräften. Sie sollen zu Shivaratri manchmal aus ihrer Waldeinsamkeit kommen und nicht nur bei der großen Kumbh Mela, der Massenwallfahrt, die alle zwölf Jahre stattfindet, zu sehen sein.

66. Das wohl größte Relief der Welt in Mahabalipuram (14 Meter hoch, 32 Meter lang). Es heißt »Arjunas Buße«

Wir haben kein Glück. Immerhin treffen wir aber einen Asketen, der ein Stehgelübde abgelegt hat. Meditierend steht er auf einem Bein direkt am Ganges, sein Körper ist mit weißer Asche bemalt; er scheint völlig in sich versunken zu sein. Wie lange er sein Gelübde einhalten will, können wir nicht erfahren, der Mann spricht nicht. Stehgelübde gehören zu den ältesten Bußübungen. Schon vor mehr als 1200 Jahren wurde auf dem größten Relief der Welt in Mahabalipuram ein solcher Steher dargestellt. Er huldigt seinem Gott Shiva.

Wir haben auf unserer Reise später noch einmal Gelegenheit gehabt, zwei »Steher« zu interviewen. Der eine hat sich seit vier Jahren nicht mehr hingelegt; nachts schläft er vornübergebeugt auf einer Schaukel.

Der andere will sogar seit dreizehn Jahren stehen. Dicke, geschwollene Beine und lange Hautrisse zeugen von der ungeheuren Qual dieser Askese (Abb. 58).

So geht das Shivaratri-Fest zu Ende, ohne daß wir Außergewöhnliches vor die Kamera bekommen hätten. Am nächsten Tag sind wir zum Essen eingeladen – bei einem Ex-Asketen. Er lebt in einer blitzsauberen Wohnung direkt am Ganges in Rishikesh. Seine Bleibe nennt er natürlich Ashram. Swami Ram Kripalu hat eine kleine Anhängerschaft, die ihn auch mit den praktischen Dingen des Lebens versorgt und – die ihm die Haare wäscht. Das kann er nämlich nicht allein. Swamis Haare gehen bis zum Boden; seit über zwanzig Jahren hat er sie nicht mehr geschnitten.

Swami Ram Kripalu stammt aus einer sehr wohlhabenden Familie. Er studierte an der Universität von Varanasi, gab aber eines Tages sein bürgerliches Leben auf, weil er Gott suchen wollte. Mit seinem Guru ging er in den Himalaya und lebte dort für zehn Jahre nackt im Eis bei Temperaturen bis zu 40 Grad minus. Damals gelobte er, sich nie wieder die Haare schneiden zu lassen. Die Mutter des Swamis war Ministerin im indischen Bundesstaat Orissa, hat aber unter dem Einfluß ihres Sohnes ihr Amt aufgegeben.

Unglaublich schön sieht er aus mit seinem leuchtendgelben Gewand und den schwarzen, gedrehten Zöpfen, die mit einem Baumharz eingerieben sind, damit sie nicht abbrechen. Sie reichen wirklich bis zum Boden. Unter seine einfachen Holzsandalen hat er sich vorne und hinten schon kleine Klötzchen geklebt. Jedes Jahr muß er diese Absätze höher machen, damit er sich nicht auf die Haare tritt.

Swami Kripalu erteilt uns eine Lektion, über die wir noch lange nachdenken werden:

»Natürlich kenne ich Heilige mit übernatürlichen Kräften«, sagt er, »aber ich würde euch niemals zu ihnen bringen. Diese Männer leben im Wald, können ihren Herzschlag kontrollieren, lassen sich bisweilen für einige Zeit lebendig begraben oder heben sogar ihren Körper vom Boden hoch. Aber sie wollen völlig ungestört sein. Und sie würden ihre Fähigkeiten auch nicht so einfach einem anderen Menschen zeigen, schon gar nicht einem Europäer und erst recht nicht vor einer Filmkamera. Denn das würde ihr Prinzip durchbrechen. Sie praktizieren Yoga und Meditation ausschließlich für sich und ihre eigene Erlösung. Darin sehen sie ihr Glück. Jeder Mensch sucht sein Glück, auch ihr. Ihr denkt jetzt, dieser Film macht euch glücklich, und versucht, um jeden Preis solche Männer zu finden. Es wird vergeblich sein. Legt alles hin, fangt an zu meditieren, dann werdet ihr eines Tages selbst Yogins sein.«

SATHYA SAI BABA – MAGNET FÜR MILLIONEN. Kleine nackte Füße und der Saum eines orangefarbenen Gewandes sind das erste, was wir von ihm sehen. Dann erscheint langsam seine ganze, fast zerbrechlich wirkende Gestalt unter dem Torbogen. Leicht nach vorn gebeugt, schreitet er; so, als sei der große Kopf mit dem unverkennbaren Afro-Look und den fast negroiden Gesichtszügen zu schwer für den schmalen Körper.

Schlagartig verstummt das aufgeregte Flüstern seiner Anhänger. Es herrscht erwartungsvolle Stille. Pünktlich um neun Uhr betritt er an jenem Morgen den Hof seines Ashrams »Brindavan Kadugodi« in Whitefield bei Bangalore: Sathya Sai Baba, der wohl populärste Heilige des heutigen Indiens (Abb. 67).

Viel ist über jenen Mann geschrieben worden, und viele haben versucht, hinter sein Geheimnis zu kommen. Sai Babas übernatürliche Kräfte – sie sind bereits Legende. Er kann materialisieren; das heißt, mit einer Bewegung seiner Hand Dinge aus dem »Nichts« erschaffen: Früchte, Süßigkeiten, Schmuckstücke, Uhren und immer wieder *Vibhuti,* heilige Asche. Er soll heilen, ja sogar Tote auferwecken können. Er besitzt die Fähigkeit der Bilokation, das heißt, sich gleichzeitig an zwei verschiedenen, weit auseinanderliegenden Orten aufzuhalten, die Fähigkeit der Translokation, das heißt, vorübergehend seinen Körper zu verlassen und anderswo aufzutauchen. Er kann hellsehen, ohne Instrumente operieren und Wasser in Benzin verwandeln – der Katalog seiner Wunder ist lang.

Immer wieder haben Wissenschaftler und auch Journalisten versucht, diesen Mann zu testen, Erklärungen zu finden, die vermeintlichen Wunder durchsichtig zu machen. Bislang hat es Sai Baba strikt abgelehnt, seine Fähigkeiten unter Laborbedingungen wissenschaftlich überprüfen zu lassen. Der isländische Psychologe Professor Erlendur Haraldsson hat in jahrelangen Recherchen zahlreiche Augenzeugen in Indien aufgetan, die alle paranormalen Phänomene um Sai Baba beschreiben und mehrfach bestätigen. Er führte einige ausführliche Interviews mit dem Heiligen, auf deren Inhalte wir uns hier teilweise beziehen.

Mit dem objektiven Auge einer Filmkamera kann sich Sai Baba ebenso schwer anfreunden wie mit wissenschaftlichen Experimenten. Uns jedenfalls ist es nicht gelungen, ihn zu einem Interview und einer Demonstration seiner Kräfte zu bewegen. Er sei kein Zirkuspferd, läßt er uns ausrichten, er müsse seine Kräfte vielmehr ausschließlich zum Wohlergehen und Schutz seiner Jünger einsetzen. Für uns das Ende einer Hoffnung. Aber es klingt überzeugend, auch wenn es unsere Absichten durchkreuzt. Keine »Sondervorstellung«, aber immerhin erlaubt er uns, während der täglichen Audienzen im Hof ungehindert zu filmen.

67. Sathya Sai Baba schreitet durch die Reihen der wartenden Anhänger. Er nimmt Dankschreiben, Bittbriefe und Geschenke entgegen

Drei Tage lang passiert nichts Aufregendes. Jeden Morgen erscheint Sai Baba pünktlich zur Audienz. Schon am Tor zum Hof erwarten ihn seine Helfer in blauweißen Uniformen. Sie werfen sich vor ihm nieder und küssen seine Füße. In Indien ist das eine traditionelle Sitte, einem spirituellen Meister Achtung und Hingabe auszudrücken. Sai Baba spricht zuerst mit einer kleinen Gruppe, die man aus der wartenden Menge heraus direkt vor das Tor gelassen hat. Dann schreitet er langsam in den etwas tiefer liegenden Hof herab auf seine Anhänger zu; sie sitzen – streng nach Männern und Frauen getrennt – unter einem Dach auf dem Boden, die meisten in Verzückung und Anbetung erstarrt. Meist rafft Sai Baba beim Gehen mit einer Hand seine schmale, fast elegante Seidenrobe etwas hoch; mit der anderen Hand wischt er sich oft über die Mundwinkel oder spreizt die Finger und dreht dann die Hand – so, als wolle er die Luft wiegen. Eine typische Geste.

Morgenaudienzen bei Sai Baba – ein Kaiser hält hof in perfekt inszenierter Bühnenshow. Man hat Zeit, diesen Mann auf sich wirken zu lassen, der für so viele Menschen zum alleinigen Heilsbringer, zum Avatar – zum lebenden Gott auf Erden – geworden ist. Seine Erscheinung paßt eigentlich nicht so recht zur Vorstellung, die man sich gemeinhin von einem Heiligen macht. Zugegeben, Sai Baba hat eine große Ausstrahlung, aber keine asketische. Im Gegenteil, er macht auf uns den Eindruck eines Menschen, der das Leben durchaus zu genießen weiß. Viele, die näher mit ihm in Berührung kamen, schildern ihn als lustig, ja sogar schalkhaft. Paßt das zu einem gottgleichen Wesen? Wer ist Sai Baba?

Geboren wurde er am 23. November 1926 in dem kleinen südindischen Dorf Puttaparti als Sohn eines armen Bauern aus einer niederen Kaste. Er wuchs als ganz normales Kind auf, besuchte die Grundschule und später die höhere Schule. Knapp dreizehneinhalb Jahre war der Junge alt, so erzählt man, als ihn am 8. März 1940 ein großer schwarzer Skorpion in den rechten Zeh stach. Der Körper des Jungen wurde ganz steif, er fiel ins Koma. Einige Tage später schien er zwar wieder völlig genesen zu sein, benahm sich von da an aber äußerst merkwürdig. Er fiel öfter in Trance und rezitierte alte philosophische Schriften, die er im Grunde gar nicht kennen konnte. »Ein Anfallsleiden, eine Art Hysterie, die mit dem Skorpionstich nichts zu tun hat«, stellte der Arzt fest.

Kurze Zeit später verließ er die Schule für immer – trotz Prügel und massiver Drohungen seines Vaters. Am 23. Mai 1940 rief der Junge seine Familie in Puttaparti zusammen und verschenkte Süßigkeiten und Blumen, die er aus dem »Nichts« produzierte. Und er verkündete allen Angehörigen, er sei der wiedergeborene Sai Baba von Shirdi.

Von diesem Mann hatte man aber damals in Südindien noch nie gehört. Sai Baba von Shirdi war in der zweiten Hälfte des neunzehnten Jahrhunderts als Fakir und Wunderheiler in der Gegend von Bombay bekannt geworden. Dort lebte er in dem kleinen Dorf Shirdi. Er stammte aus einer Brahmanenfamilie. Wie er wirklich hieß, weiß man nicht. Die Leute nannten ihn einfach Sai Baba. »Sai« ist das mohammedanische Wort für Heiliger, »Baba« die liebevolle und ehrerbietige Bezeichnung der Hindus für Vater.

Von dem Fakir aus Shirdi sind viele Wundergeschichten überliefert. Er lehrte Moslems und Hindus gleichermaßen. Sai Baba hatte immer ein Feuer in seiner Nähe brennen, um ständig heilige Asche griffbereit zu haben, mit der er manchmal auch heilte. Seine Verehrerschar wuchs von Jahr zu Jahr. Heute ist das Bild des alten Mannes mit dem Turban auf dem Kopf allgegenwärtig in Indien: in Büros, auf dem Armaturenbrett fast jeden Taxis und selbst noch im kleinsten Laden in der abgelegensten Ecke des Landes. 1918 starb der Heilige, sagte aber zuvor seine Wiedergeburt innerhalb von acht Jahren voraus. In der Tat: Sai Baba von Puttaparti wurde 1926 – nach genau acht Jahren – geboren.

Auch er sammelte im Lauf der Jahre immer mehr Anhänger um sich: nicht nur Inder aus unteren Kasten, Arme und Elende, auch Professoren, Politiker und hochdekorierte Generäle, Europäer, Amerikaner – Menschen aus der ganzen Welt. Sai Baba ist heute Magnet für Millionen. Er unterhält Schulen und Universitäten, deren Absolventen im indischen Management hochbegehrt sind; haben sie doch neben ihrer Fachausbildung eine Erziehung zum »Miteinander« und nicht zum »Gegeneinander« genossen. Der indische Staat hat sogar inzwischen zu großen Teilen das Erziehungsprogramm von Sai Baba übernommen. Der arme Junge vom Land hat sich zu einer der größten Persönlichkeiten seines Landes entwikkelt. Daß er selbst aus einer niederen Kaste stammt, mit dieser Tatsache hatte er jahrelang zu kämpfen. Religiöse Führer werden im Hinduismus gewöhnlich nur akzeptiert, wenn sie der hochgebildeten Brahmanenkaste angehören.

»Liebe ist mein Instrument und meine Ware«, sagt Sai Baba. Er predigt die Einheit der Religionen, die Aufhebung der Kasten, die Gleichheit der Menschen. »Mein Leben ist meine Botschaft«, so hat er sein Wirken beschrieben. »Es gibt nur eine Kaste: die Kaste der Menschheit; es gibt nur eine Sprache: die Sprache des Herzens; es gibt nur eine Religion: die Religion der Liebe; es gibt nur einen Gott, und dieser ist allgegenwärtig.«

Eine Lehre der Toleranz. Mehrere junge Deutsche, die wir getroffen haben, versicherten uns, daß sie erst durch Sai Baba zum wahren Christentum gefunden hätten.

Die Lehre der Liebe zu beherzigen, daran tragen viele seiner Anhänger aber noch schwer. Vor den Audienzen herrscht ein »gnadenloser Kampf« bei den Damen, die im Hof auf das Erscheinen des Meisters warten. Dicht an dicht sitzen sie auf dem Boden, jede rückt möglichst nahe dorthin, wo er gewöhnlich vorbeigeht. Aber wehe, man berührt dabei aus Versehen die Nachbarin! Dann werden sie giftig, die amerikanischen Ladies! In langen Gewändern »auf Büßerinnen getrimmt«, aber den Einkaräter noch im Ohr! Wütend blitzen die Augen unter Dior-Lidschatten, wenn jemand vergessen haben sollte, auch noch den obersten Knopf der schon hochgeschlossenen Bluse zu schließen, denn Sai Baba könnte ja schockiert sein!

Als ich eines Abends mit nur wadenlangen Hosen im Ashram erscheine – wir waren nur zufällig vorbeigekommen, sonst wäre ich selbstverständlich passend gekleidet gewesen –, hätten sie mich am liebsten gesteinigt. Nur die Barmherzigkeit einer Inderin, die mir ein Stück ihres Saris zum Bedecken der Unterschenkel reicht, verhindert Schlimmeres. Gelebte Liebe! »Wenn Sai Baba wüßte, was hier manchmal vor sich geht, er würde sie alle hinauswerfen«, sagt sie entschuldigend.

Überhaupt führen sich einige der europäischen oder amerikanischen Anhänger Sai Babas sehr merkwürdig auf. Völlig verzückt, manche sogar mit geschorenen Köpfen, beten sie stundenlang sein Bild an. Wenn Lieder gesungen werden, sind sie es, die mit überkippenden Stimmen kreischen, ja fast hysterisch weinen. Nicht alle wohlgemerkt, aber uns sind da einige besondere Exemplare aufgefallen. Wie angenehm dagegen doch die stille, aber sicher genauso intensive Verehrung der Einheimischen!

Drei Tage lang sammelt Sai Baba während der Audienzen nur Briefe ein. Manchmal bleibt er stehen, spricht kurz mit dem einen oder anderen. Manchmal nimmt er auch kleine Päckchen an, viele weist er aber zurück. Seine Helfer stopfen die Papierstapel eifrig in mitgebrachte Tüten.

Wie man hört, liest Sai Baba alle Briefe selbst. Auch unseren Brief mit der Bitte um ein Interview hat er eines Morgens genommen. Alle Versuche, über einen seiner Mitarbeiter einen Termin mit ihm zu vereinbaren, waren gescheitert. »Sai Baba ist ein Gott. Man kann nicht einfach so Verabredungen mit ihm treffen. Ob er Sie empfangen will, hängt allein von seinem Willen ab«, bekamen wir zu hören.

Er wollte offenbar nicht. Aber am Morgen des vierten Tages bleibt er bei seinem Gang durch die Reihen immerhin ganz dicht vor unserer Kamera stehen. Er gibt uns zwar auch hier kein Interview, aber er tut etwas, was wir im Traum schon nicht mehr zu hoffen gewagt hatten: ein leichtes Rühren mit der Hand im Nichts, eine Drehbewegung, dann streut er weiße *Vibhuti,* heilige Asche, über dem Kopf eines Kindes aus. Das alles dauert nur Sekunden. Ein Helfer reicht Sai Baba sofort das Taschentuch, er wischt sich die Hände wieder sauber.

Ein Raunen geht durch die Menge. Die Familie des Kindes bricht in Tränen aus – vor Freude darüber, daß der Heilige ausgerechnet ihr Kind mit dieser Geste gesegnet hat. »Ich werde die Haare meines Sohnes vier Wochen nicht mehr waschen«, gelobt die Mutter. Wir haben ein Krümelchen dieser Asche aufheben und mit nach Hause nehmen können. Woraus besteht sie? Wie kann Sai Baba sie aus seiner vorher stets leeren Hand rieseln lassen? Wo könnte er sie versteckt haben?

Nur die Frage nach der Beschaffenheit der Asche können wir mit einer Erklärung von Professor Haraldsson beantworten: »*Vibhuti* ist der feinste Teil der Asche, der übrigbleibt, wenn man Kuhmist vollständig verbrennt. Seine Verwendung ist in Indien uralte Tradition.« Sogar Marco Polo, der im Jahr 1300 Südindien bereiste, schrieb schon darüber in seinem Reisebericht: »Sie verbrennen Kuhmist und machen ein Pulver daraus. Daraus stellen sie eine Salbe her, mit der sie sich einreiben. Dies tun sie mit großer Hingabe, so wie Christen es mit dem Weihwasser tun.«

Vibhuti ist auch heute noch sehr gebräuchlich in Indien. In großen Tempeln kann man das Pulver kaufen. Viele heilige Männer malen sich damit die Zeichen ihres Gottes auf den Körper.

Wie Sai Baba diese Asche materialisiert – dieses Geheimnis bleibt uns allerdings verborgen. »Ich denke einfach nur an die Dinge, plötzlich sind sie da«, sagt er. Manchmal läßt er das Pulver sogar in großen Mengen aus einem Gefäß rieseln. Ein wahrer Vibhutiregen! Dazu hält er einen Krug, der höchstens zehn Liter faßt, über die goldene Figur seines Vorgängers, des Sai Baba von Shirdi.

Abwechselnd mit der rechten, dann mit der linken Hand greift er immer wieder in den umgedrehten Krug. Unter seinen Handbewegungen ergießt sich ein Ascheregen über die Figur. Das Ganze dauert Minuten. Jedesmal, wenn Sai Baba die Hand wechselt, stoppt der Fluß für Sekunden. Erst dann, wenn er wieder zu »rühren« beginnt, rieselt auch die Asche wieder. Es kommt eine sehr große Menge Vibhuti aus diesem Krug, ein Vielfaches dessen, was nach den Naturgesetzen in einem solchen Gefäß Platz hat.

»Aschewunder« soll es sogar geben, wenn er nicht persönlich anwesend ist. So in einem kleinen Ort zwischen Bangalore und Mysore, wo einmal nach seiner Weissagung sein Nachfolger, der dritte Sai Baba, geboren werden soll – nach dem Jahr 2020, denn so lange, sagt der Heilige über sich selbst, wird er noch leben.

In diesem Dorf gibt es eine Verehrungsstätte, einen kleinen Raum, die Wände vom Boden bis zur Decke voller Bilder des Heiligen: Sai Baba auf dem Tigerfell, Sai Baba auf einem Thron, Sai Baba in Prunkkarossen, Sai Baba auf einem Elefanten – ein Personenkult, der seinesgleichen sucht.

In der Mitte der Stirnwand hängt ein Jugendporträt Sai Babas, verglast und gerahmt. Hinter – und erstaunlicherweise auch auf dem Glas liegt fingerdick Vibhuti. Angeblich soll das Bild von selbst immer wieder neue Asche produzieren. Ab und zu fällt ein wenig herunter. Die Asche wird sorgfältig verpackt und an Besucher verschenkt. Sie ist im Gegensatz zu der von Sai Baba materialisierten nicht weiß, sondern grau. Wie aber bleibt die Asche auf dem Bild haften? Und woher kommt sie? Wir können jedenfalls mit dem bloßen Auge nicht sehen, wie sich neue Vibhuti bildet.

Wir haben die graue und die weiße Asche später in Deutschland im Institut für anorganische Chemie der Universität München von Dr. Jürgen Evers untersuchen lassen.

Evers fand heraus, daß das Pulver zum größten Teil aus kristalliner Kieselsäure besteht. Bergkristall zum Beispiel ist kristalline Kieselsäure in sehr reiner Form. Die Bestätigung brachte ein Vergleichstest des mitgebrachten Materials mit heimischer Kieselsäure. Die mittels eines Röntgen-Difraktogramms erstellten Kurven der Asche und der Kieselsäure waren deckungsgleich.

Kieselsäure kommt im menschlichen Körper nur in ganz geringen Mengen vor, ist aber Hauptbestandteil der unbelebten Natur und zusammen mit Sauerstoff das häufigste Element auf unserer Erde. Im Kuhmist ist laut Evers noch weniger Kieselsäure zu finden, eigentlich nur Spuren – es sei denn, die Kühe fressen ausschließlich Papier.

Das heißt, das von Sai Baba materialisierte Pulver besteht offenbar doch nicht aus den Rückständen von verbranntem Kuhmist. Es existiert aber auch im menschlichen Körper so gut wie nicht. Wir wissen also auch nach der chemischen Analyse nicht, woher die Asche nun tatsächlich kommt. An einen Zaubertrick der üblichen oder selbst der verfeinerten Art zu glauben, fällt schwer. Denn das hätte die Kamera, die mehr sieht als das menschliche Auge, sicherlich eingefangen. Wir haben die Materialisation in Zeitlupe gefilmt und hinterher jedes einzelne Bild am Schneidetisch separat betrachtet. Man erkennt lediglich von einem zum anderen Filmfeld einen weißen Fleck, und es sieht so aus, als trete die Asche aus Sai Babas Hand heraus.

Außerdem sind wir, wie schon erwähnt, nicht die ersten gewesen, die versucht haben, dieses Rätsel zu lösen. Aber noch niemals konnte jemand – trotz intensiver Bemühungen – hinter diesem Asche-Phänomen betrügerische Machenschaften oder faule Tricks entdecken.

Zugegeben, wir sind keine Anhänger Sai Babas. Wir glauben auch nicht, daß er ein Avatar, eine Verkörperung des Göttlichen in menschlicher Gestalt, ist. Aber wir müssen zugeben, daß dieser Mann uns sehr beeindruckt, ja, daß er uns fasziniert hat. Irgendwie läßt uns sein Geheimnis nicht los. Und weil wir nicht erklären können, was wir gesehen haben, soll am Ende dieses Kapitels ein Zitat des Meisters über sich selbst stehen:

»Die sogenannten Wunder sind selbstverständlich für meinen Zustand. Meine Kräfte sind einfach der Ausdruck oder die Versicherung der Realität der Göttlichkeit, welche mich vereint mit allem, überall, zu allen Zeiten und an allen Orten. Die Wunder gehören zu der grenzenlosen Kraft Gottes. Meine Kräfte, die Menschen schützen, heilen und retten und die Gegenstände materialisieren, haben ihren Ursprung in Gott und können nur von einem Avatar benutzt werden. Sie sind in keiner Weise ersonnen, beherrscht oder entwickelt, sondern fließen von der kosmischen Kraft selbst . . . Mein eigener Wille materialisiert die Gegenstände. Ich bin Alles, Überall, Allwissend und Allgegenwärtig; deshalb geschieht, was immer ich will, unverzüglich.«

68. Drehpause in der Wüste Thar in Rajasthan in Nordwest-Indien

DER »LEUCHTENDE RING« ALLAHS. Wabernd liegt die Hitze über dem Land. Die ausgetrocknete Erde glüht wie ein Backofen, obwohl doch eigentlich erst Frühling ist. Aber hier hat es seit fünf Jahren nicht mehr geregnet. Wir warten. Vorsichtshalber sind wir schon eine Stunde vor der verabredeten Zeit am Treffpunkt, einer kleinen Anhöhe unweit der Stadt. Nur ein paar verkrüppelte Bäume breiten ihre dünnen Ärmchen über uns aus. Kühlung schenken sie nicht.

Dann kommen sie endlich. Monatelang hatten die Verhandlungen über diesen Drehtermin gedauert. Wir hatten die Hoffnung fast aufgegeben, als wir endlich doch noch die ersehnte Nachricht erhielten: Die *Rifa'is* wollen uns treffen – an einem ganz bestimmten Tag, den ihr Meister ausgewählt hat, zwei Stunden vor Sonnenuntergang.

Die Rifa'is sind Mohammedaner. Mitglieder eines religiösen Ordens. Schon im frühen dreizehnten Jahrhundert brach eine erste islamische Eroberungswelle über Indien herein, aber erst 300 Jahre später entstand das *Mogul-Reich*. In seiner wechselvollen Geschichte versuchten manche dieser neuen Herrscher Indiens, einen radikalen islamischen Staat zu errichten, andere tolerierten, ja sie förderten sogar den gegenseitigen

Austausch hinduistischer und islamischer Elemente in Kunst und Religion. Die Mohammedaner brachten auch den *Sufismus* ins Land, eine mystische Frömmigkeitsbewegung, die sich schon sehr früh neben der orthodoxen islamischen Lehre entwickelt hatte.

Der *Sufi* begibt sich auf den Weg, alles zu überwinden, was ihn von Allah trennt. Durch absolutes Gottvertrauen und verschiedene Formen der Askese besiegt er seine Selbstsucht und erreicht im Augenblick der Ekstase sein Ziel: die mystische Vereinigung mit Gott. Herausragende Sufi-Meister wurden als Heilige verehrt. Aus den Schülerkreisen dieser Meister bildeten sich dann ordensartige Vereinigungen, die späteren Derwisch-Orden, die man zum Beispiel auch aus der Türkei und dem Irak kennt. Eine der vielen Gruppierungen sind die Rifa'is. Auch sie wollen – wie die Sufis – durch geistige Versenkung und asketische Übungen ihren Gott finden.

»Derwisch«, ein persisches Wort, ist in seiner Bedeutung identisch mit dem arabischen »Fakir« – der Bettler, der Arme. »Sufi« heißt »wollig«, »mit grober Wolle bekleidet«. Also alles Begriffe, die die absolute »Armut« des Menschen gegenüber dem »reichen« Gott ausdrücken sollen. Der indische Sufismus wurde stark vom Irak beeinflußt, wo verfeinerte Techniken der Innenschau entstanden – vergleichbar mit der hinduistischen Meditationslehre über die Beherrschung von Körper und Geist. Auch unsere Rifa'i-Gruppe führt ihren Ursprung auf einen irakischen Meister des frühen zwölften Jahrhunderts zurück.

Zwanzig Männer sind es, bunt gewandet, mit Turbanen und Krummdolchen, Männer, die ihre asketischen Übungen sonst nur an religiösen Festtagen während einer Prozession praktizieren. Von dieser strengen Regel eine Ausnahme zu erwirken, hatte die Verhandlungen so schwierig und langwierig gemacht.

Auf einer Decke breiten sie ihre Instrumente aus. Oder soll man Handwerskzeug sagen? Viele unterschiedlich lange Spieße, ein Messer und heiliges Wasser in kleinen Messingkrügen. Jedes einzelne Stück wird vom Ordensmeister gesegnet. Dann beginnen sie zu singen, zu trommeln und sich in Trance zu tanzen, jenen Zustand, der Menschen gegen Schmerzen unempfindlich macht.

Was passiert während der Trance im Körper? Um diese komplizierten Vorgänge zu verstehen, muß man etwas weiter ausholen. Wir beziehen uns dabei auf eine vor kürzerem erschienene Arbeit der amerikanischen Anthropologin Felicitas Goodman.

Trance oder Ekstase wird durch rituelle Handlungen hervorgerufen. Tätigkeit und Funktion des Nervensystems werden dabei nicht – wie beim

Meditieren oder in Hypnose – verlangsamt, sondern beschleunigt: durch monotones Klatschen, Singen, Tanzen und Trommeln. Dieses rituelle Hervorrufen der Ekstase schließt nicht nur das Großhirn, sondern den gesamten Körper ein. Im Normalzustand dringen Wahrnehmungsreize in unser Gehirn, im Zustand der Trance werden sie kaum mehr registriert, auch stärkste Schmerzen nicht.

Hilfreich ist es, vor einer Trance zu fasten. Das senkt den Blutzuckerspiegel. Dadurch kommt es zu einem schnellen Hin- und Herschwingen zwischen Leistungssteigerung und Leistungsabfall. Die Leistungssteigerung ergibt sich aus einem Ansteigen der Muskelspannung und einer Reizung der Großhirnrinde. Der Leistungsabfall hängt mit der Entspannung von Skelettmuskeln und einem Herabsetzen der Gehirnreize zusammen. Das geschieht – wie gesagt – in sehr schnellem Wechsel. Im Normalfall arbeiten diese beiden Systeme zusammen und halten so eine Balance zwischen Spannung und Entspannung, das heißt zwischen Erregung und Hemmung.

Während der Trance »wollen« die beiden Systeme offenbar nicht mehr zusammenarbeiten. Beide reagieren gleichzeitig, und zwar äußerst extrem. Es kommt zu einem heftigen Abwechseln, zu einer Neueinstellung des »Gerätes« Mensch, wie Anthropologen sagen. Es ist, als versuche man, im Radio einen Sender klar einzustellen: man dreht am Abstimmungsknopf, »schießt« nach oben und unten über den Empfangsbereich hinaus, bis die optimale Stelle gefunden wird.

Die religiöse Trance hat somit auch therapeutische Wirkung, denn der heftige Abstimmungseffekt zwischen den beiden Systemen wird als Abbau von Spannung erlebt, vor allem in der dem ekstatischen Zustand folgenden Phase der Erschöpfung.

Offenbar wird dieser therapeutische Effekt sogar noch chemisch unterstützt. Als »Antwort« auf die Tranceerfahrung setzt das Gehirn sogenannte *Endorphine* frei. Das sind gehirneigene Aufputscher und Schmerzkiller, deren Nebeneffekt die Erzeugung einer euphorischen Stimmung ist. Hier nun schließt sich der Kreis von Schmerzminderung, therapeutischer Spannungslösung und dem befreienden Gefühl der Euphorie.

Auch unsere Fakire haben vor dem Ritual gefastet. Zwei Wochen, sagen sie. Sie fallen sehr schnell in Trance, schon nach wenigen Minuten. Der Ordensmeister berührt jeden einzelnen der Tänzer, und jeder Tänzer wiederum berührt auch den Meister vor der Demonstration. Nacheinander stoßen sie sich die Spieße in den Körper: durch die Wangen, in die Kopfhaut, durch die Bauchdecke, ständig begleitet vom Trommeln, Klatschen und Singen der anderen.

Einem der Rifa'is werden dreizehn Spieße durch Haut- und Muskelpartien des Brust- und Halsbereichs gestoßen. Ruhig hockt er da, zeigt keinerlei Schmerzreaktion (Abb. 62). Als dann auch noch der Film ausläuft und eine neue Kassette eingelegt werden muß, wartet er geduldig mit seinem »gespickten« Oberkörper. Man legt ihm nur ein Tuch über die Schultern als Schutz vor der sengenden Sonne. Ab und zu blinzelt er ins grelle Licht. Nach einer halben Stunde zieht ihm der Ordensmeister die Spieße langsam wieder heraus und verschließt jede einzelne Einstichstelle sekundenlang mit seinen Fingern. Es fließt kein Blut, und am Körper sind nicht mehr die geringsten Spuren zu sehen. Der Rifa'i reiht sich wieder in den Kreis der Tänzer ein – so, als ob nichts gewesen wäre.

Hindus kennen ähnliche Rituale. Vor allem in Südindien werden sie zelebriert – als Ersatz für Menschenopfer, die in früheren Jahrhunderten am Ende der Erntefeiern dargebracht wurden. Den sogenannten »Haken-Hängern« stößt man sechs Stahlhaken durch die Haut in die Rückenmuskulatur. Die Männer werden dann an diesen Stahlhaken, die mit Seilen am schwenkbaren Mast eines Tempelwagens festgebunden sind, hochgezogen. Nur von diesen Haken gehalten, schweben sie einige Minuten frei in der Luft und segnen Kinder und Feldfrüchte. Auch diese »Haken-Hänger« sind in einem tranceartigen Zustand, zeigen keinerlei Schmerzreaktionen und bluten nicht. Die Wunden reibt man später nur mit ein wenig Holzasche ein, sie heilen in kurzer Zeit völlig.

Im modernen Indien sieht man solche Zeremonien nur ungern. Sie sollen in Kürze sogar gesetzlich verboten werden. An manchen Orten hilft man sich mit »symbolischen Zwischenlösungen«. Den Männern wird nur noch ein kleinerer Haken in die Rückenmuskulatur gestochen und sofort wieder entfernt. Dafür bindet man die Auserwählten mit Seilen am Mast des Tempelwagens fest. Sie werden acht Meter hochgezogen und einmal mit dem Wagen um das Heiligtum gefahren. Manchmal tragen sie dabei kleine Kinder auf dem Arm, Zeichen des Dankes an die Götter und gleichzeitig Bitte um Fruchtbarkeit.

Moslemische Fakire konzentrieren sich im Gegensatz zu Hindus während der Trance weniger auf ihr inneres Ich, sondern auf ihre heilige Schrift, den Koran. Der Mensch dringt immer tiefer in die Aussage dieses heiligen Buches ein, wird eins mit ihr, losgelöst von allem körperlichen Empfinden. Man spricht von einer »Koranisierung« des Gedächtnisses, der höchsten Form der Konzentration, gemäß der Lehre: »Laß deinen Geist durch die Buchstaben des Wortes ALLAH wandern, dann wirst du im *leuchtenden Ring* des letzten Buchstabens in vollkommener Seligkeit ruhen.«

Fast zwei Stunden sind vergangen seit Beginn des Rituals. Einer der Rifa'is sticht sich jetzt einen langen Spieß nicht nur durch die Zunge, sondern durch den gesamten Mundboden. Unterm Kinn tritt die Spitze des Metalls wieder nach außen. Ganz langsam geht das und offenbar nur unter größter Anstrengung. Wie stark müssen Glaube und Konzentrationsfähigkeit eines Menschen sein, der so etwas vollbringt! Etwas, dem alle medizinischen Erkenntnisse widersprechen. Gerade der Mundboden ist eine der empfindlichsten Stellen im Kopfbereich. Spätestens beim Herausziehen des Spießes müßte es extrem stark bluten, eine Grunderfahrung der Chirurgie. Aber auch diesmal kommt nur der Ordensmeister und legt seine Hand für kurze Zeit in den Mund des jungen Mannes. Nicht ein Blutstropfen ist zu sehen. Die Überzeugung von der Nähe Allahs und der Glaube bewirken – zusammen mit der Musik und der Konzentration auf den Koran – die Unverletzlichkeit. So erklären die Rifa'is das Phänomen.

Offensichtlich gelingen solche Konzentrationsübungen aber auch Menschen, die keinen religiösen Hintergrund haben. Professor Wolfgang Larbig, Facharzt für Neurologie und Psychiatrie am Psychologischen Institut der Universität Tübingen, hat eine Versuchsreihe mit einem inzwischen 55jährigen Fakir durchgeführt, der seit über 30 Jahren allabendlich weltweit in Varietés und Nachtclubs als sogenannter »Schmerzartist« auftritt. Wir geben hier die Ergebnisse und Erkenntnisse Larbigs wieder.

Ben-Ghou-Bey, ein Franzose mongolischer Abstammung, kam völlig allein und von sich aus zu dieser hohen Form der Konzentrationsfähigkeit. Als Kind war er häufig krank und von Schmerzen geplagt. Zufällig entdeckte er im Alter von zehn Jahren, daß seine Schmerzen zunahmen, wenn er sich bewegte oder schrie. Lag er aber ruhig da und dachte an angenehme oder neutrale Dinge, also nicht an seine Krankheit, spürte er den Schmerz weniger. So entwickelte der Junge ein »systematisches Schmerzkontrolltraining«. Heimlich nahm er die Stricknadeln seiner Mutter und versuchte, die Schmerzen beim Einstich in die Haut des Unterarms zu kontrollieren. Außerdem fixierte er ständig ein Loch in der Wand und setzte sich dadurch in einen »tranceartigen« Bewußtseinszustand. Er bemühte sich einfach, an nichts zu denken. So macht es dieser Fakir auch heute noch. Zunächst konzentriert er sich intensiv auf ein bestimmtes Thema, zum Beispiel auf eine Afrikareise oder ein politisches Tagesereignis. Dadurch gelingt es ihm, andere andrängende Gedanken und Vorstellungen zu blockieren. Diese ausschließliche Konzentration auf eine Idee oder Geschichte endet in vollkommener Gedankenleere, weil die themenkonzentrierten Assoziationen immer häufiger von »Löchern« durchsetzt werden. Während des Zustands der Gedankenleere, den er »Trance«

nennt, sind die Sinneswahrnehmungen des Fakirs – optische und akustische Reize – stark reduziert.

Wie gesagt, diese mentale Technik hatte der Fakir als Junge während seiner langen Krankenlager ganz allein entdeckt und seine Fähigkeiten bald so perfektioniert, daß er mit achtzehn Jahren zum ersten Mal auftrat. Als Motivation für das zielstrebige Training gibt er das frühe Interesse an, seinen Körper zu studieren, und den Wunsch, innere Organe und äußere Körperteile zu kommandieren.

Heute ist sie längst zur Routine geworden, die allabendliche Vorstellung: Er sticht vier 50 Zentimeter lange, spitze Dolche auf der linken und rechten Seite durch die Bauchhaut, durch den Hals vor dem Kehlkopfbereich und durch die Zunge. Dabei benutzt er immer unterschiedliche Körperstellen; zahlreiche Narben bezeugen das. Die Dolche werden vorher mit einem Desinfektionsmittel eingerieben, sind aber nicht sterilisiert. Während der gesamten Demonstration zeigt der Fakir keinerlei Schmerzreaktionen. Es treten auch keine Blutungen auf. Lediglich einige Stichkanäle sondern einige Minuten nach dem Entfernen der vier Dolche etwas wäßriges Sekret ab.

Die Demonstration dauert 30 Minuten, die Vorbereitungen benötigen fast drei Stunden: Der Fakir nimmt ein sehr heißes Bad, in dem er sich zwei Stunden entspannt und seine Konzentrationsübungen durchführt. Das heiße Wasser macht zudem die vielen verhärteten Hautnarben weich. Ausreichender Schlaf, nur eine Mahlzeit am Tag – aber immer zur selben Zeit –, keine besondere Diät, kein Alkohol und kein Nikotin – all das ist für das Gelingen seiner Vorstellung ebenso wichtig wie eine harmonische familiäre Atmosphäre. Der Fakir reist immer mit Frau und Sohn, die sich beide völlig auf seinen Beruf eingestellt haben.

Während der Einstichphasen und beim Durchstechen im Halsbereich fixieren die Augen des Fakirs einen fernen Punkt und bekommen einen starren Ausdruck. Fünf Minuten, manchmal aber auch länger, bewegt er nicht einmal die Augenlider. Außerdem reizt der Fakir häufig mit den Fingern seiner linken Hand durch massierende Bewegungen mechanisch die Haut; das bewirkt eine zusätzliche Schmerzhemmung.

Die Ableitung der Hirnstromwellen zeigt, daß sich der Fakir ganz kurzfristig – nur im Augenblick der Schmerzkontrolle – in einen Trancezustand versetzen kann. Teile des Gehirns schlafen, andere Teile des Gehirns wiederum sind hellwach. So kann der Fakir seine Schmerzen, die sehr stark sind, ja weit über der Toleranzschwelle liegen, bewältigen, weil die schlafenden Teile des Gehirns eine Schmerzhemmung bewirken. Sofort danach geht er wieder in einen normalen Wachzustand über. Die

Bewußtseinsänderung wird durch eine aktive, konzentrative Einengung der Aufmerksamkeit innerhalb von Sekunden erreicht.

Sein jahrzehntelanges tägliches Training hat den Fakir zu dieser automatisierten, »reflexhaften« Schmerzkontrolle befähigt. Interessant ist, daß diese Hemm-Mechanismen des Gehirns an selbstzugefügte Schmerzreize gebunden sind. Auf externe, das heißt von anderen zugefügte Reize reagiert er dagegen wie jeder normale Mensch auch. Er klagt zum Beispiel bei der Lumbal- und Venenpunktion, ja sogar beim Blutdruckmessen über quälende Schmerzen.

Das bedeutet, Grundlage aller Schmerzkontrolle ist die Selbstkontrolle. Das heißt weiter, daß der Mensch kein passiver Empfänger von Umweltreizen sein muß. Positive Gefühle über die eigene Fähigkeit zur Selbstkontrolle sind vermutlich der grundlegende Wirkmechanismus bei der Schmerzreduktion. Diese positiven Gefühle scheinen in der Lage zu sein, den Teufelskreis von Schmerz, Hilflosigkeit, Depression und Schmerzintensivierung zu durchbrechen, während Mangel an Kontrolle oder gar Kontrollverlust Angst und Schmerzempfinden in Belastungssituationen noch steigern.

Wie weit ist der normale Europäer doch von solchen Erkenntnissen und Fähigkeiten entfernt! Schmerzen? Da helfen die vielen Pillen und Pülverchen, oft schon beim kleinsten Wehwehchen! Und gänzlich unvorstellbar erscheint erst recht das, was uns jetzt der Ordensmeister der Rifa'is zeigt.

Mit nacktem Oberkörper kniet er sich auf den Boden. Zuerst scheint es, als mache er nur die Übung seiner Schüler nach: er sticht sich einen Spieß durch die Zunge. Aber warum hat man ihm dann einen langen Schal um den Hals gelegt, dessen Enden zwei Männer sogar festhalten? Der Ordensmeister greift zum Messer. Das Singen und Trommeln wird schneller und lauter. Mit der linken Hand hält der Meister den Spieß im Mund fest, mit der rechten säbelt er hinter dem Spieß an der Zunge. Uns stockt der Atem. Zum Glück behält der Kameramann die Nerven und dreht weiter.

Die Zunge ist durchgeschnitten! Der Meister zieht den Spieß aus dem Mund. Kein Zweifel: die abgeschnittene Zungenspitze hängt deutlich sichtbar an dem dünnen Metallstab. Der Körper des Fakirs bäumt sich in wilder Ekstase, die Augen sind starr und weit aus den Höhlen getreten. Der fransige Stummel hängt aus dem Mund, weißlich die Oberfläche und die längeren Seitenenden, in der Mitte – dunkelrosa schimmernd – die frische Schnittstelle. Daß der Stummel ausgebrannt erscheint, gerade das könnte nach Meinung von Ärzten der Beweis dafür sein, daß hier wirklich ein lebendes Organ durchtrennt wurde. Denn die Zunge ist ein stark durchbluteter Muskel. Sie verformt sich nach dem Abschneiden besonders in der Mitte und zieht sich dort mehr als an den Rändern zurück, so daß sie eine Höhlung bildet (Abb. 60).

Nur mit Mühe können die beiden Schüler ihren Meister halten. Fest ziehen sie an den Enden des Schals, dessen Funktion erst jetzt klar wird. Nur so kann man den zuckenden Körper vorm Vornüberkippen bewahren. Außerdem drückt der Schal auf die Halsschlagadern und verlangsamt die Blutzirkulation im Kopfbereich. Und drittens – das sagen uns die Rifa'is später – muß der Meister unbedingt davor geschützt werden, in seiner Ekstase aus Versehen auf uns Ungläubige zuzuwanken und uns zu berühren; denn dann wäre er nach ihrem Glaubensgrundsatz nicht mehr in der Lage gewesen, die abgeschnittene Zungenspitze wieder an ihre frühere Stelle zu setzen.

So unglaublich es klingt: Genau das tut er jetzt. Jemand hat ihm inzwischen das Messer aus der Hand genommen. Der Meister dreht den Spieß so, daß die Schnittfläche der Zungenspitze zu der des Stummels in seinem Mund paßt, führt den Stab zurück zum Mund, drückt die beiden Stummel zusammen und hält sie noch einige Sekunden mit den Händen fest. Dann zieht er ganz langsam den Spieß aus der Zunge. Noch einmal ein kurzes Andrücken, man reicht ihm das Gefäß mit gesegnetem Wasser. Zweimal spült er, bewegt die Zunge hin und her und streckt sie dann so weit wie möglich aus dem Mund: sie ist wieder vollständig, man kann nicht die kleinste Spur eines Schnitts sehen, keine Narbe, nicht mal eine Rötung, absolut nichts Auffälliges (Abb. 61)!

Das Ganze hat ungefähr zwei Minuten gedauert. Langsam lockern die Schüler den Schal; der Meister steht auf – völlig erschöpft. Sein Atem geht schwer, alle Muskeln sind noch angespannt; langsam wird er ruhiger.

Wir stehen absolut fassungslos. Was haben wir da gesehen? Einen Trick? Ein Wunder? Die Schulmedizin ist solchen Phänomenen gegenüber ratlos. »Der Mann hätte verbluten müssen«, erklären uns Ärzte. Der Ordensmeister definiert das »Wunder« als geistige Kraft. Er habe sich dazu berufen gefühlt, diesen Beweis seines Glaubens öffentlich zu machen, ihn zum ersten Mal auch Ungläubigen – Nichtmoslems – zu zeigen. Immer nur einer aus der Rifa'i-Gruppe sei zu einer solchen Leistung fähig. Der Ordensmeister gebe die Kräfte am Ende seines Lebens an einen auserwählten Schüler weiter, den nächsten Ordensmeister. Zum ersten Mal habe er seine Fähigkeiten außerhalb einer Prozession gezeigt, zum ersten Mal demzufolge auch vor einer Filmkamera. Immer wieder betont er den tiefreligiösen Hintergrund seines Tuns. Schaustellerische Beweggründe weist er entschieden zurück.

Überzeugend, wie wir fanden. Die Gruppe wollte – anders als bei Schaustellern sonst üblich – absolut kein Honorar. Bezahlen ließen sie sich nur die Kosten für ihre Anreise.

Wir haben hinterher noch lange mit diesen Männern gesprochen und ihre tiefe Bindung an Allah und die Gesetze ihrer Religion gespürt. In Indien lernt man, Dinge zu akzeptieren, auch wenn sie unser Verständnis überfordern. Dennoch, als uns spätabends der klimatisierte Hotelkasten wieder verschluckt hat, können wir immer noch nicht glauben, was wir da gesehen haben. Und wenn wir nicht die Film- und Fotoaufnahmen als Beweis hätten, wir wären sicherlich noch heute der Überzeugung, Opfer einer Sinnestäuschung geworden zu sein.

Indien – Momentaufnahmen einer Reise. Faszination, Verwunderung, manchmal sogar Grauen – als Abendländer ist man ständig einem Wechselbad der Gefühle ausgesetzt. Ob wir dieses Land jemals begreifen können? Sicherlich nicht in drei Monaten, vielleicht auch nicht in drei Jahren. Wie sagte doch ein Europäer, der schon ein halbes Leben in Indien verbracht hat: »Das einzige, was ich mir zugute halte, ist, daß ich heute weniger dumme Fragen stelle als zu Anfang.«

LITERATURVERZEICHNIS

Brunton, Paul: Von Yogis, Magiern und Fakiren. Begegnungen in Indien. München 1974

Brück, Michael von: Einheit und Wirklichkeit. München 1986

Fischer, Klaus: Erotik und Askese in Kult und Kunst der Inder. Köln 1979

Goodman, Felicitas: Ekstase auf dem Prüfstand, in: Esotera 34. Jahrg., 6/1983

Haraldsson, Erlendur: Sai Baba – ein modernes Wunder. Freiburg 1986

Kaker, Sudhir: Schamanen, Heilige und Ärzte. München 1984

König, Franz und Hans Waldenfels (Hrsgg.): Lexikon der Religionen. Freiburg 1987

Larbig, Wolfgang: Schmerz. Stuttgart 1982

Lechner-Knecht, Sigrid und Rainer Seemann: Sai Baba – Gottmensch – Wundermann. Göttingen 1987

Sandweis, Samuel H.: Sai Baba, der Heilige und der Psychotherapeut. Bonn 1986

Sathya Sai Baba: Es gibt nur einen Gott. Bonn 1985

Schreiner, Peter: Lebensweisheit aus Indien. Freiburg 1986

Schumacher, Stephan und Gerd Woerner (Hrsgg.): Lexikon der östlichen Weisheitslehren. Bern 1986

Schweitzer, Albert: Die Weltanschauung der indischen Denker. München 1987

Weltreise Band Nr. 7, Süd- und Südostasien. München 1972

Wolff, Klaus: Indien, Nepal. Frankfurt/M. o. J.

Zimmer, Heinrich: Philosophie und Religion Indiens. Frankfurt 1973

Gottfried Kirchner

Der Canyon der heiligen Vulkane

Expedition durchs Colca-Tal in Peru

AUS DER SICHT DES KONDORS. Oscar und Duffy vom Aeroclub Arequipa haben die zweimotorige *Piper Cherokee 180* vollgetankt und signalisieren mit dem nach oben gereckten Daumen: Alles klar.

Das Wetter ist ideal. Blitzblauer Himmel, kaum Wind. Die kleine, wendige Maschine braucht nur ein kurzes Stück Rollbahn, um dann elegant in die Höhe zu steigen. Unter uns schrumpfen weißgelbe Häuser auf Spielzeuggröße, zurück bleiben grüne Plantagen, die an den grauen, geriffelten Bändern der riesigen Wüste enden. Wir nehmen Kurs Nordwest. Hinter uns liegen die mächtigen Schneeriesen Pichupichu (5510 Meter), Misti (5822 Meter) und Chachani (6057 Meter). Sie sind alle vulkanischen Ursprungs und gelten noch heute bei der indianischen Bevölkerung als heilig.

Auf dem Gipfel des Pichupichu, dessen zerklüfteter Rücken einem schlafenden Indio gleicht, machten Bergsteiger vor einigen Jahren eine überraschende Entdeckung: Sie fanden eine Kultstätte mit einem geopferten Kind aus der Zeit um 1400 n. Chr., also aus der Inka-Epoche. Der Schädel des Jungen weist schwere Verletzungen auf. Er befindet sich heute im Museum der Universität San Agustín in Arequipa, ebenso die Gegenstände, die man dem Toten auf seine Reise ins Jenseits mitgegeben hatte: im Inka-Stil bemalte irdene Teller und Krüge, eine Schale und Löffelchen aus sehr hartem, dauerhaften Huarango-Holz, das Botaniker als *madera cerámica* (keramisches Holz) bezeichnen, sowie drei etwa zwölf Zentimeter große Mutteridole aus Gold, Silber und Speckstein.

Auch auf der Spitze des Nevado Mismi (5600 Meter) gab es einen uralten, von Menschen angelegten Kultplatz. Von dort stammt ein wunderschönes Frauenfigürchen aus Gold, das heute im Nationalmuseum für Anthropologie und Archäologie in Lima aufbewahrt wird.

Offenbar scheuten die Indianer in früheren Zeiten weder den mühsamen Weg in gewaltige Höhen noch die Gefahren der Berge, um in götternaher Einsamkeit *Pachamama,* die gütige, alles Leben spendende Erdmutter zu verehren und ihr zu opfern.

Graugrünes Gestein, von ungeheuren Energien aufgeworfen und modelliert, bildet kilometerweit die Landschaft unter uns. Ein gigantischer Faltenwurf der Natur! Man glaubt, über einem fremden, unbewohnten Planeten zu schweben und weiß doch: Das ist unsere Erde in ihrem Urzustand.

← 69. Zwei gigantische, natürliche Pfeiler aus Granit bilden das »Tor zum Colca-Tal« im südlichen Peru

Dann klafft ein riesiger Spalt im kahlen Fels. Die Maschine geht tiefer, gerät in sich kreuzende Luftströmungen, wird von Turbulenzen geschüttelt und beginnt zu tanzen.

Unbeirrt vom Motorengeräusch segeln zwei Kondore vor uns. Sie nutzen die warmen Aufwinde für kraftschonende Gleitflüge. Indem sie die Außenfahnen ihrer Handschwingen wie eine Reihe Finger spreizen, verschaffen sie sich noch mehr Auftrieb. Ihre Flügelspitzen gleichen die Fallböen wie Luftklappen aus (Abb. 80).

Bis vor vier Jahren hatte niemand auch nur den leisesten Zweifel, daß der Kondor zur Familie der Geier gehört. Er hat den gleichen häßlichen Kopf wie jene und einen ebenso nackten Hals mit einer weißen Krause darunter. Er frißt Aas, und auch sein herrlicher Schwebeflug ähnelt ganz unzweifelhaft dem des Geiers.

Doch dann fand der deutsche Vogelkundler Dr. Claus König 1984 durch anatomische und verhaltenspsychologische Vergleiche heraus, daß die Kondore zur Familie der Störche gehören. Inzwischen haben andere Forscher einen weiteren Beweis für diese aufsehenerregende Zuordnung geliefert: Sie stellten fest, daß der Bürzeldrüsentalg von Kondor und Weißstorch fast identisch ist.

Die Aussicht aus dem Flugzeug ist phantastisch: Sonnenreflexe blitzen auf einem Flußlauf, der sich tief unten zwischen verschatteten, lotrechten Bergwänden windet. Die *Colca*-Schlucht!

Wir folgen einem der faszinierendsten Flüsse Südamerikas, der kurioserweise drei völlig verschiedene Namen hat: Der Oberlauf heißt *Rio Colca,* das Mittelstück *Rio Majes* und der untere Teil, vor der Mündung in den Pazifik, *Rio Camaná.* Merkwürdig sind auch die verschlungenen Wege, die der Fluß von der Quelle bis zum Meer nimmt: Er entspringt in etwa 5000 Metern Höhe auf der Hochebene der westlichen Kordillere und fließt zunächst etwa 100 Kilometer von Südosten nach Nordwesten. Dort bildet die Cordillera de Chilca ein unüberwindbares Hindernis, so daß der Fluß einen plötzlichen Bogen nach Süden machen muß. Bei Chivay ändert er erneut seine Richtung und strömt westwärts, vorbei am gewaltigen Schneevulkan Nudo de Ampato (6288 Meter). An dieser Stelle hat sich der Fluß tief in den Untergrund eingegraben und bildet einen echten Canyon, der im Süden vom Ampato, im Norden von der Cordillera de Chilca (5597 Meter) und dem Mismi (5600 Meter) beherrscht wird.

Die stolzen Peruaner sprechen gern vom tiefsten Canyon der Welt und scheuen nicht den Vergleich mit dem weltberühmten Grand Canyon im US-Bundesstaat Arizona, der in der Alten und Neuen Welt gewöhnlich als tiefster Canyon gilt. Nun kommt es freilich darauf an, von welchem Punkt aus man mißt. Die gewaltige Schlucht des Grand Canyon ist bis zu 1800 Meter tief. Von den Rändern der brettflachen Hochebene kann man den Fluß nur in Ausnahmefällen sehen.

An einer der tiefsten Stellen des Colca-Grabens dagegen, beim *Cruz de los Condores,* fallen die Felswände fast senkrecht 1200 Meter ab. Wenn man allerdings, wie die Peruaner, die Gipfelhöhen der flankierenden Bergriesen dazurechnet, kommt man auf eine totale Durchbruchstiefe des Flusses von 3400 Metern. Nach diesem Rechenkunststück wäre die Colca-Schlucht in der Tat der tiefste Canyon der Welt. Aber auch ohne solche Zahlenspielerei bleibt sie eines der gigantischsten Flußtäler in Nord- und Südamerika.

Am Ende des Engpasses fließt der Colca weiter in Richtung Westen. Aber sobald er das vulkanische Hochplateau verläßt, wendet er sich bei Andamayo in einem Winkel von 90 Grad abrupt nach Süden. Dort bahnt er sich seinen Weg durch die Sedimentgesteine des mittleren und oberen Juras und dann durch die Ablagerungen des Tertiärs. In einem engen Canyon durchbricht er als letzte Barriere das Granitmassiv der Küstenkordilleren, erreicht die Wüstenzone entlang des Pazifiks, bis sich das Tal kurz vor Camaná endlich fächerförmig verbreitert. Die große Abflußmenge des Colca, alias Majes, alias Camaná erlaubt hier eine intensive Bewässerungskultur und sorgt für fruchtbare Plantagen-Oasen.

Nach 450 Kilometern eines mühsamen und wechselvollen Weges mischen sich die Fluten des Flusses schließlich mit der Brandung des Pazifischen Ozeans.

Der Colca ist nicht nur ein Paradies für Geologen, die an den steinernen Wänden seines Flußbettes die jüngsten Kapitel der Erdgeschichte auf höchst anschauliche Weise studieren können. Er ist auch wegen der völlig unterschiedlichen Klima- und Vegetationszonen eine Fundgrube für Botaniker und Zoologen. Hier haben sich Tiere und Pflanzen erhalten, die selbst in einem nicht hochtechnisierten Land wie Peru inzwischen vom Aussterben bedroht sind.

Durch die jahrhundertelange Isolierung vom Rest Perus haben in dieser überwältigenden Landschaft aber auch die Menschen bis heute ihre Ursprünglichkeit und einen Reichtum an unverfälschten Traditionen bewahrt, wie man ihn woanders kaum noch antrifft.

Das Flußtal quillt förmlich über von großartigen Zeugnissen der alten Kultur. Will man dem Superlativ vom tiefsten Canyon der Welt noch einen

→ Südamerika – der Pfeil gibt die Gegend des Colca-Tales, Südperu, an

Mexiko
Honduras
Nicaragua
Costa Rica
Panama
Karibisches Meer
Venezuela
Guyana
Kolumbien
Äquator
0
0
Ecuador
Brasilien
Peru
Lima
Bolivien
Arequipa
Paraguay
Pazifischer Ozean
Chile
Argentinien
Uruguay
Atlantischer Ozean
0 500 1000 km

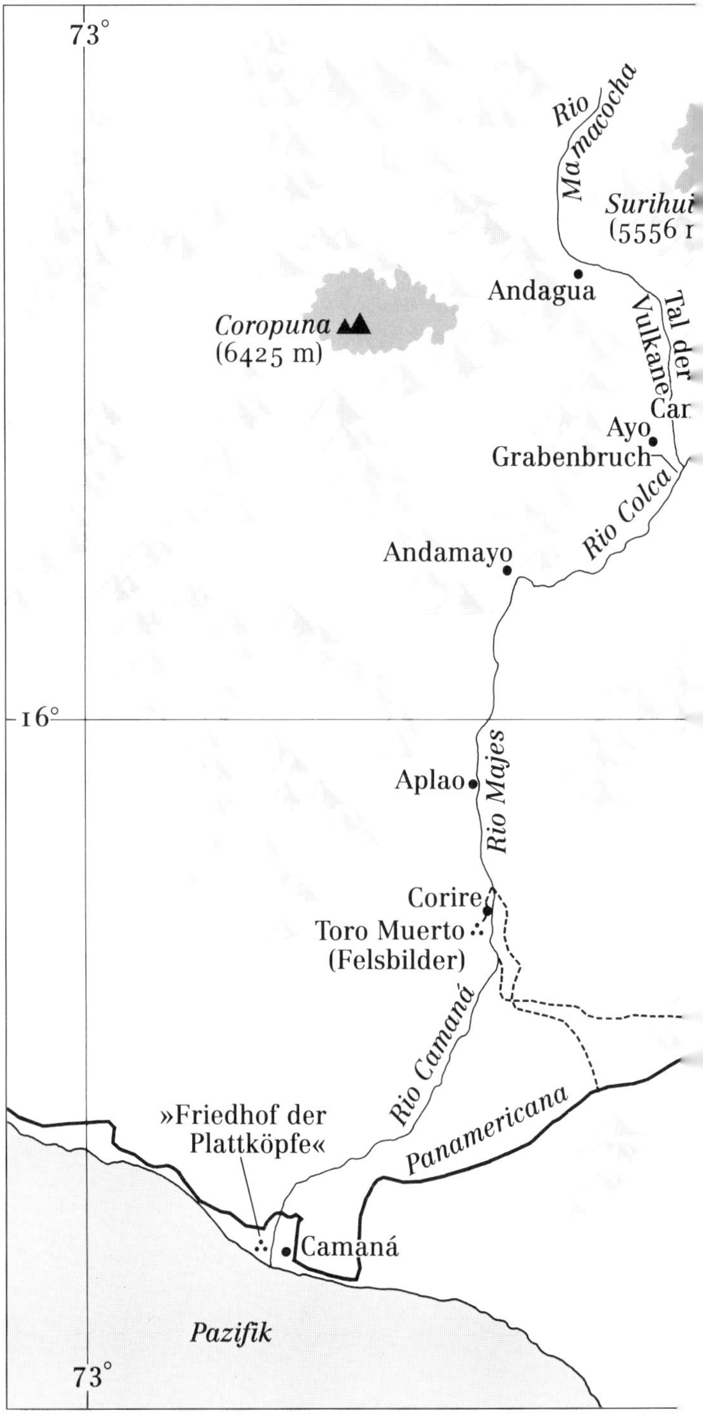

Verlauf des Flusses Colca – Majes – Camaná in Südperu. Dies ist die erste in Deutschland veröffentlichte Detailkarte des Flusses

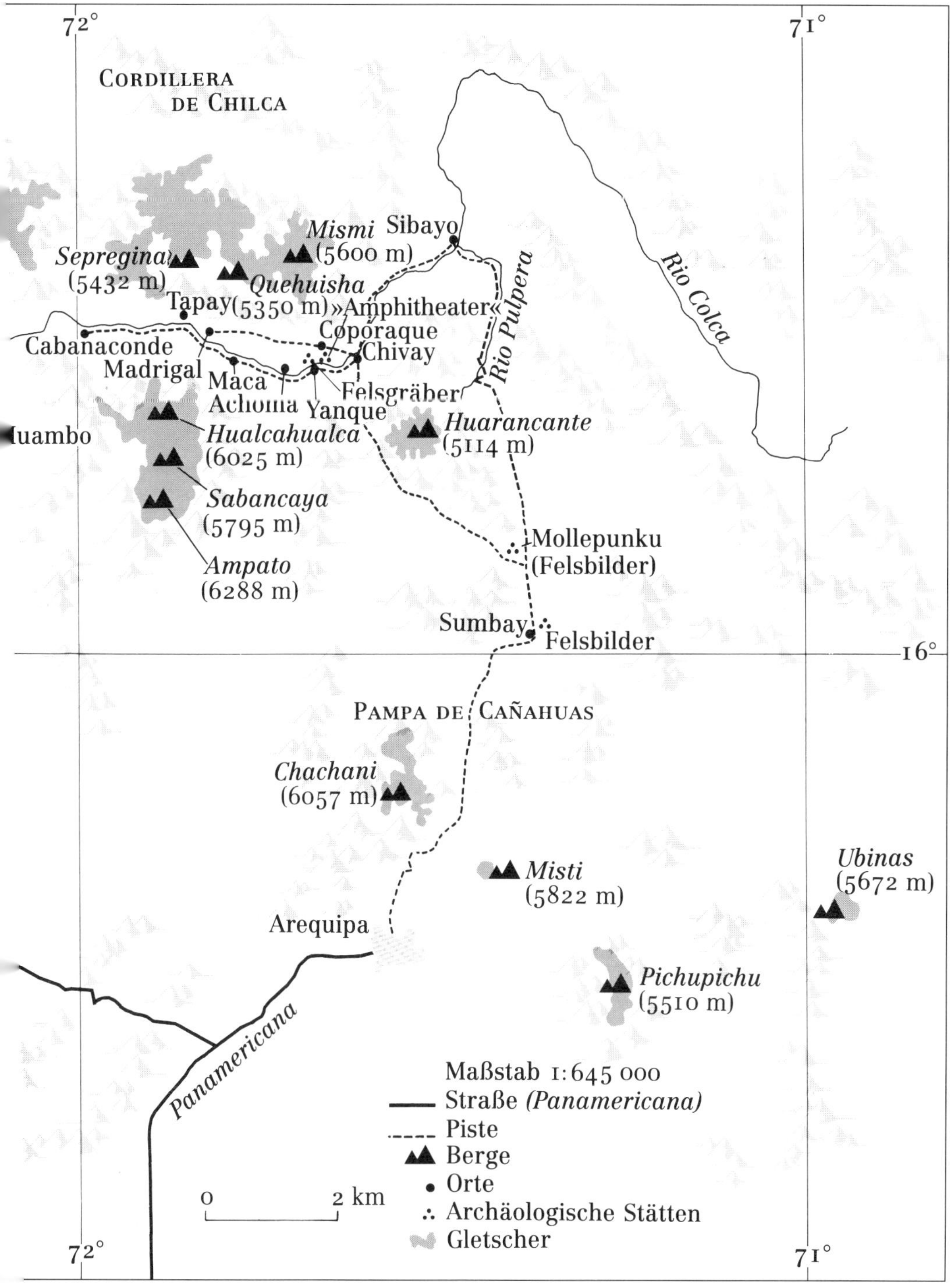

72°
71°
Cordillera de Chilca
Mismi (5600 m)
Sibayo
Sepregina (5432 m)
Quehuisha (5350 m)
Tapay
»Amphitheater«
Cabanaconde
Coporaque
Chivay
Madrigal
Maca
Achoma
Yanque
Felsgräber
Rio Pulpera
Rio Colca
uambo
Hualcahualca (6025 m)
Huarancante (5114 m)
Sabancaya (5795 m)
Ampato (6288 m)
Mollepunku (Felsbilder)
Sumbay
Felsbilder
16°
Pampa de Cañahuas
Chachani (6057 m)
Misti (5822 m)
Ubinas (5672 m)
Arequipa
Pichupichu (5510 m)
Panamericana
Maßstab 1:645 000
Straße (Panamericana)
Piste
Berge
Orte
Archäologische Stätten
Gletscher
0
2 km
72°
71°

weiteren hinzufügen, dann kommt er aus der Kunstszene: Am Unterlauf des Majes liegt die größte Felsbilder-Galerie der Erde. Sie wurde begonnen um 800 n. Chr.

Nirgendwo sonst in der Andenregion sah ich so riesige, perfekt angelegte und der natürlichen Umwelt äußerst behutsam angepaßte Terrassenfelder aus der Inka-Zeit wie hier. Brutale Eingriffe in die Landschaft erfolgten erst in den letzten Jahren, als neue Zufahrtsstraßen zu den Minen von Madrigal aus den Berghängen gesprengt und rücksichtslos über indianische Friedhöfe und Ackerflächen trassiert wurden, als ein ehrgeiziges Stau- und Bewässerungsprojekt von gigantischen Ausmaßen in Angriff genommen wurde, das sich über alle ökologischen Bedenken hinwegsetzte.

In keinem anderen Gebiet Perus gibt es so viele ehrwürdige Dorfkirchen aus der Kolonialzeit, vor deren blattgoldschimmernden Altären die indianischen Bauern in Andacht versinken und gleichzeitig uralte Heilungsriten praktizieren. Die Glockentürme sind noch immer der höchste Punkt des Ortes, von wo aus man die Felder ringsum überblicken kann. Das Ganze wird nur überragt von den gewaltigen Vulkanriesen. Die Natur ist immer da, ganz sicher und ganz nahe. Die Menschen leben in Eintracht mit ihr. Die meisten, mit denen wir sprachen, sind stolz auf ihre Heimat und zufrieden mit ihrer Situation, obwohl in vielen Dörfern Strom und Kanalisation fehlen. Von Wohlstand, wie wir ihn kennen, kann man hier nicht sprechen.

Der Tourismus hat die Gegend noch kaum erschlossen und bisher nur wenige Fremde in die abgeschiedene Region gebracht. Aber ich bin sicher, das wird sich in einigen Jahren ändern, wenn sich die unvergleichliche Schönheit des Colca-Landes in Peru oder gar in Europa herumgesprochen hat.

Mario Vargas Llosa, der bekannteste peruanische Dichter, hat nach einem Besuch begeistert von einem »Wundertal« gesprochen, in dem die ganze Geschichte des Peruaners aufgehoben sei. Mögen diese Wunder den Einheimischen und uns noch lange erhalten bleiben!

AREQUIPA – DAS WEISSE JUWEL. Bester Ausgangspunkt für eine Expedition ins Colca-Tal ist Arequipa im Süden des Landes, für mich nach Cuzco die schönste und baugeschichtlich interessanteste Stadt Perus.

Ein vieltürmiges, abwechslungsreich gestaffeltes Gebilde an den Ufern des Rio Chili, das besonders im Frühling unter dem blendenden Azurblau des Himmels wie ein Juwel glänzt.

Häuser, Kirchen und Konvente der *Ciudad blanca* wurden aus weißgelben Sillar-Quadern errichtet, einem porösen vulkanischen Tuffstein, der noch heute in riesigen Gruben bei Añashuayco an der Flanke des Chachani gewonnen wird. Dieses leicht zu bearbeitende und für Erdbebenzonen bestens geeignete Material verleiht selbst den größten Gebäuden eine grazile Schwerelosigkeit; ein Eindruck, der durch die reine, trockene Luft in 2329 Meter Höhe noch verstärkt wird.

Jene besondere Transparenz, die der peruanischen Nebelküste völlig fehlt, verkürzt die Entfernungen und gibt Personen wie Gegenständen eine sinnentrügerische Schärfe. In solcher einzigartigen Atmosphäre scheinen die Häuser manchmal am Himmel angebunden.

Arequipa wurde am 15. August 1540 von Garcí Manuel de Carbajal gegründet, einem Hauptmann aus dem Heer Francisco Pizarros. Noch heute kann man im Vorort Huasacache die restaurierte Residenz des Stadtgründers aus dem sechzehnten Jahrhundert samt altem Mobiliar besichtigen.

Bereits lange vor der spanischen Niederlassung existierte an dieser Stelle ein indianisches Dorf, dessen sagenhafter Ursprung auf Mayta Capac, den vierten Inka-Herrscher, zurückgehen soll. Als er mit seinem Heer von der Eroberung Moqueguas zurückkehrte und in der fruchtbaren Oase des Rio Chili zwischen trostlosen Wüsten rastete, baten ihn einige Hauptleute, sich später hier ansiedeln zu dürfen. Die legendäre Antwort des Inka lautete: »*Are quepay*» – »ja, bleibt!«. Doch diese Namenserklärung erscheint ziemlich weit hergeholt.

Wesentlich überzeugender klingt die Interpretation, die der deutsche Archäologe Hans Dietrich Disselhoff geliefert hat: Danach steckt in Arequipa das indianische Wort *quipa,* das bedeutet »Muschelhorn«, ein uraltes Musikinstrument, welches die Bauern der Sierra noch heute bei feierlichen Anlässen blasen.

Das neu gegründete Arequipa, dem Karl V. am 7. Oktober 1541 Stadtrecht und Wappen verliehen hatte, war die erste Siedlung Perus mit überwiegend weißer Bevölkerung. Von den 37 000 Bewohnern zur Zeit des Vizekönigs Gil y Lemos waren 22 000 reinblütige Spanier, der Rest Indios und Mestizen. Unter den 62 000 Einwohnern Limas dagegen gab es damals gerade 18 000 Menschen iberischer Abstammung. Mit Recht also konnte sich Arequipa als eine spanische Bastion auf fremdem Boden bezeichnen, die treu zum Mutterland hielt und deren Bevölkerung sich allen anderen Menschen im Vizekönigreich Peru überlegen fühlte.

Dieser konservative Stolz, der bisweilen arrogant wirkt, zeichnet die 600 000 Einwohner Arequipas noch heute aus. Der Sonderstatus, den sie sich anmaßen, gipfelt darin, daß sogar Peruaner auf dem Flughafen bei Ein- und Ausreise eine Sondersteuer wie auf internationalen Flugplätzen zahlen müssen und daß man in einigen Buchläden des Zentrums einen »Paß der unabhängigen Republik Arequipa« kaufen kann.

Natürlich dürfen sich die Arequipeños etwas auf ihre Stadt einbilden. Da ist einmal die traumhafte Lage vor dem »Dreigestirn« Chachani, Misti und Pichupichu, die eine gewaltige Kulisse formen und den Ort vor rauhen Nordostwinden schützen.

Vor allem der Misti gilt als einzigartiges Wahrzeichen und mythischer Wächter der Stadt. Der 5822 Meter hohe Berg mit seinem perfekt modellierten Kegel erinnert stark an den Fuji, bzw. Fujiyama, in Japan. Bis heute signalisieren ständig aufsteigende heiße Schwefeldämpfe aus den beiden Kratern, daß sein vulkanisches Feuer noch nicht erloschen ist. Von den wenigen Ausbrüchen in historischer Zeit hat nur die Eruption des Jahres 1883 größere Schäden in Arequipa verursacht.

Weitaus gefährlicher sind die zahlreichen Erdbeben, die diese Gegend immer wieder heimsuchen. Das erste, das die Annalen verzeichnen, wütete am 2. Januar 1582. Damals, so wird berichtet, seien Hunderte von Guanacos und Vicuñas, wildlebende Verwandte der gezähmten Lamas, aus den Bergen in die zerstörte Stadt geflüchtet und hätten zwischen ihren Trümmern geäst. Zum vorläufig letzten Mal brachten 1957 und 1960 schwere Erdstöße Kirchen und Häuser zum Einsturz.

Trotz jener Naturkatastrophe hat Arequipa den größten Teil seines historischen Erbes in unsere Tage herübergerettet.

Besonders die prächtigen Zeugnisse aus der Kolonialzeit prägen noch heute das Zentrum. Einstige Herrschaftshäuser mit schmalen, tiefliegenden Fenstern hinter schmiedeeisernen Gittern und reich verzierten Portalen, mit lärmschluckenden Innenhöfen und einschläfernd plätschernden Brunnen träumen vom früheren Glanz adliger Familien: sc die Casa de Tristán del Pozo, die Casa del Moral oder die Casa Goyenche. Die meisten dienen jetzt als Geschäftsstellen reicher Banken, die deren aufwendige Restaurierung bezahlen konnten.

Wohl einzigartig ist das Kloster Santa Catalina, eine in sich geschlossene Miniaturstadt innerhalb der Stadt Arequipa. Das Dominikanerinnenstift wurde 1580 von Doña Maria de Guzmán, einer adligen Dame aus altem Konquistadorengeschlecht gegründet. Es gehörte vom sechzehnten bis zum achtzehnten Jahrhundert zu den exklusivsten Einrichtungen, welche die katholische Kirche im spanischen Weltreich Frauen aus der Aristokratie zu bieten hatte, die nach unglücklichen Amouren, zur Tilgung einer Familienschuld oder aber aus freiem Willen den Schleier nahmen.

70. Die Kirche »Zur Unbefleckten Empfängnis « in Yanque (1700). Typisches Beispiel für den »Mestizenbarock«

Dabei ließen sie sich jedoch, wie früher, von Mägden und Angestellten bedienen. Erst 1970 öffneten sich die Klosterpforten auch für normale Sterbliche, vor allem Touristen, die mit Verwunderung zur Kenntnis nehmen, daß noch etwa zwanzig Nonnen zurückgezogen in einem nicht zugänglichen Winkel der kleinen heiligen Stadt leben.

Hinter den hohen, getünchten Mauern entdeckt der Besucher eine fremde Welt und fühlt sich in eine andere Epoche zurückversetzt.

Schmale Gassen aus Kopfsteinpflaster führen ihn zu den Gemeinschaftsräumen und ehemaligen Schlafsälen der Nonnen. Über großzügig angelegte, blumengeschmückte Plätze kommt man zu engen Häuserreihen, die ockerfarben oder rostrot verputzt sind. Dieser älteste Teil des

Konvents beherbergt winzige Zellen, in denen rund 450 Bräute Christi jahrhundertelang fast spartanisch lebten. Kleine Küchen, Kräutergärten und riesige Waschtröge beweisen, daß hier nicht nur gebetet, sondern auch hart gearbeitet wurde.

In den Kreuzgängen mit ihren Orangenbäumen und den volkstümlich-frommen Wandmalereien scheint die Zeit stehengeblieben zu sein. Kaum dringt der Verkehrslärm in dieses Labyrinth aus abweisend dicken Mauern. Die Stätte einer selbstgewählten, sich nur auf die Werke des Glaubens konzentrierenden Isolation ist noch heute eine Oase der Ruhe und des Friedens inmitten der betriebsamen Stadt Arequipa.

Während Bettelorden wie die Dominikaner meist im Verborgenen wirkten, demonstrierte die Staatskirche offen ihre Macht und stellte ihren Reichtum werbewirksam zur Schau. Die Kolonialzeit war auch eine Epoche intensiver Missionierung, und zu diesem Zweck scheute man keinen Aufwand, um die sinnesfreudigen Indianer für den neuen Glauben zu begeistern. Dutzende von Gotteshäusern in Arequipa wetteiferten an architektonischer Pracht und feierlichen Inszenierungen.

Die erste Kathedrale fiel einem Brand zum Opfer. Der klassizistische Neubau von 1844 beherrscht mit seiner Imponierfassade in voller Breite die Nordseite der *Plaza de Armas*. Das Innere enttäuscht etwas durch seine akademische Strenge. Liebhaber des Mestizenbarocks kommen dagegen bei den Kirchen San Agustín, La Merced, San Francisco und dem Sillar-Tempel im Vorort Yanahuara voll auf ihre Kosten (vgl. Abb. 70).

Als einziges Gotteshaus in Arequipa hat die Jesuitenkirche *La Compañia* an der Südostecke der Plaza de Armas die zahlreichen Erdbeben heil überstanden. Sie wurde zwischen 1590 und 1698 errichtet und ist nicht nur die schönste Kirche der Stadt, sondern gilt als ein Hauptwerk des üppig wuchernden Barockstils indianischer Prägung in Peru. Der obere Teil der seitlichen Wand zeigt St. Jakob, den Maurentöter, mit gezogenem Schwert auf seinem galoppierenden Roß, unter dessen Hufen die abgeschlagenen Köpfe der Muselmanen liegen. Er war der Schutzpatron der Konquistadoren, die mit dem Schlachtruf »Santiago!« einen ganzen Kontinent eroberten. Die Hauptfassade ist mit einem tropischen Dschungelmuster aus steinernem Filigran überzogen. Im weiß schimmernden Rankenwerk aus Blüten, Blättern und Kaktusstämmen verstecken sich Muscheln, Heiligensymbole und eine vielfüßige Raubkatze – ein später Nachfolger des heidnischen Jaguargottes!

Besonders prunkvoll und feierlich wirkt La Compañia am Abend, wenn die Dämmerung über der Stadt heraufzieht. Dann wird der Haupteingang angestrahlt, erscheint das verästelte Netzdekor der Fassade im Spiel von

Licht und Schatten noch verwirrender und geheimnisvoller. Dann sind die mächtigen Portale für Besucher der Messe weit geöffnet, und man sieht im Hintergrund, wie eine riesige funkelnde Monstranz, den Hochaltar. Das aufwärts strebende Gebilde aus Zedernholz ist von oben bis unten mit Blattgold (Pan de Oro) bedeckt und glüht im Schein unzähliger Kerzen.

Selbst eilige Passanten bleiben, wie von einem magischen Feuer angezogen, kurz auf der Straße stehen und schlagen das Kreuz.

IN RICHTUNG COLCA. Früh am Morgen, gegen 4.30 Uhr, brechen wir in Arequipa auf. Unsere beiden Mercedes-Jeeps stehen vollbeladen und startklar vor dem Hotel »Portal«. Die Plaza ist bis auf ein paar unter den Arkaden schlafende Zeitungsjungen menschenleer.

Wir fahren in Richtung Norden und gewinnen auf der serpentinenreichen Schotterpiste schnell an Höhe. Tief unter uns bleibt das Lichtermeer der Stadt zurück. Rechts hebt sich der schwarze Kegel des Vulkans Misti schon klar vom zartlila getönten Morgenhimmel ab.

Als wir die *Pampa de Cañahuas* (»Indianerhirsesteppe«) erreichen, schiebt sich der Sonnenball hinter dem Vulkan hervor und taucht das gegenüberliegende Chachani-Massiv in flammendes Rot.

Das 3800 Meter hohe Plateau liegt flach wie ein Brett zwischen den kahlen Bergrücken. In der baumlosen Gebirgssteppe wachsen nur wenige widerstandsfähige Pflanzen: hartes Ichu-Gras und das niedrige, zypressenartige Gesträuch der Tola (Färberstaude). Graubraune Vizcachas (Pampahasen) huschen über die Piste, stellen sich in respektvoller Entfernung auf die Hinterbeine und reiben sich mit den Vorderpfoten ihre frierenden Nasen. Es ist bitterkalt.

Hinter einer Wegkrümmung steigt Wolfgang voll in die Bremsen. Die Begegnung kam völlig überraschend: Nur wenige Meter vom Straßenrand entfernt, stehen sie zu sechst und schauen ohne Scheu zu uns herüber. Ihr honigfarbenes Fell glänzt seidig in der Sonne. *Vicuñas,* wildlebende Kamelschafe, die stolzen Verwandten der Lamas! Erst als wir ihnen mit unseren Kameras auf den Pelz rücken, drehen sie den schlanken Hals und entfernen sich ohne Hast auf grazilen Beinen (Abb. 74).

Einst sicherten die Inka-Herrscher mit ihrem strengen Jagdrecht den reichen Bestand an Vicuñas. Heute schießen sie geldgierige Wilderer in der peruanischen Puna wegen ihrer feinen, weichen und deshalb äußerst begehrten Wolle ab.

Hier oben aber leben noch etwa 3000 dieser eleganten Tiere in grenzenloser Freiheit. Sobald die ersten Sonnenstrahlen den Boden erwärmen, ziehen sie in Rudeln von fünf oder sechs – ein kräftiges männliches Leittier und sein Harem – zu den blauen Seen, mischen sich dort unter Wildenten, Andenmöwen und Flamingos und schlürfen das frische Wasser. Die Pampa de Cañahuas ist ein einmaliges Tierparadies.

Verdammt dünne Luft hier oben! Doch wir hatten uns vorher ausreichend an die Höhe gewöhnt und auch die Fahrzeuge entsprechend präparieren lassen. Erfahrungsgemäß bringt ein normal eingestellter Motor ab 3500 Metern nur noch etwa 40 Prozent seiner ursprünglichen Leistung. Einige Veränderungen am Vergaser – und das Problem ist gelöst, der Motor aber auch wesentlich durstiger.

Hinter dem 4800 Meter hohen Paß fesselt uns ein gewaltiges Panorama. Die Kette mächtiger Schneevulkane scheint in der klaren Luft zum Greifen nahe: Ampato, Sabancaya – mit Rauchpilz! – und Hualcahualca ragen in den tiefblauen Himmel. Der Ampato (6288 Meter) ist der höchste Berg im ganzen Umkreis. Sein Name stammt aus der Quechua-Sprache und bedeutet »Kröte«. Das spanische Wort dafür – »sapo« – bildet den Kern einer Redewendung und wird der unheimlichen Aktivität des Vulkans gerecht: *Echar sapos y culebras* – »Gift und Galle spucken«. Im Juli 1785 spie der Ampato zum letzten Mal Feuer.

Es ist fast Mittag. Die Eiszungen oberhalb der Straßenböschung beginnen zu schmelzen; glitzernde Rinnsale überqueren die Piste und verwandeln sie in eine tückische Rutschbahn. Wir halten an. Auf der ockerfarbenen Hochfläche erheben sich Hunderte hellgrüner Halbkugeln. Von weitem sehen sie aus wie mit Moos überzogene Rundlinge.

Doch dieser Eindruck täuscht. Die gewölbten Kissen fühlen sich zwar hart und rauh wie Stein an, sind aber Pflanzen, die nur hier oben, in über 3000 Metern Höhe wachsen und dafür sehr viel Zeit brauchen. Sie heißen *Yaretas* und sind mit unserer Petersilie verwandt. Ihre winzigen, fleischigen Blätter halten den Wasserverlust in den von ihnen bevorzugten Trockengebieten so gering wie möglich (Abb. 73).

Ich versuche, mit meinem Messer ein Stück herauszuschneiden. Vergeblich! Erst mit einer Spitzhacke aus dem Jeep können wir das gerundete Polster aufbrechen. Sein Inneres zeigt Tausende von schlanken, hellbraunen Blütenstempeln mit einem geometrischen Querschnitt, der an Kristallstrukturen erinnert. Diese faserige Masse bildet die übereinandergelagerten Schichten vieler Vegetationsjahre.

Die Yareta, dieses leuchtende Naturwunder der rauhen Andenzone, enthält sehr viel Harz. Die Indios zerschlagen die Pflanzen, lassen sie einige Wochen trocknen und benutzen sie dann als Brennstoff. Er erreicht weit höhere Temperaturen als Holz. Sogar in Arequipa wird die Yareta in den Öfen einiger Bäckereien verfeuert. Auch wir nehmen ein paar Brokken dieser ungewöhnlichen Steinpflanze mit und machen nach vierzehn Tagen die Probe aufs Exempel: Das Zeug brennt wie Zunder!

Bei der stundenlangen Fahrt durch die einsame Gegend kann man sich kaum vorstellen, daß hier jemals Menschen lebten. Und doch war die trostlose Hochebene schon vor langer Zeit besiedelt. Dies verraten uralte Spuren menschlicher Phantasie in Höhlen und unter Felsabbrüchen.

In der Höhle von Sumbay kann man über 500 Zeichnungen sehen, die vor rund 8000 Jahren in den Farben weiß, rot und gelb auf das Gestein gepinselt wurden. Sie zeigen Kamelschafe, Ñandus (Pampa-Strauße), Raubkatzen und Menschen. Leider hat der Vandalismus unserer Tage einen Teil davon zerstört. Der Eingang zu dieser prähistorischen Bildergalerie ist jetzt mit einem Eisengitter verschlossen.

Besser erhalten sind die Wandmalereien und Petroglyphen in der Wohnhöhle von Mollepunku, die erst 1965 von dem Archäologen Eloy Linares Málaga aus Arequipa entdeckt wurde.

Mollepunku oder auch Mullepunku bedeutet soviel wie »Muscheltor«. *Mulle* ist eine indianische Bezeichnung für große Spondylus-Muscheln aus Ecuador, in die Zauberpriester bei Zeremonien hineinbliesen, um mit dem tiefen, magischen Klang die Götter anzurufen.

Der Platz liegt unter einem Felsvorsprung inmitten einer Heidelandschaft, die mit Färberstauden (Boccharis Incana) bewachsen und von vulkanischen Glasbrocken übersät ist. Die Höhle mißt sieben mal vier mal fünf Meter und enthält drei Wohnräume, die offenbar bis in jüngste Zeit benutzt wurden. Das beweisen die verräucherten Wände, an denen sich uralte Einritzungen und Reliefs befinden. Unter der Rußschicht entdeckt man auch noch Farbreste.

Die Motive ähneln denen in der Höhle von Sumbay und dürften genauso alt sein: bewundernswert naturalistisch getroffene Lamas, frei stehend, von Hirten an Seilen gezogen oder in einem Stall eingepfercht; große Tierdämonen und geometrische Muster in rötlichen Silhouetten.

Es sind elementare Bilder, auf das Äußerste abstrahiert, ohne Gesichtszüge und ohne Bewegung. Sie scheinen auf geheimnisvolle Weise aus der Tiefe des Felsens aufzutauchen und hingen höchstwahrscheinlich mit einem Fruchtbarkeitszauber oder der Beschwörung von Erdgeistern zusammen. Verschiedene Opferstellen und ein geplündertes Grab deuten zusätzlich darauf hin, daß Mollepunku nicht nur als Wohnort, sondern auch als Kultstätte diente.

In weiten, problemlos zu fahrenden Schleifen geht es jetzt ständig bergab. Wir passieren zwei gewaltige Granitfelsen, die das Tor zu einer völlig anderen Landschaft und Klimazone bilden: die steinerne Pforte zum Colca-Tal (Abb. 69).

Über dem steilen Ufer des Rio Pulpera, der in den Colca fließt, glaubt man tibetanische Pagoden, griechische Tempel und mittelalterliche Kastelle zu sehen. Die Einheimischen nennen sie *castillos encantados*, »verwunschene Schlösser«.

Doch diese kühnen Phantasiebauten sind ein Werk der Natur. Wind und Regen, Hitze und Frost haben sie aus den weichen Lehmformationen herausgeschliffen, wobei das härtere Felsgestein als Fundament oder Decke für Säulen und durchlöcherte Wände stehen blieb. Mehrere akkurat modellierte, in fast regelmäßigen Abständen hintereinander aufragende Sandstein-Schäfte bilden die Pfeiler einer nie vollendeten Brücke. Diese bizarre Freilichtarchitektur ist jedoch nur ein Vorgeschmack auf die Naturwunder des Colca-Canyons.

Kurz vor Sibayo erreichen wir die breite Schotterebene des legendären Flusses und überqueren ihn auf einer Stahlkonstruktion, die uns nach der grandiosen, in den Himmel führenden Naturbrücke ungemein häßlich und deprimierend erscheint.

ZWISCHEN DÄMONENGLAUBEN UND HEILIGENVEREHRUNG. Verschreckt durch laut detonierende Feuerwerkskörper, sprengt ein pechschwarzes Pferd in wildem Galopp quer über die Plaza von Alt-Sibayo.

Sein Reiter ist offenbar völlig betrunken, eingenebelt vom hochprozentigen *Trago*, dem Zuckerrohrschnaps der Sierra. Er hängt mit dem Oberkörper fast am Bauch des Tieres, nur ein Fuß steckt noch im Steigbügel, der andere wippt rhythmisch über dem Pferderücken. Der Mann hat sich mit einer Hand in der langen Mähne festgekrallt und müßte eigentlich jeden Moment herunterfallen. Aber wie durch ein Wunder trägt ihn der Gaul heil bis zu einem Lehmtor am Rande des Platzes, wo ihn ebenfalls nicht mehr nüchterne Teilnehmer einer Prozession erstaunlich geschickt und ohne den geringsten Vorwurf aus seiner überaus mißlichen und nicht ungefährlichen Lage befreien.

Nachdem sie ihn sanft auf den staubigen Boden gebettet haben, bauen sich ein paar schwankende Musikanten im Kreise auf, blasen die Tubas oder greifen in die Saiten der *Arpas*, jener traditionellen riesigen halbkegelförmigen Harfen.

→ 71. Wie später christliche Heiligenfiguren wurden früher Inka-Herrscher in Prunksänften getragen (1615)

segun da persona bizorey del ynga
313

Doch selbst dieses Geräuschinferno vermag den im Vollrausch Erstarrten nicht zu wecken. »Bei Don Lucho schaffen das nicht mal die Posaunen von Jericho«, lallt einer der indianischen Zuschauer in gebrochenem Spanisch. Don Lucho scheint eine wichtige Persönlichkeit des Ortes zu sein, zudem bekannt für seine alkoholischen Exzesse.

Sonne und Mond tanzen kreischend um uns herum. Wir verstehen kein Wort und wissen auch nicht, wer sich hinter den bunten Masken mit den Symbolen der beiden Himmelskörper verbirgt, schätzen aber aufgrund der Körpergröße, daß es eigentlich nur Kinder sein können. Kinder, die völlig enthemmt nach unseren Taschen und Fotoapparaten greifen.

Die Szenen, die wir an diesem Spätnachmittag des 24. Juni 1987 in Alt-Sibayo erleben, könnten einem surrealistischen Film entstammen, die Figuren einem der dämonischen Rätselbilder von Hieronymus Bosch entsprungen sein: Ein verkrüppelter Mensch wird behutsam in eine Art Sänfte gesetzt, mit einem Kräuterkranz gekrönt und zwischen quiekenden Schweinen liebevoll mit Schnaps versorgt.

Betrunkene Frauen, die steifen Hütchen verrutscht auf den schwarzen Zöpfen, drängen sich verärgert und mit obszönen Gebärden um die mächtigen Tröge, in denen sie Chicha, vergorenes Maisbier, zubereiten. Es paßt ihnen nicht, daß wir die gewaltigen Mengen von Alkohol filmen wollen. Ihre Männer nehmen eine drohende Haltung an. Ukukus, Bärenmenschen in zottigen Tierfellen, kommen uns mit ihren knallenden Hanfpeitschen gefährlich nahe. Es wird höchste Zeit, daß wir verschwinden. Schon viel zu lange haben wir Gringos das Fest der Indianer in Alt-Sibayo gestört.

Dabei hatte die *Fiesta de San Juan*, die Feier zu Ehren des Kirchenpatrons Johannes des Täufers, am frühen Morgen mit jener harmlosen Fröhlichkeit und verhaltenen Würde begonnen, die den Charakter der Indios durchweg kennzeichnen. Merkwürdig war nur, daß die Veranstaltung in einem fast menschenleeren Dorf stattfand (Abb. 78).

Alt-Sibayo, 1570 von den Spaniern gegründet, liegt am Talende vor einer grandiosen Bergkulisse. Als 1972 die neue Straße nach Tuti und Chivay gebaut wurde, verließen die Einwohner den Ort und legten in nur 1,5 Kilometer Entfernung, direkt am Verkehrsweg, Neu-Sibayo an. In den mit dicken Schilflagen gedeckten Adobe-Häusern des Kolonialdorfes leben nur noch drei Familien.

Zu besonderen Anlässen aber, wie am Fest Johannes des Täufers, kommen Hunderte von Besuchern aus Neu-Sibayo und Umgebung hierher. Unter Glockengeläut tragen auserwählte Männer auf ihren Schultern ein reich geschmücktes Gestell mit der Holzfigur des Heiligen aus der

↑↑ 72. Im »Tal der Vulkane«, Peru

↑ 73. Die steinharte Hochlandpflanze Yareta

↑ 74. Vicuñas, wildlebende Kamelschafe

← 75. Der goldstrotzende Hauptaltar der Dorfkirche von Maca

↑↑↗ 76. und 77. Marktfrauen in Yanque

↑ 78. Prozession beim Fest Johannes des Täufers in Sibayo

↑ 79. In der Kirche von Maca berührt die weise Frau einen Kranken mit einer geweihten Puppe. Dieser Brauch (*Sobado*) geht auf uralte heidnische Heilpraktiken zurück

↑ 80. Ein Kondor schwebt durch die Colca-Schlucht

→ 81. Schon die alten Peruaner bildeten den Kondor auf Gefäßen ab. Nazca-Stil, 100–700 n. Chr. (Nationalmuseum für Anthropologie und Archäologie in Lima)

→→ 82. Eine riskante Aktion: Auf einer schmalen Plattform vor einer Steilwand legen Archäologen in 110 Metern Höhe zwei Felsgräber frei

↑ 83. In Stein gehauenes Architekturmodell aus der Zeit der Collaguas mit dem maßstabgenauen Verlauf von Terrassenfeldern und Bewässerungskanälen

→ 84. Der Komplex des »Amphitheaters« mit dem Rio Colca aus der Luft

↑ 85. Turbangeschmückter Schädel eines Fürsten und farbig bestickte Borte seines Totengewandes vom »Friedhof der Plattköpfe«. Der Farbstoff für den roten Kopfschmuck wurde aus Koschenille-Schildläusen gewonnen. (Universitätsmuseum Arequipa)

Kirche, die zwischen 1692 und 1751 errichtet wurde. Ehrfürchtig folgt die Gemeinde; selbst Betrunkene ziehen den Hut vor dem hoch über allen Köpfen schwebenden San Juan.

Das Herumführen von Heiligenbildern ist zwar gute katholische Tradition, in diesem rein indianischen Gebiet jedoch erinnert der Brauch unwillkürlich an vorchristliche Zeremonien, bei denen der Inka-Herrscher in einer vergoldeten Sänfte über seine zu Boden gesunkenen Untertanen hinweggetragen wurde (Abb. 71).

Vor dem Schaugerüst mit der Heiligenstatue tanzen die Personifikationen von Sonne und Mond, die man früher wie Götter verehrte. Auch wenn der christliche Märtyrer über sie triumphiert, sind sie doch noch immer gegenwärtig und spielen im Glauben der Indios eine elementare Rolle.

Gemessenen Schrittes, unter feierlichem Gesang und mit der schrillen musikalischen Begleitung durch eine Blaskapelle, die nur selten den richtigen Ton trifft, zieht die Prozession um die quadratische Plaza vor der Kirche. Dabei hält sie an jeder der vier Ecken an, das Heiligenbild wird niedergesetzt, und man spricht ein kurzes Gebet.

Dieses Verweilen des Festzuges an ganz bestimmten Punkten haben wir auch bei der *Fiesta de San Antonio* in Maca, einem anderen Colca-Dorf, beobachtet. Dort gab man uns folgende Erklärung: Die Gläubigen gedenken an jenen Stellen vier Kapellen, die einst an den Ecken der Plaza standen und dann dem Bau von Wohnhäusern weichen mußten.

Doch auf dem Dorfplatz von Sibayo hat es solche Kapellen nie gegeben. Warum also bleibt die christliche Prozession für wenige Minuten an den vier Ecken stehen?

Fragt man die Einheimischen, antworten sie: *Es una costumbre* – »Es ist eben so Sitte«. Dieser Brauch hängt höchstwahrscheinlich mit der uralten, vorspanischen Kosmologie der Indianer zusammen. Sie stellten sich die Welt als ein Quadrat vor, das an seinen vier Ecken im Universum befestigt war. Nach diesem kosmischen Vorbild legten sie auch ihre Städte an: Mit dem rechteckigen, meist quadratischen Festplatz im Zentrum, von dem die Hauptstraßen in alle vier Himmelsrichtungen führen, sich mit Nebenstraßen kreuzen und rechtwinklige Häuserblocks umrahmen. Das Schachbrettmuster vieler Orte in Peru oder Bolivien ist also keineswegs eine europäische Erfindung, sondern geht auf präkolumbische Siedlungsmodelle zurück.

Ohne daß es ihnen heute noch bewußt ist, wandeln die Prozessionsteilnehmer in Sibayo, Maca oder andernorts auf den Spuren ihrer heidnischen Vorfahren, wenn sie an den Ecken der Plaza und damit an den vier Fixpunkten einer versunkenen Welt andächtig innehalten.

In Maca haben wir erlebt, wie zur Fiesta de San Antonio Krüppel, Kranke und Schwerbehinderte in die Kirche Santa Ana geführt wurden. Die riesige Halle hat keine Bänke, dafür eine einzigartige Wandverkleidung aus goldstrotzenden Haupt- und Seitenaltären im typischen Mestizenbarock indianischer Prägung (Abb. 75).

Die mitleiderregenden Gestalten wurden auf den lehmgestampften Boden gebettet oder knieten, sofern sie es konnten, nieder. Eine weise Frau, Mitglied der katholischen Gemeinde, aber auch bewandert in altindianischen Heilpraktiken, holte aus einem Tabernakel eine kleine Heiligenpuppe und berührte damit jene Stellen, an denen die Kranken Schmerzen verspürten.

Diese Methode wenden auch die *Brujos* und *Curanderos* an, die Hexenmeister und Wunderheiler im Norden Perus. Neben Püppchen, die mit geheimnisvollen Zeichen bemalt sind, benutzen sie allerdings auch getrocknete Katzenpfoten, Jaguartatzen, ja sogar lebende Meerschweinchen, denen später mit dem langen, gekrümmten Fingernagel der Bauch aufgeschlitzt wird, um festzustellen, welche Gifte sie aufgesogen haben.

Die heilige Puppe oder der zauberkräftige Körperteil eines Tieres nehmen bei der Berührung (*Sobado*) jene bösen Geister in sich auf, die den Menschen befallen haben, schlimme Krankheiten verursachen und für die kaum Ärzte zur Verfügung stehen (Abb. 79).

So gelten selbst an christlicher Stätte uralte Riten und Mittel, wenn auch unter anderen Vorzeichen. Hilfreich für den Genesungsprozeß ist in beiden Fällen das volle Vertrauen des Patienten in die Heilkunst des Arztes, sei es ein frommer Katholik oder ein Medizinmann, der mehr der Naturreligion anhängt.

Viele Heiligenfeste in Peru sind nur auf den ersten Blick christliche Feiern. Besonders in abgelegenen Gegenden betrachten die Indios sie oft nur als Vorwand, um ihrer großen Ahnen zu gedenken, den guten Geistern der Erde zu opfern und die gefährlichen Dämonen magisch zu bannen. Im Schlagschatten des Kreuzes behalten sie ungebrochen ihre traditionellen Zeremonien bei.

Die alten Götter sind höchst lebendig, und der Glaube an sie sitzt tief in den Seelen der Menschen, gerade im Colca-Tal.

DAS ERBE DER COLLAGUAS. Die etymologische Herkunft des Flußnamens Colca ist nicht einwandfrei gesichert.

Aymará- und Quechua-Indianer bezeichnen mit dem Wort »collca« steinerne Getreidespeicher, in denen man in präkolumbischer Zeit den

Mais aufbewahrte. Es gab sie überall im Inkareich, und sie standen, wie der Chronist Bernabé Cobo schreibt, »immer außerhalb der Ortschaft, an hochgelegenen, frischen und luftigen Stellen, nahe der Landstraße, damit das, was in ihnen gelagert wurde, gegen Regen, Feuchtigkeit und Verderbnis geschützt war«.

Wir hatten 1986 Dutzende solcher Silos im Territorium der versunkenen *Yaro*-Kultur bei Tantamayo am oberen Marañón entdeckt, im Colca-Gebiet jedoch nur wenige. Dennoch könnte diese Namensableitung gut passen, denn das Tal ist eine einzige große Kornkammer.

Wohl eher aber hängt der Begriff »Colca« mit den *Collaguas* zusammen, den Ureinwohnern dieser Zone. Unbehelligt von den Inkas, die ihr Land nur für kurze Zeit besetzten, beherrschten sie die Hochflächen und die Flußauen bis zum Rand der Küstenwüste.

Ihre archäologischen Überreste sind beachtlich und beweisen, daß die Collaguas eine ähnlich hohe Zivilisationsstufe wie die Inkas erreichten und ebenso fortschrittliche Baumeister oder geniale Landschaftsarchitekten wie jene waren.

Einer ihrer Hauptorte war Munayshenqua, auch Juscallacta genannt, was soviel wie »Stadt der Pflanzer« bedeutet. Man erreicht sie auf einer schmalen Piste, die zwischen Yanque und Achoma nach Süden ins wunderschöne Gebirge führt.

Mächtige Steinwälle und Hausruinen mit fast sechs Meter hohen Wänden klettern die Hänge hinauf und verteilen sich auf künstlich planierten Flächen. Die Gebäude bestehen aus kleinen Bruchsteinen, die miteinander vermörtelt und dann getüncht wurden. An einigen Stellen sieht man sogenannte »Sarunas« (»fliegende Treppen«), Vorsprünge im Mauerwerk, die beim Bau das Holzgerüst ersetzten: Man stellte sich auf sie, um den oberen Teil der Wände zu errichten. An ihren Innenseiten findet man auch noch Reste des Verputzes aus gelbem Limonit oder rotem Hämatit, mineralischen Erdfarben, die in der Gegend reichlich vorkommen.

Neben den rechteckigen Wohnhäusern stößt man auf ein paar kleinere, kreisrunde Konstruktionen. Es sind *Chullpas*, Grabtürme, in denen die verstorbenen Oberhäupter der Stadt beigesetzt wurden.

Juscallacta muß eine ausgedehnte Anlage gewesen sein, die wie ein Adlerhorst von einem strategisch äußerst günstigen Punkt aus das tieferliegende Gebiet überwachte und beherrschte.

Die Collaguas haben die Hänge auf beiden Seiten des Rio Colca sozusagen in einem zweiten Schöpfungsakt völlig neu gestaltet. Sie schnitten in mühevoller Arbeit Tausende von Terrassenfeldern (*Andenes*) aus dem Boden, bewegten dabei Millionen von Kubikmetern Erde, errichteten

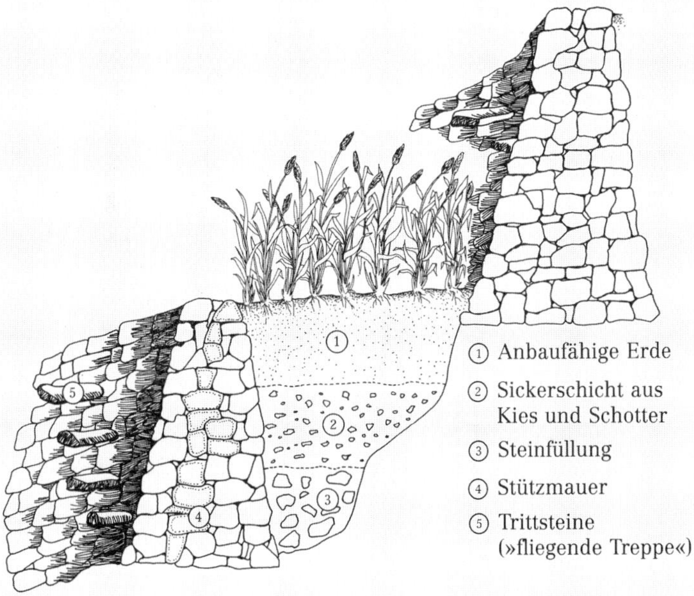

86. Querschnitt durch den Aufbau der Feldterrassen, den sogenannten Andenes, die von den Ureinwohnern des Colca-Gebietes, den Collaguas, in mühevoller Arbeit geschaffen wurden. Bemerkenswert ist ihre planvolle Entstehung.

äußerst stabile Stützmauern, legten Bewässerungssysteme an, die zum Teil noch heute funktionieren, und schufen so einzigartige Anbauflächen, auf denen Kartoffeln, Mais, Gerste und *Quínoa* (Chenopodium quínoa) wuchsen (Abb. 86).

Quínoa ist eine Hirseart, die selbst in hohen Gebirgslagen gedeiht und deren Körner über fünfzehn Prozent Protein enthalten. Die Indianer verwenden ihr Mehl zum Backen, essen aber auch die frischen Blätter als wohlschmeckendes Gemüse.

Außerdem baute man *Kiwicha* an, eine sehr ertragreiche Getreidesorte mit einem hohen Gehalt an Eiweiß, Kohlehydraten, Aminosäuren und Lecithin. Dieses »heilige Korn der Inkas« wurde später von den Spaniern als »Unkraut des Teufels« verboten und durch den aus Europa importierten Weizen verdrängt, der aber an den rauhen Andenhängen nicht sonderlich gut gedieh.

Inzwischen fand der peruanische Wissenschaftler Luis Sumar Kalinowsky heraus, daß die winzigen Körner der Kiwicha Gedächtnis und Nerven stärken, Magengeschwüre und Tuberkulose heilen und das Altern verzögern. Die amerikanische Weltraumbehörde NASA hat die Kiwicha bereits in das Menü ihrer Astronauten aufgenommen.

Jetzt soll die uralte indianische Nutzpflanze wieder rekultiviert und als hochwertiges Nahrungsmittel im Lande populär gemacht werden.

Mario Vargas Llosa, Perus meistgelesener Schriftsteller der Gegenwart, stellt nach einem Besuch im Colca-Tal fest: »Wenn man diese Feldterrassen betrachtet, dann glaubt man der Behauptung der Historiker, daß das alte Peru alle seine Bewohner ernähren konnte: eine Leistung, die keine spätere Regierung imstande war zu wiederholen.«

Die »hängenden Gärten« wurden in einer ökologisch vorbildlichen Weise angelegt, indem sie sich den natürlichen Formationen des Geländes harmonisch anpassen.

Sie entstanden nach wohldurchdachten Plänen, die bis heute erhalten blieben; sie sind steinerne Dokumente, die einmalig sind für ganz Südamerika: Unterhalb der Straße Maca–Cabanaconde befinden sich mehrere solche von Menschenhand bearbeitete Felsblöcke.

Der am besten erhaltene steht bei Choquetico. In drei Sektoren aufgeteilt, meißelten die Landschaftsarchitekten der Collaguas den Terrassenverlauf, die Wasserspeicher und Kanaltrassierungen für die Anlagen auf der gegenüberliegenden Talseite. Es ist erstaunlich, wie flächen- und winkelgetreu diese »dreidimensionalen Baupläne« aus dem Gestein herausgehauen wurden (Abb. 83).

Ob freilich alle Architekturmodelle schon da waren, noch bevor die Terrassen gebaut wurden, bleibt offen. Möglicherweise entstanden einige auch später, als Miniaturwiedergabe der realen Felder und als Kultstätte, an der die Indianer opferten, um die Fruchtbarkeit ihrer Äcker zu sichern. Noch heute werden im Gebiet von Cabanaconde auf solchen jahrhundertealten Felsaltären mit den Andenes-Mustern vor der Aussaat Lamas geschlachtet, deren Blut der lebenspendenden Erdmutter Pachamama zum Trinken geopfert wird.

Der wohl eindrucksvollste Terrassen-Komplex liegt zwischen Coporaque und Yanque und bildet ein regelrechtes Amphitheater am Flußufer. Ein Indiojunge führt uns durch die Anlage. Leichtfüßig klettert er die Trittsteine hoch, die diagonal aus den Stützmauern herausragen und als Treppe zum nächsthöheren Feld dienen (Abb. 84).

Die Agrarflächen werden wie vor Jahrhunderten bestellt. Durch schmale, in Stein gefaßte Kanäle schießt das Wasser an abschüssigen Hängen herunter. Es kann jederzeit durch das Versetzen bestimmter Quader auf die Äcker umgeleitet werden. Einige Mauern enthalten trapezförmige Öffnungen zur Lagerung von Saatgut und Ernte. Außerdem zeigt uns Manolito, unser kleiner Begleiter, sorgfältig ausgehauene Nischen, die eine völlig andere Funktion hatten. Der in Lima lebende Australier John Earls, ein Computer-Fachmann und Astronom, fand in jahrelangen Beobachtungen heraus, daß nur zur Wintersonnenwende auf der Südhalbkugel, um den 22. Juni, das Sonnenlicht in diese künstlichen Höhlen fällt und sie völlig ausleuchtet. Vermutlich standen einst Figuren aus Gold oder Silber in den Nischen; Fruchtbarkeitsidole, die an diesem Tag, einem der wichtigsten im Kalenderjahr der alten Kulturen Amerikas, regelrecht angestrahlt wurden.

Wenn man sich vergegenwärtigt, daß noch heute die Fiesta del Inti Raymi, das Fest der Wintersonnenwende, jedes Jahr am 24. Juni in einem farbenprächtigen Folklore-Spektakel vor der Zyklopenfestung Sacsahuamán oberhalb Cuzcos gefeiert wird, kann man sich gut vorstellen, welche Bedeutung dieses Datum, an dem die Arbeit auf den Feldern begann, auch für die Bauern des Colca-Tales hatte.

Sicherlich war auch das »Amphitheater« bei Coporaque nicht nur ein gigantischer landwirtschaftlicher Komplex, sondern gleichzeitig ein Observatorium und Heiligtum, wo die Priesterastronomen der Collaguas und Inkas zur Wintersonnenwende den Segen der Götter herabflehten und die andächtig staunende Bevölkerung in den im Sonnenlicht glänzenden Metallfiguren ein gutes Omen für eine reiche Ernte erblickte.

Höhepunkt unserer historischen Spurensuche war eine aufwendige und gefährliche Aktion nordöstlich von Yanque. An dieser Stelle, die die Einheimischen Chininía nennen, hat sich der Fluß einen tiefen, äußert schmalen Weg durch die Gesteinsbarrieren gebahnt. Von oben kann man den Colca nicht sehen, nur das gurgelnde Geräusch der Stromschnellen dringt dumpf aus der Schlucht.

Im unteren Teil der Steilwand am Südufer hatten wir mehrere Gräber entdeckt, die vor Jahrhunderten in den Fels gehauen und mit kleinen Steinen vermauert worden waren. Sie kleben wie riesige Wespennester unter den Vorsprüngen und ähneln altindianischen Bestattungsanlagen im Südwesten der USA (Mesa verde, Colorado).

Zweifellos waren diese Einzelgräber, die in mühsamer Arbeit und unter Lebensgefahr über dem schwindelerregenden Abgrund entstanden, nicht für normale Sterbliche bestimmt, sondern für Häuptlinge, die zu Lebzeiten sehr einflußreich und vermögend gewesen sein müssen. Wohl deshalb haben die Schatzsucher die meisten aufgebrochen und ausgeraubt. Nur an der abschüssigsten Stelle gab es zwei Gräber, die äußerst schwer zu erreichen sind und unberührt aussahen. Konnte ihr Geheimnis gelüftet werden? Der junge Archäologe Pablo de la Vera Cruz aus Arequipa besaß eine Grabungslizenz und erklärte sich bereit, diese beiden Gräber für unseren Fernsehbericht zu öffnen. Das war jedoch ohne sichere Abstiegshilfe über die lotrechte Wand völlig unmöglich.

So mußten wir in Arequipa vier Andinisten (in Südamerika das Pendant zu den Alpinisten) anheuern, die die Aktion im Colca-Canyon gründlich vorbereiteten. Unter Leitung des erfahrenen Bergführers Abel Colana säuberten sie zunächst das in einem Winkel von 50 Grad abfallende Plateau von lockerem, rutschigen Erdreich, schlugen Metallpfähle in den festen Untergrund und legten eine Seilstrecke an.

Eine große Tischplatte wurde mit sechs weiteren Seilen verbunden, zuerst über den schrägen Hang und dann an der senkrechten Wand heruntergelassen. Etwa zwanzig Meter tiefer befestigten die Bergsteiger diese Arbeitsplattform für den Archäologen und unseren Kamera-Assistenten Joachim mit drei Haken im Gestein. Udo, Wolfgang und ich standen mit der zweiten Kamera am Rand des gegenüberliegenden Felsufers und filmten von dort das »Unternehmen Colca-Grab«.

Pablo stülpte sich den Schutzhelm über, stieg in den Fallschirmspringergurt, in den die Führungsseile eingehakt wurden, und rutschte das obere Stück auf dem Bauch bis zu jener Stelle, wo der Berg senkrecht abknickt. Ab da schwebte er langsam am Seil nach unten und landete sicher auf der leicht schaukelnden Holzplatte, 110 Meter über dem tosenden Wildwasser. Wenig später folgte ihm Joachim, mutig und fast wie ein Profi, obwohl er diese extreme Sportart zum ersten Mal in seinem Leben ausübte (Abb. 82).

Der Archäologe inspizierte das erste Grab gründlich von außen und teilte uns über Sprechfunk mit, daß die Abdeckung aus kleinen Steinen teilweise eingebrochen war. Dann spannte er eine Schnur vor das Mauerwerk, an der eine Wasserwaage befestigt war. Damit schuf er sich einen künstlichen Horizont, von dem aus er die Gräber nach oben und unten vermessen konnte. Die Höhe des ersten Grabes betrug 110 Zentimeter seine Breite 70 Zentimeter. Auch diese Daten gab Pablo per Funkgerät nach oben durch, wo sie ein Helfer sofort notierte.

Anschließend schwang sich der Archäologe von der Plattform in den Felsunterschlupf und verschwand mit dem Oberkörper in der Graböffnung. Kurz darauf erfuhren wir, daß er dort auf eine fast einen Meter hohe, betonharte Schicht aus Vogelmist (Guano) gestoßen war. Mehrere Stunden lang wurde sie mit Spitzhacken zerbröselt, und Plastikbeutel beförderten das pulverisierte Material über die Seilstrecke nach oben. Hier untersuchte es Pablos Assistentin Lucy sorgfältig in einem Sieb, entdeckte aber nichts Aufsehenerregendes. Nachdem der Guano-Berg völlig abgetragen war, fand der Archäologe auf der Grabsohle lediglich ein geschnitztes Stück Holz und ein paar kleine Steinperlen.

Ebenso erging es uns mit dem zweiten Grab. Auch dort war das steinerne Dach eingestürzt, auch dort füllte nur erstarrter Vogelmist die Kammer. Natürlich waren wir enttäuscht, daß wir trotz großen Aufwandes, sorgfältiger Vorbereitung und der Mitarbeit von absoluten Experten keine Mumie oder gar wertvolle Beigaben herausgeholt hatten. Einen sensationellen Schatz hatten wir sowieso nicht erwartet, weil das in dieser Gegend Perus völlig auszuschließen ist. Doch zumindest einige Tongefäße – darauf hatten wir schon gehofft. Schade!

Nur ungern akzeptierten wir Pablos Erklärung für die leeren Gräber: Seiner Ansicht nach waren die steinernen Abdeckungen bereits vor langer Zeit zerstört worden, aber nicht von Schatzsuchern, sondern durch ein Erdbeben. Die offenen Schächte seien dann jahrhundertelang von Raubvögeln als Nistplatz benutzt worden. Sie hätten alle organischen Stoffe gefressen: Leichenteile, Nahrungsmittel, die man den Toten auf ihre Reise ins Jenseits mitgab, Textilien aus Pflanzenfasern oder Vicuña-Wolle.

Dies leuchtete ein. Rätselhaft aber bleibt nach wie vor, warum kein einziger Gegenstand aus Metall oder Keramik erhalten geblieben war. Der Tod hat das letzte Wort, und der schäumende Rio Colca behält das Geheimnis seiner Felsgräber weiter für sich.

WENN DIE ERDGEISTER GROLLEN. Der Fluß-Canyon wurde erstmals 1930 von George Johnson, einem nordamerikanischen Flugpionier und Fotografen, erwähnt. Mitte der fünfziger Jahre begannen auch die Peruaner, den lange vergessenen Wasserlauf zu erforschen, seine Geschwindigkeit und Temperatur zu messen und Luftaufnahmen von ihm anzufertigen.

Viel später folgte dann eine weitere Premiere, die ungeheures Aufsehen erregte, weil sich der wilde Colca über Jahrhunderte zäh und erfolgreich gegen seine Bezwingung gewehrt hatte: Im Mai und Juni 1981 befuhren zum ersten Mal polnische Studenten der Universität Krakau den rund 80 Kilometer langen schwierigsten und gefährlichsten Abschnitt zwischen Cabanaconde und Andamayo mit Kajak und Schlauchboot.

Die ersten 44 Flußkilometer bis Cango nahmen elf Tage in Anspruch. Dabei mußten 30 Prozent der Strecke zu Fuß um tödliche Stromschnellen und meterhohe Katarakte zurückgelegt werden. Während des Hochwassers von Dezember bis März sind diese Stellen absolut unpassierbar. Zwischen Andamayo und Corire jedoch können heute auch weniger

87. Wildwasser-Abenteuer auf dem Rio Majes unterhalb von Andamayo. Diese Sportart ist auch als »River-Rafting« bekannt.

geübte Wassersportler einen abenteuerlichen Flußtrip unternehmen; die Reise-Agenturen preisen das als »River-Rafting« an (Abb. 87).

Die polnischen Studenten hatten seinerzeit hinter Cango den tiefsten Einschnitt des Canyons erreicht. Hoch über ihnen thronten die Dörfer Ayo und Huambo, die früher durch eine Hängebrücke aus Pflanzenfasern miteinander verbunden waren. Diese geniale Konstruktion, die schon der indianische Historiker Huamán Poma de Ayala in seiner Chronik (1615) abgebildet hat, existiert heute nicht mehr (Abb. 88).

An jener Stelle aber, wo der Rio Mamacocha in den Colca mündet, liegt einer der geologisch interessantesten Punkte im gesamten Andengebiet: der Grabenbruch von Andagua. Hier endet eine 100 Meter dicke Lavabank 50 Meter über dem Rio Colca im Leeren. Deutlich ist der Unterschied zwischen der untersten und der oberen Schicht entlang des senkrechten, stufenförmigen Bruches zu erkennen. Dieses Phänomen beruht auf einer erdgeschichtlich bemerkenswert jungen Formation, die erst vor 10 000 Jahren entstand (Abb. 90).

Zu jener Zeit lag die Sohle des Colca-Tales wahrscheinlich 150 Meter höher als jetzt. Oberhalb der Schlucht muß die Lava, die sich damals in

GOVERNADOR DE LOS PVENTES DESTE REINO
GVAMBOCHACA
328

das Andagua-Tal ergoß, einen See gestaut haben, der infolge starker Erosion längst wieder verschwunden ist. Anschließend bahnte sich der Fluß einen Weg durch die Lavamassen und noch 100 Meter tiefer bis zur unteren Quartärschicht. So blieb der Rest des erkalteten Magma-Stromes erhalten, der 50 Meter über dem heutigen Wasserlauf plötzlich aufhört. Die Lavazunge bekam durch Längsspalten Risse, und es bildete sich auf der einen Seite eine Senke, die zur Entstehung des Rio Mamacocha führte. Der Colca fraß sich weiter in das erstarrte Vulkangestein, bis er die heutige Talsohle erreichte (Abb. 89).

Die gewaltigen Energien der Erde sind gerade in diesem Gebiet noch immer heftig zu spüren. Nördlich des Grabenbruches von Andagua verläuft das berühmte »Tal der Vulkane«, das man am besten aus der Luft von Bord eines Sportflugzeuges erkundet. In einer Kaktuswüste, die oft von fruchtbaren Terrassenfeldern unterbrochen wird, ragen fast 80 erloschene Vulkankegel auf, die eine Höhe zwischen 50 und 60 Metern erreichen (Abb. 72).

Von oben hat man den Eindruck, als habe hier der bekannte Riese aus dem Märchen mehrmals einen Blumentopf mit schwarzer Erde umgestülpt und zahlreiche, verblüffend gleichförmige Türmchen in die Landschaft gesetzt. Aber die versteinerten Lavabäche zwischen den Kegeln verraten ihren natürlichen Ursprung vor erdgeschichtlich noch nicht allzu langer Zeit: Nach Ansicht von Vulkanologen bildeten sich die kleinen Krater vor rund 200 000 Jahren aus den Blasen brodelnder Lava, die damals das Andagua-Tal füllte.

Wir sind auch über dem Ubinas (5672 Meter) östlich von Arequipa gekreist, einem der aktivsten Vulkane in der Andenkette Südperus, haben der Erde in ihren feurigen Schlund geschaut und den schwefligen Atem gerochen. Trotz der Hitze ist der gesprengte Krater des Ubinas immer von Schnee gesäumt. Alte Chroniken berichten ausführlich von seinen lebensbedrohenden Eskapaden:

»Vom 7. bis 9. Februar 1599 war wiederholt ein Donnern zu hören. Am 9. begann eine tiefe Dunkelheit, und es regnete stark. Am 11., gegen 4 Uhr nachmittags, klarte es etwas auf, aber die Sonne war erst am 13. wieder zu sehen. Fünfzehn Tage lang fiel Asche vom Himmel und bedrohte die Stadt Arequipa. Ein weiterer Ausbruch ereignete sich 1662. Damals erreichte die Aschenwolke des Ubinas sogar die 300 Kilometer entfernten Pampas von Sama und Locumba.«

← 88. Die heute verschwundene Hängebrücke über den Colca bei Huambo.
Die Quecha-Bezeichnung GVAMBOCHACA bedeutet »Brücke bei Gvambo (= Huambo)« (1615)

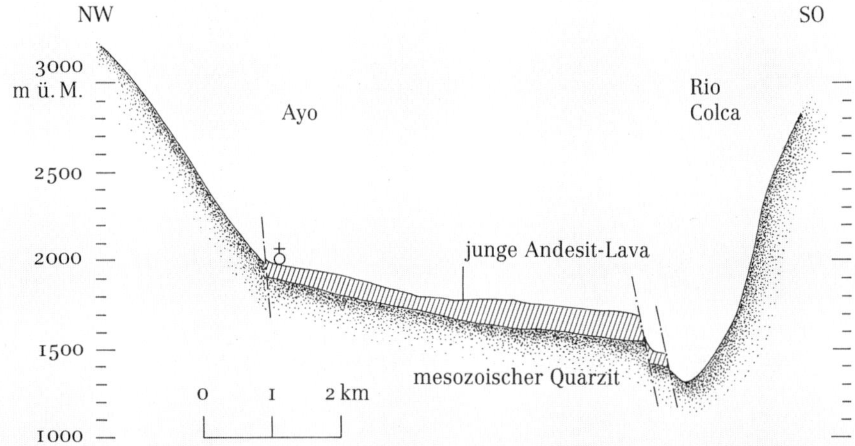

89. Profil durch die Colca-Schlucht bei Ayo (72° 15' W/15° 40' S), nach M. Weibel und Z. Fejér

→ 90. Der erst 10 000 Jahre alte Grabenbruch bei Andagua, eine der erdgeschichtlich interessantesten Stellen in den Anden

Von einem anderen Vulkan der Umgebung, dem Huayna Putina, erzählen die Geschichtsbücher, daß bei seinem Ausbruch im Jahre 1600 Asche bis nach Costa Rica geflogen sei und das Meer gekochte Fische an den Strand gespült habe. Die tückischen Launen der Erdgeister bekommen die Bewohner des Colca-Tales auch noch in anderer Form zu spüren: Bei Maca hat sich der Boden in den letzten Jahren stark gesenkt, so daß die Straße nach Cabanaconde jetzt fast zwei Meter tiefer als vorher verläuft. Um sie wieder passierbar zu machen, mußten Arbeiter das Niveaugefälle durch Kies und Schotter ausgleichen und die Trasse provisorisch befestigen. An den seitlichen Abrissen kann man die tektonischen Verwerfungen erkennen.

Zu beiden Seiten der Fahrbahn waren erst kürzlich ganze Hänge heruntergerutscht und bilden jetzt riesige Geröllhalden, die bei starken Regengüssen die Piste völlig zuschütten können. Dieser Vorgang aus jüngster Zeit beweist, daß die zerstörerischen Kräfte im Inneren der Erde gerade in dieser Zone noch längst nicht zur Ruhe gekommen sind.

BILDERSAMMLUNG »TOTER STIER«. Die berühmte Straße von Alaska, im Norden Amerikas, bis nach Feuerland im Süden, die *Panamericana*, verläuft schnurgerade von Arequipa nach Westen. Nur die Täler des Rio Vítor und Rio Sihuas muß sie kurvenreich durchqueren. Eine Abzweigung führt nach Corire und damit wieder zu unserem legendären Fluß, der hier aber schon Majes heißt. Sattgrüne Reisfelder und weißgetupfte Baumwollplantagen schimmern im heißen Dunst über dem breiten Bekken, der graugelbe Bergsaum ist nur zu ahnen.

Unsere Mercedes-Jeeps schrauben sich am rechten Majes-Ufer durch sandiges Wüstengelände, das *Toro Muerto* (»Toter Stier«) heißt, eine Bezeichnung, die mit dem Namen der nahegelegenen Hazienda Toro Grande (»Großer Stier«) zusammenhängt. Die trostlose Mondlandschaft ist mit unzähligen Felsblöcken übersät. Sie bestehen aus Tuff und Dazit, einem jungvulkanischen Erdgußgestein, mit Glimmer ausgewaschen, das außer in den Anden nur noch im rumänischen Siebenbürgen vorkommt. Ihr Farbspektrum reicht von einem dunklen Kaffeeton über helles Sepiabraun bis Cremeweiß und ändert sich zudem bei unterschiedlichem Sonnenstand oder Nebelwetter.

Das eigentlich Sensationelle aber an diesen chaotisch verstreuten Felstrümmern sind Tausende von Felsritzungen (Petroglyphen), die ihre Flächen bedecken. Sie wurden mit Keilen und Hämmern aus härterem Gestein, zum Beispiel Andesit, eingemeißelt oder herausgeschabt, und zwar über mehrere Jahrhunderte hinweg.

Der peruanische Archäologe Eloy Linares Malaga und sein deutscher Kollege Hans Dietrich Disselhoff haben 1951–1970 die Zeichnungen gründlich untersucht. Durch Motiv-Vergleiche mit Tonscherben im *Huari*-Stil vom präkolumbischen Friedhof bei Toro Grande und durch eine Kohlenstoff-C^{14}-Analyse von Holzresten in der Bundesanstalt für Bodenforschung in Hannover konnte man viele Felsritzungen auf 800–900 n. Chr. datieren. Manche dürften noch älter sein, einige entstanden erst zwischen 1200 und 1500 n. Chr. (Chuquibamba- und Inka-Periode). Bisher wurden 5000 Steine mit Figuren katalogisiert, die ein Feld von vier Quadratkilometern bedecken. Toro Muerto präsentiert damit die größte Felsbilder-Sammlung der Welt (Abb. 91–93).

Die Darstellungen lassen sich in zwei Hauptgruppen unterteilen: in geometrische Muster, sowie Menschen- und Tierfiguren. Da sieht man Krieger mit Trophäenköpfen, Tänzer mit Federkronen und Handtrommeln, einzeln oder in einem Ensemble von fünf bis sechs Personen auftretend. Manche tragen topfartige Masken vor dem Gesicht und stehen in einem Boot. Neben ihnen zucken Blitze nieder, obwohl es in dieser

91. Toro Muerto. Auf einem der größten Felsblöcke wimmelt es von Vögeln, Raubkatzen, Schlangen und kleinen Menschenfiguren

Gegend nie Gewitter gibt. Kamen die, welche jene Bilder schufen, aus den Bergen, wo man Blitz und Donner kennt, um hier mit ihren magischen Zeichnungen den Regen herbeizuzaubern?

Welche Bedeutung haben die geisterhaften Gestalten, aus deren Achselhöhlen Vipern herunterhängen? Sind es Schamanen, die Schlangentänze für einen Fruchtbarkeitskult vollführten (Abb. 93)?

92. Toro Muerto. Maskentänzer und geometrische Muster auf einem Tuffstein

Unter den Vierfüßlern fällt besonders ein katzenartiges Tier auf. Oft reißt es das Maul auf und speit einen Strahl aus. Vor Schreck erstarrt eine ganze Lamaherde angesichts dieses Ungeheuers. Stellt es eine inzwischen ausgestorbene Luchsart dar? Fragen über Fragen!

Disselhoff meinte, daß die wiederholt auftretenden Striche und Punkte vor den Tiermäulern der Anfang einer Symbolschrift sein könnten. Der kubanische Forscher Antonio Núñez Jiménez hat diese Auffassung erst kürzlich bestätigt. Er entdeckte auch bei den Tänzern eine Art »musikalischer Noten« und spricht von einer Zeichensprache zur Mitteilung von Tönen. Wird man hier eines Tages Musik rekonstruieren können?

Weniger rätselhaft erscheinen die zahlreichen Kamelschafe, auf der Steppe äsend, von Menschen an Stricken geführt oder im Pferch einge-

93. Toro Muerto. Das seltsame Motiv stellt vermutlich einen Schlangenpriester dar

sperrt, also eindeutig als Haustiere charakterisiert. Leicht zu erkennen sind auch die Jaguare mit ihren aus dem Gestein geschabten Fellflecken; Papageien oder Raubvögel wie Kondore, Adler und Falken, die Schlangen fressen. Selbst Welse, jene Fische mit den typischen Bärten, wurden in die Felsen eingraviert. Die Vorbilder tummelten sich früher in großer Zahl im nahen Rio Majes.

Viel schwieriger zu erklären sind die abstrakten Zeichen und geometrischen Ornamente, die häufig Tiere und Menschen umrahmen oder aber allein stehen. Das Kreuz, das schon lange vor Einführung des Christentums in Südamerika bekannt war, symbolisiert vermutlich die beiden Achsen in jenem kosmischen Quadrat, unter dem sich die alten Peruaner die Welt vorstellten. Noch heute glauben die Shipibo-Indianer in den

Urwäldern am Rio Ucayali, daß die Pforte des Himmels aus einem Kreuz besteht, das sie mit wahrer Besessenheit immer wieder auf ihre Tonkrüge malen.

Daneben findet man auf den Steinen von Toro Muerto Quadrate, die einen Kreis umschließen oder ein Gitter aus lauter Punkten enthalten; Speichenräder, Sonnenspiralen, Zickzacklinien und Mäander. Letztere geben höchstwahrscheinlich Bewässerungskanäle wieder, deren Überreste in den ehemals fruchtbaren Wüstentälern Perus noch heute zu sehen sind. Auffällig ist, daß sich gerade im oberen Teil von Toro Muerto, wo man die gesamte Anlage gut überblicken kann, solche graphischen Furchen auf mehreren hintereinanderliegenden Felsblöcken fortsetzen und eine Art Verbindungslinie ergeben. Vielleicht markiert diese Linie einen ehemaligen Prozessionsweg durch die Kultstätte zwischen den zerklüfteten Bergrändern.

Nach längerem Aufenthalt stellten wir fest, daß die Steine keineswegs wahllos bebildert wurden. Vielmehr läßt sich ein gewisses Ordnungssystem erkennen: So befinden sich die maskierten Tänzer hauptsächlich im nordwestlichen Teil, die Handtrommelschläger dagegen im südwestlichen Abschnitt, während die Vogelmotive vor allem im Zentrum vorkommen, Daraus aber auf unterschiedliche, voneinander getrennte Zeremonialzonen zu schließen, wäre bei dem derzeit allzu dürftigen Forschungsstand voreilig.

Entlang der Flüsse verliefen einst die wichtigsten Verkehrswege, an deren Rand die Indianer steinerne Spuren ihrer Kultur und ihres Glaubens hinterließen. Auch Toro Muerto liegt in Flußnähe an einer uralten Handelsstraße vom Gebirge zur Küste. Zweifellos war es für Generationen von Menschen und über Jahrhunderte ein bedeutender Versammlungsort und Kultplatz. Wir haben einige Tage und Nächte dort verbracht und konnten uns gut vorstellen, wie die Eingeborenen vor den im Feuerschein magisch leuchtenden Bildersteinen rituelle Tänze aufführten und ihre geheimnisvollen Götter beschworen.

Leider ist diese einzigartige Anlage heute durch den Zerstörungstrieb und die Profitgier des Menschen gefährdet. Schon während der Kolonialzeit hat man den Komplex aus Unwissenheit *La Cantera*, »Steinbruch« genannt und 1752 für die Fundamente der Kirche in Huarango Tuffquader mit uralten Zeichnungen verwendet. Inzwischen hat der Kunstraub in Toro Muerto Formen angenommen, die man nur noch als Vandalismus bezeichnen kann: Skrupellose Antiquitätenjäger haben bereits eine erhebliche Menge von Felsbildern gestohlen. Dabei wurden entweder Bildteile mit Steinsägen vom Block heruntergeschnitten, oder – noch weit brutaler – mit Dynamit herausgesprengt, wie man an zahlreichen Bohrlöchern und der zertrümmerten Oberfläche vieler Steine sieht. Solange das riesige Gelände nicht eingezäunt und rund um die Uhr bewacht wird, wird diese Barbarei andauern.

ABSCHIED AM PAZIFIK. Wie Silberfolie schimmert das Meer bei Camaná. Einsame, weite Sandstrände, nur wenige kleine Fischerorte. Die Brandung rückt in gischtiger Front donnernd heran und zerstiebt am flachen Gestade in Myriaden funkelnder Tropfen.

Der Colca/Majes hat zum letzten Mal seinen Namen geändert und sein Ziel erreicht: Breit und flach, mit kleinen, hüpfenden Wellen ergießt er sich in den Ozean. Als wir auf einem Steindamm die Mündung des Camaná, wie der Fluß jetzt heißt, entlangfahren, steigt eine Wolke von Seevögeln auf. Zwei Fischer stehen bis zur Hüfte im Wasser, tauchen ab und zu für längere Zeit unter und stecken wohlschmeckende Flußkrebse in ihre Umhängebeutel. Ein Mann durchquert auf einem Esel die seichte Furt, völlig vertieft in die Lektüre eines Buches. Hinter den Dünen rollt dumpf die See. Eine Szenerie von Glück und unendlicher Freiheit.

Am rechten Ufer des Rio Camaná, bei der Hacienda Huacapuy, erstreckt sich eine Sandschlucht. Der Boden ist durchwühlt, in den ein bis zwei Meter tiefen Löchern stecken Holz- und Bambuspfähle, an den Rändern hängen Reste von Schilfmatten. Überall liegen ausgebleichte Knochen herum. Schädel starren uns an. Hier, nahe der Flußmündung und im Angesicht des Meeres, lag ein riesiger Friedhof. 1965 grub der deutsche Archäologe Hans Dietrich Disselhoff 120 Mumien aus, den Rest von dem, was einheimische Grabräuber übriggelassen hatten. Die Toten waren als Bündel verpackt. Unter der groben äußeren Hülle aus ungefärbter Baumwolle kamen kostbar gewebte Tücher und Binden in leuchtenden Farben zum Vorschein, reinster *Nazca*-Stil!

Die in Hannover vorgenommenen C^{14}-Analysen ergaben ein Alter von fast 2000 Jahren. Besonderes Kennzeichen der Mumien war ihr künstlich deformierter Schädel mit dem langgezogenen Hinterhaupt. Disselhoff nannte den Friedhof deshalb *Cabezas achatadas*, »Ort der Plattköpfe«. Die schönsten Funde sind heute im Museum der Universität von Arequipa zu besichtigen: komplett erhaltene Kindermumien, feinste Textilien mit geometrischen Mustern, gestickte Masken und Figürchen, glatt abgetrennte Trophäenköpfe mit Turbanen in leuchtendem Purpur (Abb. 85). Auch die Inka-Herrscher trugen später als Zeichen ihrer Königswürde den *Llautu*, eine purpurne Stirnbinde. Diese Farbe war und ist ein originelles

Geschenk des Colca-Tales. Sie wird noch heute hergestellt, und zwar in der tiefer gelegenen Zone des Canyons, wo trockene, sengende Hitze das Klima bestimmt.

Dort wächst die *Tuna* oder *Opuntie*, eine Kakteenart mit großen, flachen Ohren. Auf ihnen siedeln sich mit Vorliebe die kleinen grauen *Koschenille*-Schildläuse an. Diese Kulturen werden dreimal im Jahr mit der Hand und einem Spatel abgeerntet, an der Sonne getrocknet und zermahlen. Das ist der erste Schritt zur Farbstoffgewinnung. Der Handel blüht besonders in den Dörfern Tapay und Cabanaconde, die dadurch viel wohlhabender sind als die Nachbarorte. Ein Kilo getrockneten Koschenille-Mehls kostet hier 1500 Intis, soviel wie ein Lama oder acht Sack Korn. Der Weltmarktpreis für das Kilo liegt dagegen schon bei 60 US-Dollar, das ist das Vierfache! Die pulverisierten Läuse, die den Farbstoff Karmin enthalten, werden später verflüssigt und mit ihren 112 (!) verschiedenen Rottönen vor allem in der Textilindustrie, für Kosmetikprodukte (Lippenstifte), aber auch – man höre und staune – für Campari verwendet. So leuchtet die Farbspur dieser unscheinbaren Laus über Jahrhunderte hinweg vom königlichen Ornat der Inkas und ihrer Vorgänger bis zu den zahlreichen Luxusartikeln unserer Tage.

Nur wenige Kilometer entfernt von dem uralten Friedhof mit den purpurumwickelten »Plattköpfen« und von jener Stelle, wo sich unser Fluß verabschiedet, brandet der Ozean gegen die Steilküste.

Über dem dumpfen Dröhnen aber liegt ein merkwürdiges Geräusch, das wie das weinerliche Schreien geschlagener Kinder klingt. Wir erreichen den Klippenrand und starren gebannt hinunter: Mitten im aufgewühlten Meer ruht ein mächtiger Felsen, über und über bedeckt von Vögeln, schlanken Seehunden mit ihren putzigen »Heulern« und dicken Seelöwen. Sie sind es, die unentwegt wimmern, rülpsen und grölen. Die indianischen Küstenbewohner des alten Peru glaubten, daß Seehunde die Seelen ihrer Toten zu den strandnahen Guano-Inseln trügen. Die Mochíca haben die heiligen Tiere lebensecht auf Gefäße gemalt oder in Form von Krügen abgebildet. An diesem einzigartigen, unberührten Schauplatz der Natur werden solche vergessenen Mythen zur greifbaren Realität.

Über der Seelöwenburg kreisen Hühnergeier (*Gallinazos*) und spähen nach Aas. Plötzlich schwebt er heran, mit mächtigen Schwingen von fast drei Metern Spannweite, der »König der Lüfte«, ein Kondor aus dem Colca-Tal! In engen Schleifen umkurvt er den Felsen und hält nach Beute Ausschau. Die Kormorane und Seehunde auf dem Plateau spielen verrückt. Doch dann dreht der Kondor ab und fliegt wieder in Richtung Canyon. Wir wissen: Er wird lange vor uns da sein.

LITERATURVERZEICHNIS

Disselhoff, Hans Dietrich: Oasenstädte und Zaubersteine im Land der Inka. Archäologische Forschungsreisen in Peru. Frankfurt/M., Berlin, Wien 1981

Documental del Perú. Enciclopedia Nacional Basica, Bd. 3: Departamento de Arequipa. Lima 1986

Gutiérrez, Ramón, Cristina Esteras, Alejandro Málaga: El Valle del Colca (Arequipa). Cinco Siglos de Arquitectura y Urbanismo. Buenos Aires 1986

Jiménez, Antonio Núñez: Petroglifos del Perú. Panorama mundial del arte rupestre, Bd. 1–4. La Habana / Cuba 1986

Jiménez, Antonio Núñez: El libro de piedra de Toro Muerto. La Habana / Cuba 1986

Kirchner, Gottfried (Hrsg.): TERRA-X. Rätsel alter Weltkulturen. Neue Folge. Frankfurt/M. 1986

Kirchner, Gottfried: TERRA-X. Eldorado. Suche nach dem Goldschatz. München 1988

Linares Málaga, Eloy: Visita Guida al Colca. Cañón más Profundo del Mundo. Arequipa/Peru 1985

Málaga, Alejandro: Arequipa. Estudios Historicos III. Arequipa/Peru 1986

Poma de Ayala, Felipe Huamán: El primer nueva corónica y buen gobierno. Edición critica de John V. Murra y Rolenda Adorno. 3 Bde. México, Lima 1980

Romero Paredes, Paul: La Cochinilla. Manual de Cultivo de la tuna y producción de la Cochinilla. Lima 1986

Tord, Luis Enrique: Templos Coloniales del Colca – Arequipa. Lima 1983

Vargas Llosa, Mario: El Valle de las Maravillas. In: Piedra de Toque. Lima, August 1983, S. 38 f.

Velbinger, Martin: Südamerika – Reisehandbuch 1986/87. Gräfelfing / München 1986

Weibel, Max und Zsolt Fejér: El Cañón de Colca, la Cisura de Erosión más Profunda de los Andes. In: Boletín de Lima Nr. 13, Juli 1981, S. 41–45

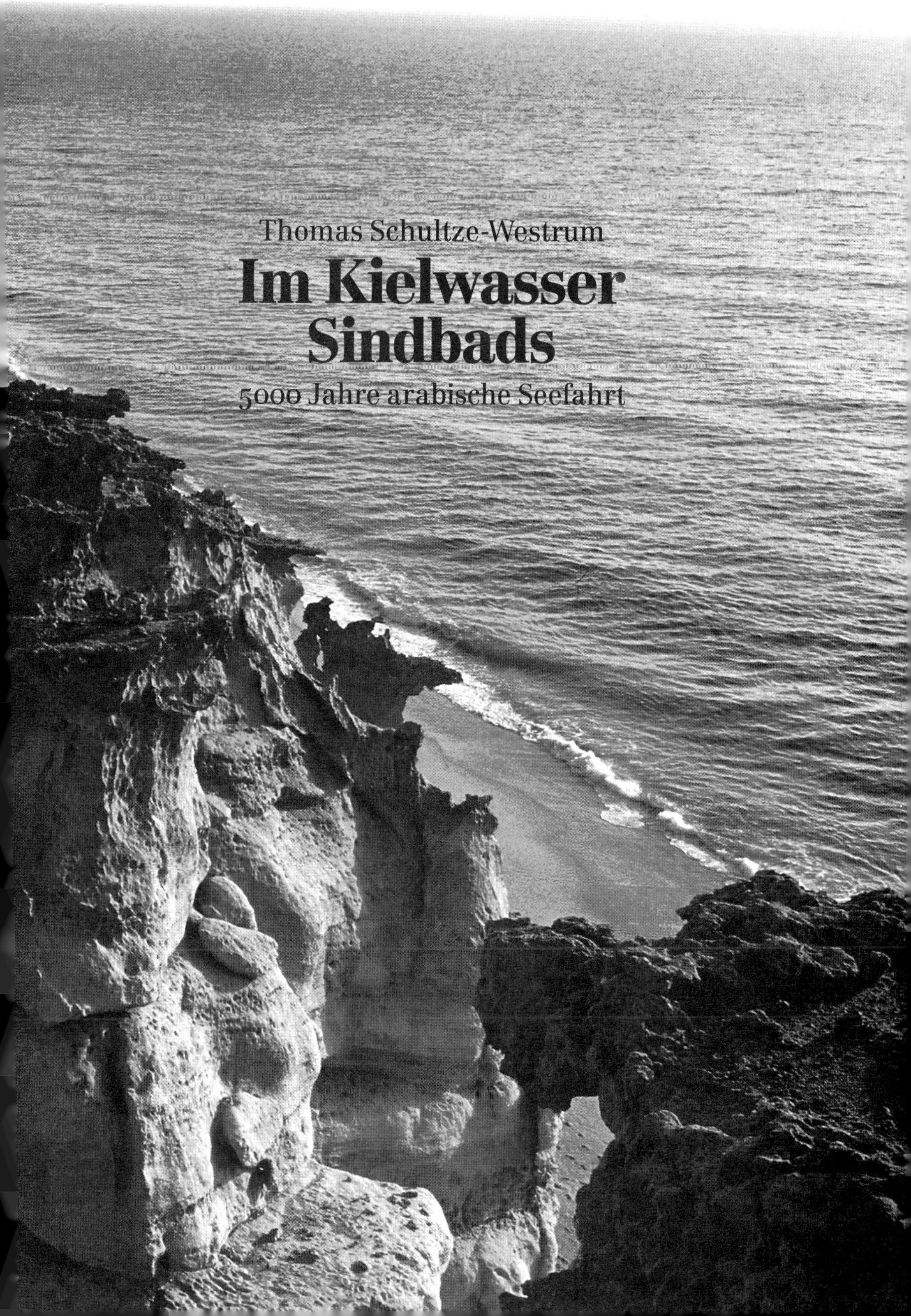
Thomas Schultze-Westrum
Im Kielwasser Sindbads
5000 Jahre arabische Seefahrt

PROLOG. Glückliche Umstände hatten mich im Jahre 1983 ins Sultanat von Oman im Osten der Arabischen Halbinsel geführt. Dort nahm ich an einer Konferenz über Entwicklung und Naturschutz in der Südprovinz des Sultanats am Indischen Ozean teil. Ich war begeistert von der vielfältigen und unberührten Natur des Landes, und zwei Jahre darauf konnte ich beginnen, die Tiere in der Wüste, den Bergen, entlang der Küste und auf vorgelagerten Inseln zu filmen, eingeladen von Seiner Majestät dem Sultan von Oman, Qaboos bin Said.

Während vieler Monate unvergeßlicher Tätigkeit war ich ständig betreut vom Ministerium für Information Seiner Majestät. Über die Jahre wuchsen die Kenntnisse und die Zuneigung zu Oman, es entstanden persönliche, enge Beziehungen, und während ich nun in dem alten verträumten »Hotel Rose« in Wiesbaden diese Zeilen zu Papier bringe, empfinde ich tiefe Dankbarkeit für die in Oman empfangene Gastfreundschaft. Ich verspüre Sehnsucht nach der Weite, den Farben und Konturen der Wüstenberge, dem Echo der Hirtenrufe in den schattigen Felsschluchten. Ich höre fern den munteren Gesang der Bülbül und nehme den Duft und das Rauschen der Palmenhaine wahr. Von den zerklüfteten Küstenfelsen hielt ich oftmals Ausschau nach dem fast dreieckigen Segel eines arabischen *Boum* mit geradem, hochgereckten Bug, oder eines *Badan*, die seit den Tagen des sagenumwobenen Sindbads des Seefahrers kostbare Ladung aus dem Orient und von den Küsten Afrikas zu den Hafenstädten am Golf von Oman gebracht hatten. Doch vergebens, nur Riesentanker zogen eintönig ihre Bahn in Richtung auf die Straße von Hormuz, wo auf omanischer Seite schroffe Felswände über tiefblauen Fjorden einen natürlichen Schutzwall bilden.

Vor allem aber denke ich zurück an Begegnungen mit den Menschen des Sultanats, die ich in Beduinenlagern, Oasensiedlungen und Städten traf. Niemals sind mir irgendwo zuvor auf meinen Reisen größere Freundlichkeit und würdevollere Höflichkeit entgegengebracht worden. Ich bin dankbar und beschämt, in welch geringem Maße ich das Erlebte durch eine Gegengabe erwidern kann: So unternehme ich den bescheidenen Versuch, meinen Landsleuten die wunderbare Geschichte Omans zur See zu schildern, die noch Jahrtausende vor Sindbad zurückreicht und diese Küsten als Geburtstätte von Erfindungen und Ideen zeigt, die seither die Weltgeschichte mitbestimmt haben.

← 94. Das Kap (Ras) Al Junays ist der östlichste Punkt Arabiens. Von hier führte vor 4000 Jahren ein direkte Seeroute zum Indus – 500 Kilometer über das offene Meer

ZU NEUEN UFERN. Jahrtausende, bevor unsere Ahnen Wagen und Rad zur schnelleren Fortbewegung und zum Güterverkehr eingeführt hatten, wagten sich Pioniere der Seefahrt in Booten mit Mast und Segel hinaus aufs offene Meer.

Küsten haben zwar einerseits sich ausbreitenden Volksstämmen Grenzen gesetzt. Doch andererseits waren sie auch Ausgangsort für jene abenteuerlichen, geplant oder ohne Vorausschau begonnenen Seereisen zu neuen, bisher unbekannten Ufern, Kulturbereichen und Klimazonen. Erst allmählich steigt heute durch die Arbeit der Archäologen ein klareres Bild davon aus dem Nebel der Frühzeit auf.

Die Küsten Arabiens, sich scheinbar unendlich hinziehende Sandstrände und bizarr geformte Felsgestade, kann man sich kaum als geschichtlich höchst bedeutsames Ursprungsland menschlicher Erfindung und Reiselust vorstellen.

Und doch sind von den heutzutage öde daliegenden Küsten der Arabischen Halbinsel entlang dem Persischen Golf, dem Golf von Oman, bis nach Hadramaut und dem Jemen, Seefahrer bereits vor mehr als 5000 Jahren zum Indus und zum Zweistromland, später bis nach China und in Richtung Ostafrika aufgebrochen. Die arabische See zeigt sich nach den mühsamen Recherchen der Archäologen mehr und mehr neben der Nordsee, dem Mittelmeer und dem Malaiischen Archipel als Entwicklungszentrum der Seefahrt und Wiege revolutionärer Navigationstechniken.

Die Erzählungen von Sindbad dem Seefahrer und seinen phantastischen Abenteuern sind lebendiger Ausdruck eines Abschnittes dieser für die Weltgeschichte so bedeutungsvollen Seereisen. In ihnen spiegeln sich die Erlebnisse und Gefahren arabischer Kapitäne auf dem 6000 Meilen langen Seeweg nach China wider, vorbei an den Küsten Indiens, Ceylons und Südost-Asiens.

Was internationale und arabische Forscherteams in den vergangenen Jahren aus dem Sand der wüstenhaften Strandzonen, auf vorgelagerten Inseln und in den unwegsamen Gebirgsschluchten des Landesinnern in Oman und den Emiraten am Golf ans Licht gebracht haben, ist so bedeutend und zum Teil abweichend von den in Lehrbüchern festgeschriebenen Gelehrtenmeinungen, daß es noch Jahre dauern wird, bis die neuen Erkenntnisse allmählich das Geschichtsbild für diesen Teil unserer Erde – und weit darüber hinaus – wesentlich umgestaltet haben werden.

Über unzählige Generationen hinweg entwickelten sich in Siedlungsgemeinschaften entlang der arabischen Küste Fertigkeiten zum Bau seetüchtiger Boote, die für Handelsfahrten hervorragend geeignet waren. Die ersten Gefährte waren wahrscheinlich aus Binsen und anderem leichten

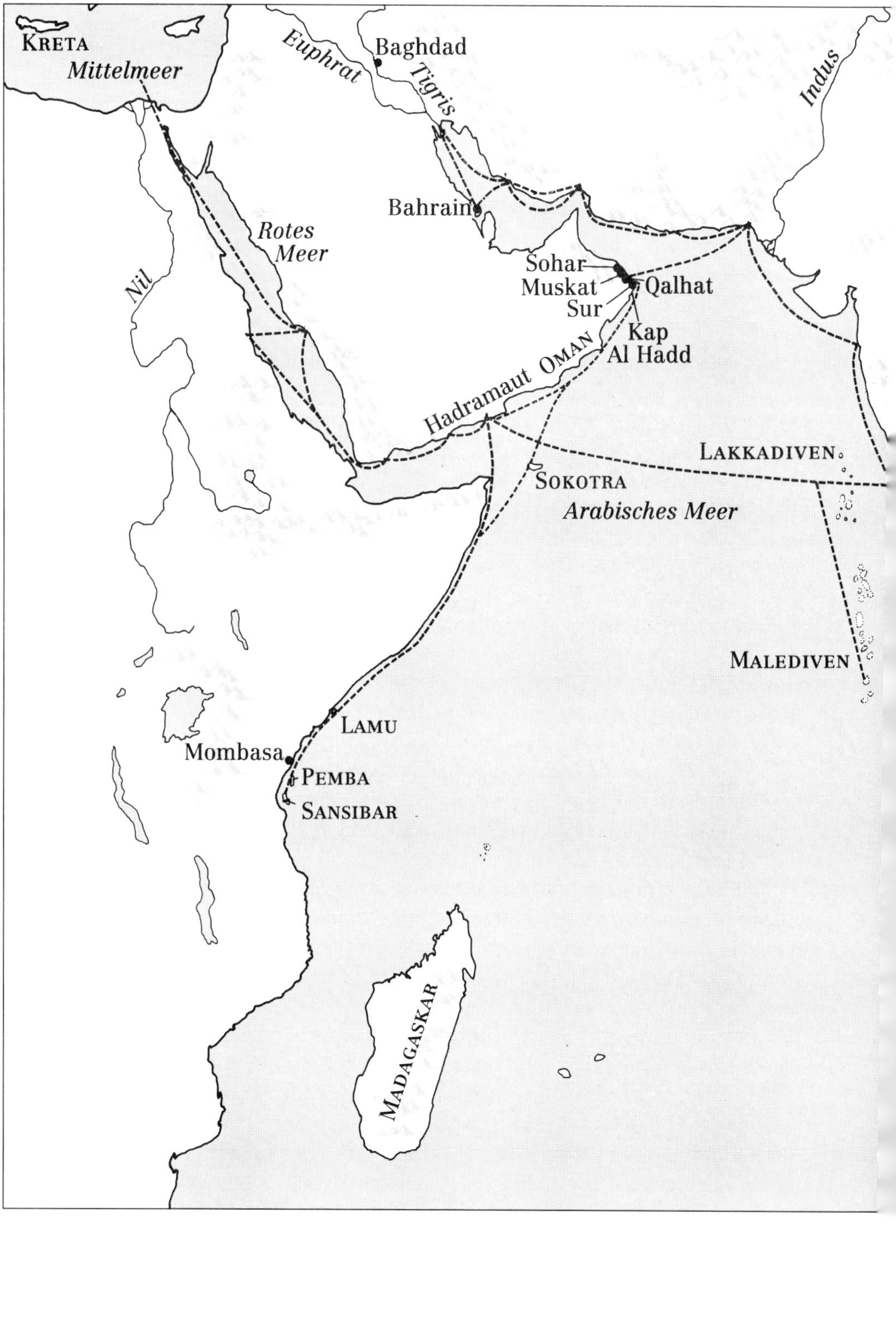

KRETA
Mittelmeer
Euphrat
Baghdad
Tigris
Indus
Bahrain
Rotes Meer
Nil
Sohar
Muskat
Sur
Qalhat
Kap Al Hadd
OMAN
Hadramaut
LAKKADIVEN
SOKOTRA
Arabisches Meer
MALEDIVEN
LAMU
Mombasa
PEMBA
SANSIBAR
MADAGASKAR

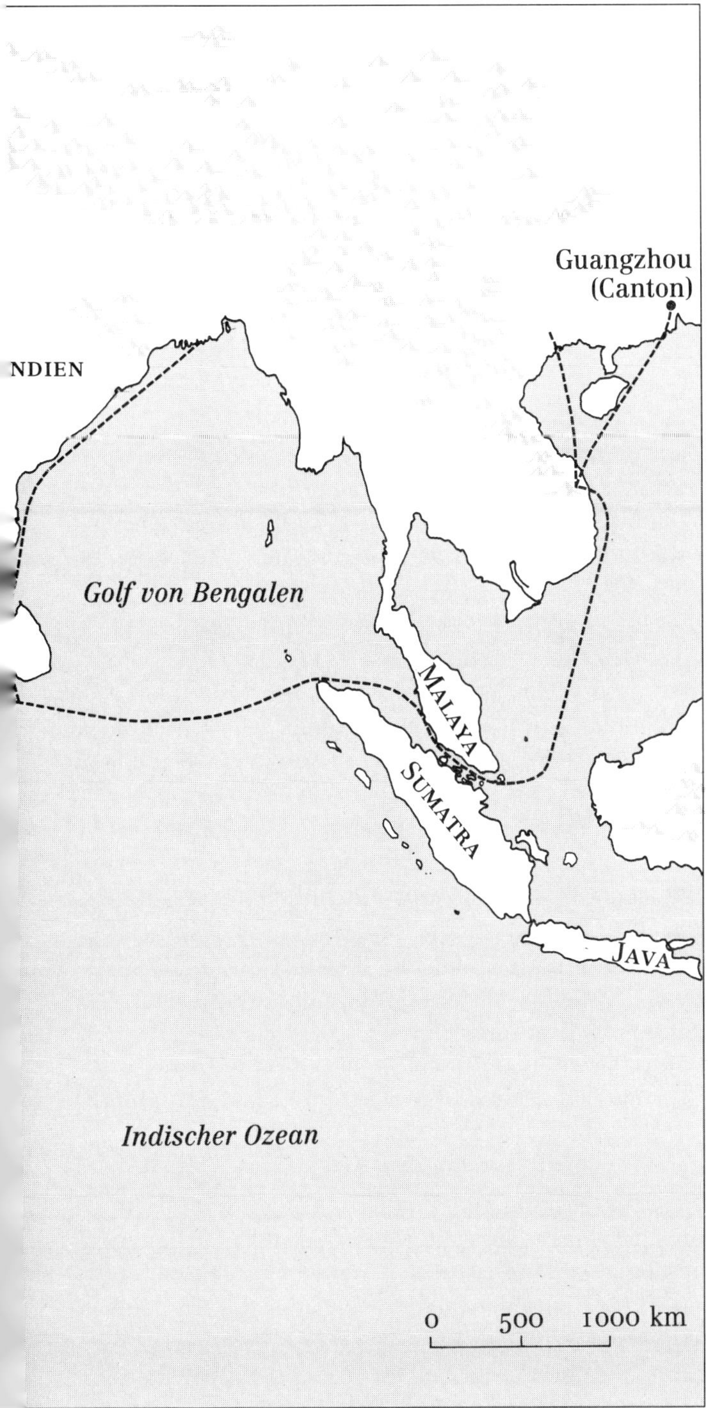

Indischer Ozean mit den wichtigsten alten Schifffahrtsrouten der omanischen Seefahrer

Pflanzenmaterial gebaut. Man muß sich vergegenwärtigen, daß für die damaligen Fischer- und Sammlerkulturen die Eroberung des ihnen gänzlich fremdartigen offenen Meeres ähnlich verlockend, aber auch schwierig erschienen sein mag wie uns heutzutage die Eroberung des Weltraums. Nur aufgrund fortschreitender Anpassung über lange Zeit hin und mit allmählich wachsender Erfahrung haben sich da und dort einzelne kühne Männer mit ihren Fahrzeugen, zunächst entlang der Küsten, dann immer weiter hinaus in die scheinbar unendliche Weite des Ozeans gewagt, den Reichtum der See erschlossen und neue Verbindungswege zwischen den Kontinenten gebahnt.

Die großen Kulturen an den Unterläufen der drei Flußsysteme Nil, Euphrat/Tigris und Indus begannen nicht zufällig, sich etwa zur gleichen Zeit, vor etwa 5000 Jahren, zur vollen Blüte zu entfalten.

Diese drei ältesten bekannten Zentren städtischer Zivilisation waren verbunden durch ein Netz von Seerouten mit Stützpunkten, Umschlag- und Handelszentren an den Küsten und auf vorgelagerten Inseln. Lange vor der Zeit des ersten Pharaos oder der ersten sumerischen Dynastie, vor der Erfindung jeglicher schriftlicher Dokumentation, kreuzten sich die Routen der frühen Seefahrer in den Gewässern zwischen den Mündungen der einzigen drei großen Flußläufe im sonst größtenteils wüstenhaften Mittleren Osten. Ihre bevorzugten Stützpunkte waren Inseln. Und nicht von ungefähr entstanden die Hafenanlagen der *Dilmun*-Zivilisation auf der Insel Bahrain im Persischen Golf noch vor den sumerischen Monumenten auf dem Festland.

Die Zeugnisse der Kulturen von Dilmun und am Indus wurden den Archäologen wesentlich später bekannt als die ägyptischen und sumerischen Altertümer. Erst in den fünfziger Jahren begann der dänische Forscher Geoffrey Bibby, zunächst auf Bahrain, dann in den Emiraten auf dem Festland, die »verlorene Zivilisation« von Dilmun systematisch zu erforschen. In das Panorama der Weltgeschichte finden diese Entdeckungen erst allmählich Eingang, ebenso wie die Zeugnisse der so bedeutenden Kulturen am Indus.

Die frühen Seefahrten entlang der arabischen Küsten, im Golf und hinaus in den Indischen Ozean eröffneten einen neuen Abschnitt im Verhältnis des Menschen zum Meer. Je weiter die Seewege zu neuen Küsten führten, um so häufiger entstanden damit neben Handelsrouten auch Wege für kulturellen Einfluß und Austausch weit über die Grenzen des Mittleren Ostens hinaus.

Die Seerouten des Ostens verbanden sich auch mit den Karawanenstraßen bis hin zu den Küsten des Mittelmeeres. Dort bestanden bereits

95. Die Altstadt von Mudairib, am Südrand des Küstengebirges von Oman, hat bis heute ihr mittelalterliches Gesicht bewahrt

Verbindungen zur See entlang der Küsten Nordafrikas, nach Malta, Kreta und Zypern. Doch dauerte es weitere 2000 Jahre, bis von Kreta aus das Kulturgut des Orients über Griechenland Eingang nach Europa fand. Nochmals 2000 Jahre später vollzog sich mit der Reise des Kolumbus' zu Völkern Mittelamerikas die Weitergabe jenes inzwischen europäisch umgeformten, ursprünglich aus dem Osten stammenden Kulturgutes – womit eine neue, allmählich die gesamte Erde erfassende Weltzivilisation eingeleitet wurde.

Die Anfänge dieser Ausbreitung von Erfindungen, Ideen und Erzeugnissen aus den drei Kulturzentren des Mittleren Ostens aufzuhellen, ist faszinierend, aber auch unendlich mühsam. Verbindungen auf dem Seeweg haben naturgemäß nur wenige Spuren hinterlassen, und schriftliche Zeugnisse liegen erst aus späterer Zeit vor.

Es sind Keilschrifttexte aus der ersten sumerischen Dynastie, geschrieben auf Tontafeln. Aus diesen Texten erfahren wir, daß die Sumerer zur See fuhren, seit ihre Vorfahren in Booten im Zweistromland angekommen waren und die Stadt Ur gegründet hatten. Die Texte enthalten auch Angaben über die Ausmaße der Schiffe, die Ladung, Namen entfernter

96. Oman ist das zweitgrößte Land Arabiens, in dessen unwegsame Gebiete das TERRA-X-Team nur mit Geländefahrzeugen vordringen konnte

Inseln und Häfen, mit denen die Sumerer Handel trieben. Zusammen mit erhaltenen bildlichen Darstellungen machen diese Überlieferungen wiederum deutlich: *Vor* dieser Entfaltung erster städtischer Zivilisation lag eine Periode maritimer Aktivitäten, die im Dunkel der Vorzeit liegt und erst in unseren Tagen aus Forschungen, die zum Teil noch unveröffentlicht sind, allmählich Gestalt annimmt.

DAS SULTANAT OMAN. Kein anderes Land der Erde hat in einem so kurzen Zeitraum den Sprung vom Mittelalter zur modernen Zivilisation geschafft. Als 1970 Seine Majestät Sultan Qaboos die Herrschaft übernahm, war Oman fast gänzlich gegenüber der Außenwelt abgeschlossen. In weniger als zwei Jahrzehnten führte der Sultan, begünstigt durch den Ölboom, seine Landsleute in die Neuzeit. Dabei blieben Tradition und die reiche Natur des Landes weitgehend erhalten (Abb. 95).

Für Wissenschaftler eröffnete sich ein Paradies, zumal Sultan Qaboos persönlich großen Anteil an der Erforschung und Erhaltung des kulturellen und natürlichen Erbes nimmt. Archäologen aus mehreren europäischen Ländern, darunter auch vom Deutschen Bergbau-Museum Bochum, brachten gegen Ende der siebziger Jahre die ersten bedeutenden Funde aus der Frühzeit ans Licht. Aus den Steinbrüchen und Minen Nord-Omans erhielten die Sumerer auf dem Seewege Kupfer und Dioritgestein. Die Route führte an der Insel Bahrain vorbei, dem Zentrum der Dilmun-Kultur, dessen reichliche Süßwasserquellen und üppige Palmenhaine ihm das Gepräge eines Garten Eden gaben.

Die alten Kupferminen lagen in den nördlichen Küstenbergen Omans, einem mächtigen Gebirgszug bis zu 3000 Meter Höhe, der sich in etwa parallel zur asiatischen Festlandslinie jenseits des Golfes und östlich bis zum Kap (*Ras)* Al Hadd erstreckt. Ich habe viele hundert Kilometer in einem schweren Mercedes-Geländewagen auf den teils sehr engen und steilen Bergstraßen in diesen kahlen und wild zerklüfteten Bergen zurückgelegt, auf der Suche nach Spuren des vorgeschichtlichen Kupferabbaus und den Gräberfeldern aus dem dritten und zweiten Jahrtausend v. Chr. (Abb. 96). Über die Entdeckungen werde ich im Zusammenhang mit den Forschungen von Dr. Gerd Weisgerber vom Deutschen Bergbau-Museum näher eingehen.

Meine zunächst biologisch-ökologisch ausgerichtete Filmarbeit hatte mich inzwischen in alle Landesteile geführt und war 1987 weitgehend abgeschlossen. Nun konnte ich mich gänzlich der alten Kultur des Landes zuwenden, insbesondere der Seefahrtsgeschichte.

Zu Beginn der Dreharbeiten stellte sich ein unerwartetes Problem: In keinem der Häfen Omans konnte ich ein altes arabisches Schiff, eine *Dhau* finden, die noch wie früher Mast und Takelage besaß. Im Hafen von Maskat oder Muskat, der Hauptstadt des Sultanats, verrottet die letzte reich beschnitzte *Ghanjah,* die »Atayat al-Rahman«, gebaut ca. 1930 in Sur. Sie war mit einer Besatzung von 20 Mann im Güterverkehr mit Ostafrika eingesetzt gewesen (Abb. 99).

Nun hatte aber Seine Exzellenz Doktor Omar Zawani zur Wiederbelebung der alten Schiffbaukunst in der alten Hafenstadt Sur eine Dhau des *Ghanjah*-Typs neu zimmern lassen, und ich erhielt von Doktor Omar die Erlaubnis, dieses wunderbare Schiff unter Segel zu filmen.

Allerdings gab es noch ein weiteres Problem: Ich mußte vierzehn erfahrene Seeleute auftreiben, die das große Lateinsegel aufziehen und handhaben konnten. Weder die Marine noch die Küstenwache hatte genügend Männer, denn Omans Segelschulschiff war gerade nach Australien zum großen Treffen der Windjammer anläßlich der Zweihundertjahrfeierlichkeiten des Kontinents ausgelaufen. Die Dhau Seiner Exellenz lag in Muskat vor Anker. Im 200 Kilometer entfernten Sur konnte ich schließlich mit Hilfe meiner Freunde vom Informationsministerium zwölf Mann Besatzung anheuern, die vor Jahren auf der Afrikaroute Segelerfahrung gesammelt hatten. Es waren prächtige Leute (Abb. 97). Als sie wenige Tage später in Taxis ankamen und vor den modernen Containerschiffen mit ihren Trommeln an Bord der »Arous al Bahar« kletterten, erschien die Szene zunächst unwirklich. Die Seeleute verteilten sich auf ihre Positionen an Deck und auf das Kommando des *Nawkhuda*, ihres Vormannes, hin, entrollten sie das Segel mit solcher Fertigkeit, als wären sie erst kürzlich von ihrer letzten Afrikafahrt zurückgekehrt. Sie stimmten einen der wunderbaren alten Gesänge an, und im Rhythmus holten sie das schwere Segel hoch. Die Takelage ächzte unter dem Gewicht, und als die leichte Morgenbrise das Segel mit dem Porträt von Sindbad blähte, kam Leben in die Planken der Dhau, wir machten Fahrt und glitten vorbei an Tankern und Hafenanlagen hinaus in die blaue Weite des Golfes (Abb. 98). Die gesamte Mannschaft wurde von einer sichtbar tiefen Erregung ergriffen; die jahrtausendealte Seefahrtsgeschichte Omans war wieder lebendig geworden.

Vor der Verwendung von Dieselmotoren waren die Dhau-Kapitäne wie zu Zeiten Sindbads und seit den Anfängen der Hochseefahrten auf die jährlich zu bestimmter Zeit wehenden Monsunwinde angewiesen. Von April bis Mai und von August bis September führte sie der Südwestmonsun im Golf von Oman ostwärts, und von Oktober bis März wehte dann der stärkere Nordostmonsun in die entgegengesetzte Richtung. Dieser für die Seefahrt entscheidende Wechsel der Windrichtung wird begleitet von einer Umkehrung starker Meeresströmungen. Arabische Seefahrer des Mittelalters brachten die Oberflächenströmungen in einen Zusammenhang mit den Winden, und sie wußten auch, daß andererseits Gezeitenunterschiede von Mondzyklen abhängig sind.

Alle arabischen Erzählungen wie die »Sieben Reisen von Sindbad«, die später auch in die Geschichten von »Tausend und einer Nacht« eingefügt wurden, geben nicht nur phantastische Abenteuer wieder, wie sie die Kapitäne von ihren viele Monate dauernden, gefahrvollen Reisen nach Süd- und Ostasien mitgebracht hatten. Sie enthalten auch genaue nautische Beobachtungen. Kapitäne machten Notizen über Wind- und Strömungsverhältnisse, Landmarken, Süßwasservorkommen und die Sitten jener fremden Völker, die sie auf der Route nach China antrafen. Gewöhnlich liefen die Schiffe während des Nordostmonsuns im November oder Dezember von Muskat aus. An der Malabarküste Indiens, den Inseln der Nikobaren im Golf von Bengalen oder an der Südspitze Indiens, dann in Malakka und auf Inseln zwischen Singapur und der Südchinasee wurde

↑ 97. Porträt eines omanischen Dhau-Kapitäns. Ein Nachfahre Sindbads des Seefahrers?

← 98. Die »Arous al Bahar«, eine Dhau vom Ghanjah-Typ

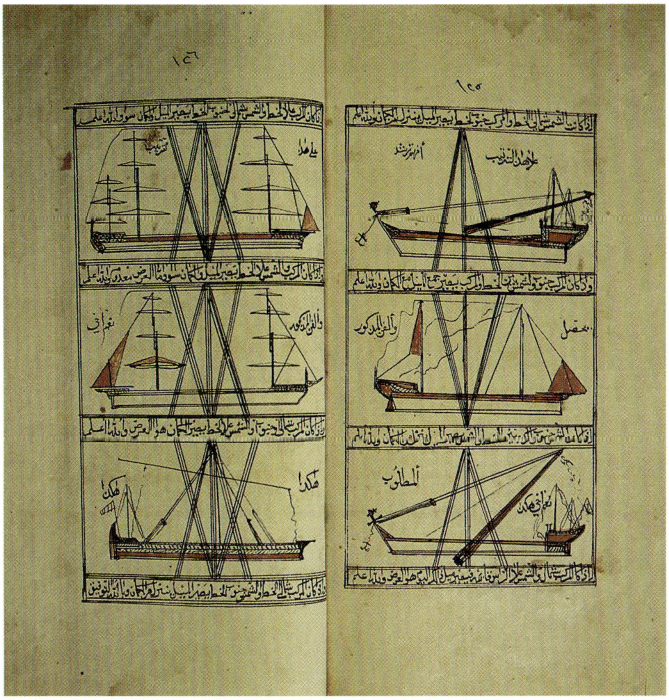

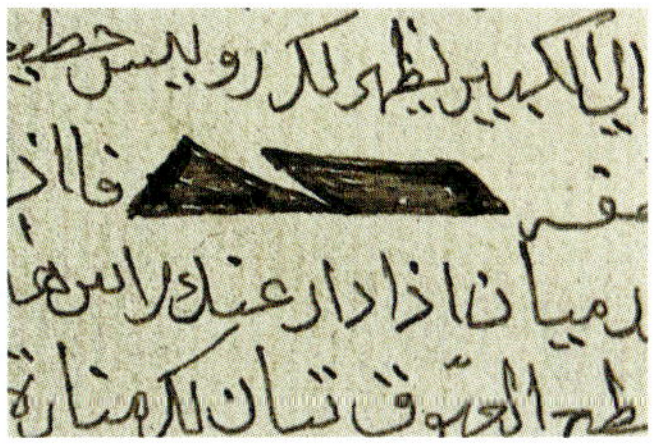

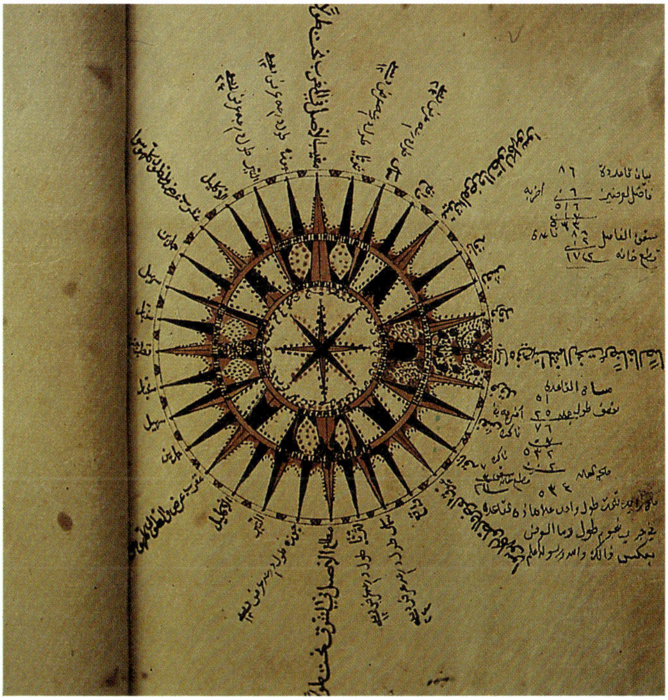

←← 99. Im Hafen von Muskat verfällt die letzte reich beschnitzte Ghanjah, die »Atayat al-Rahman«

100.–104. Navigationsbücher der Rahmani-Tradition, Bibliothek Muskat

↖ 100. Dhau-Zeichnungen mit Sonnenstand-Angaben

↑ 101.–103. 3 Zeichnungen von markanten Kaps der Indienroute zur Sichtorientierung

← 104. Zeichnung einer Sternen-Kompaßrose

→ 105. Sogenannter »Miller-Atlas« von ca. 1519. Indischer Ozean, u. a. mit arabischen Schiffen.

DESSERTO
EVFRATES
PERSIA SOPI RIO
ARABIA DESE RTA
CIRCVL9
MARTE MOTES
ADEM REGIO
ARAB IA FELI X
SINVS
ARABICVS
MAREINDICV
CIR CVL VS

BEGALA REGIO
XENTVS MONTE
GANGES FL.
SINVS
GANGETI
CVS
BAZACATA ISVLA
PEALEGVS
INDICVS
PEGV REGIO
CARMANA
ISVLE NICOBAR
INDIA
MANTOLE ISVLE
Hic lapis gignitur herculeus obque
hec nauigia que clauos ferreos ha
bent retinentur harum incolae an
thropophagi sunt.

↑ 106. Das angebliche Mausoleum der Bibi Mariam auf dem Trümmerfeld von Qalhat

↗ 107. Bahrain, das größte Gräberfeld der Erde mit ca. 172 000 Grabhügeln (2800–1800 v. Chr.)

→ 108. Tonscherben der Harappa-Kultur in Indien (2000 v. Chr.), gefunden am 500 km entfernten arabischen Ras al Junayz

→→ 109. Bronzefischhaken der Harappazeit

↑ 110. Jihazi-Segelboote vor der Kulisse von Sansibar, Ostafrika. Ihr Aussehen zeigt deutlich die arabischen Ursprünge

Station gemacht. Den Sommer über blieben die Schiffe meist in Canton oder in anderen chinesischen Häfen, um im Herbst mit den dann günstigen Winden die vier Monate dauernde Heimreise anzutreten. Im Nationalarchiv von Muskat sind alte nautische Tabellen und Küstenbeschreibungen aufbewahrt, die über Jahrhunderte hin immer wieder kopiert und verbessert worden waren. Auch enthalten diese oft reich verzierten Pilotbücher Zeichnungen vom Sonnenstand über den Dhaus und Kompaßzeichnungen, sogenannte »Rahmanis« (Abb. 100 bis 104).

Von größter Bedeutung auf der hauptsächlich in Ost-Westrichtung verlaufenden Seereise war die Orientierung nach den Sternen. Bereits im achten Jahrhundert konstruierten die Araber Sternmeßgeräte, sogenannte Astrolabien, von großer Genauigkeit.

Schon viel früher scheint aber eine andere, geniale Methode in Gebrauch gewesen zu sein, nach dem Stand des Polarsterns über dem Horizont die Breitenposition eines Schiffes zu bestimmen, Man bediente sich hierzu eines recht einfachen Instruments, des sogenannten *Kamal*, eines kleinen Brettchens mit einem Loch im Zentrum, durch das eine Schnur führte. Entlang dieser Schnur waren Knoten angebracht, und jeder dieser Knoten bezeichnete die Position einer bekannten Stadt oder Landmarke entlang der Route. Der Steuermann hielt nun das eine Schnurende mit den Zähnen und verschob in Augenhöhe die Stellung des Brettchens vor dem Gesicht – näher oder ferner –, bis seine Unterkante auf dem Horizont lag und die Oberkante den Polarstern berührte. Nun zog er die Schnur durch die zentrale Öffnung des Brettchens. Die Nähe eines Knotens in der Öffnung gab dann die Breitenlage der damit bezeichneten Örtlichkeit an der Küste zum Schiff an.

Der Kamal ist bis in die erste Hälfte unseres Jahrhunderts an der Küste des Hadramaut, im heutigen Jemen, verwendet worden. Leider gelang es mir nicht, in Oman einen alten Kapitän zu finden, der diese Navigationstechnik hätte vorführen können. Nach Aufgabe der traditionellen Seefahrt ist diese Kenntnis verloren gegangen.

Man ist natürlich versucht, die Orientierung nach den Sternen auf See mit der Orientierung in der Weite der Wüste entlang der alten Karawanenstraßen zu vergleichen. Haben die Inlandstämme ihre »Wüstenschiffe« nach ähnlichen Navigationsmethoden durch das Sandmeer geführt? Der erste Nachweis von möglicherweise gezähmten Kamelen aus Umm-an-Naar an der Küste der Emirate reicht bis 2600 v. Chr. zurück. Das Kamel ist also ebenso wie die Seefahrt ein sehr altes Element arabischer Kultur. Die Umm-an-Naar-Kultur steht in Verbindung mit der Dilmun-Kultur von Bahrain und reicht bis weit in den Süden und Osten ins Innere der

111. Nahe der Ortschaft Taqa liegen, halb im Sand verweht, die wohl letzten alten Sambuq-Schiffe

Arabischen Halbinsel hinein. Also hat vermutlich innerhalb benachbarter und verwandter Zivilisationen eine Tradition der Orientierung sowohl in der Wüste, als auch auf dem offenen Meer bestanden. Wie weit jedoch die astronomischen Kenntnisse im einzelnen und die daraus entwickelte Methode der Navigation zwischen den Bewohnern des Landesinneren und den Küstenbewohnern ausgetauscht wurden, bleibt weiterhin im Dunkel der Vorgeschichte.

Man kann aber annehmen, daß ganz allgemein den Stämmen entlang der Küsten des Golfes und Omans sowohl Pioniergeist als auch Wagemut zu eigen waren – was schon aus der überaus erfolgreichen Anpassung an einen so unwirtlichen Lebensraum ersichtlich ist.

Die ursprünglichen, aus Binsen und anderem Pflanzenmaterial zusammengebundenen seetüchtigen Boote wurden allmählich durch größere, aus Holz gefügte Fahrzeuge abgelöst. Wir wissen nichts über diesen Entwicklungsablauf im einzelnen. Doch hat sich zum Beispiel an der Batinah-Küste Omans ein einfacher, zum Fischen im Küstenbereich verwendeter Schiffstyp erhalten, die *Shashah*, deren Körper aus zusammengebundenen Palmenblattstengeln besteht. Solche charakteristische Bin-

112. Die Planken der alten Sambuq waren wie vor Jahrtausenden mit Kokosfasern fest verknüpft

senboote werden bis zur Gegenwart von den Arabern in den Sümpfen des Zweistromlandes verwendet.

Die Planken der ersten Holzboote waren mit Kokosstricken zusammengebunden. Diese Bauweise war typisch für arabische Schiffe bis zum späten Mittelalter, als die genagelte Bauweise durch die Portugiesen eingeführt wurde. Das typische arabische Schiff war an Bug und Heck gleich gestaltet. Es hat sich im *Boum*, wie er heute noch in genagelter Bauweise als Fischerboot gezimmert wird, am reinsten erhalten. Auf einer alten Seekarte von 1519, dem sogenannten »Miller-Atlas«, sieht man deutlich arabische Schiffe, kenntlich am Halbmond im Segel, wie sie noch vor einigen Jahren auf der Ostafrikaroute verkehrten (Abb. 105). In Dhofar, an der Südküste Omans, ist sogar die altertümliche Bauweise ohne Nägel erhalten geblieben. Nahe der Ortschaft Taqa fand ich, halb im Sand verweht, die wohl letzten alten *Sambuq*: kleine, früher zum Sardinenfang verwendete Boote, deren Planken wie vor Jahrtausenden mit Kokosfasern fest verknüpft waren (Abb. 111 und 112). Es wäre dringend geboten, diese und andere an den omanischen Küsten verfallende Boote, zum Beispiel auch die letzten *Badan* und mehrere andere, deutlich voneinander unterschiedene Bootstypen Omans, in einem Schiffahrtsmuseum oder vorläufig nur unter einem Schutzdach zusammenzubringen. In wenigen Jahren wird es dafür zu spät sein!

EIN VERSUNKENES REICH. Vor mehr als 4000 Jahren war die Insel Bahrain im Golf ein Zentrum für Handel und Entwicklung. Im späten dritten und frühen zweiten Jahrtausend v. Chr. war Bahrain wirtschaftliches und geistiges Zentrum des Königreichs von Dilmun. Es übernahm diese Rolle von noch früheren Siedlungen auf dem gegenüberliegenden arabischen Festland im Zug der Handelserweiterung zwischen dem Zweistromland und der Indusregion, nach Ende des akkadischen Reiches (etwa 2250 v. Chr.). Anschließend wurde Bahrain-Dilmun auch zentraler Umschlaghafen für den Kupferhandel und Ausfuhrland für Perlen, die vor den Küsten der Insel bis in die jüngste Vergangenheit gefischt wurden. Eine zweite Blütezeit des Handels erlebte Bahrain während des islamischen Mittelalters.

Die ausgezeichnete geographische Lage im Golf, artesische Süßwasserquellen im Küstenbereich und eine grüne Kulturzone mit Getreidefeldern und Dattelpalmhainen, auch günstige natürliche Häfen, machten die Insel zur idealen Zwischenstation und zum Sitz einer städtischen Hochkultur.

Ich war von Muskat gekommen und gegen Abend auf Bahrain gelandet und hatte noch am gleichen Abend das Glück, Mohamed Ride Ebrahim kennenzulernen, der als Ausgräber mehrere Jahre Geoffrey Bibby geholfen hatte, die rätselhafte Dilmun-Kultur ans Licht zu bringen. Eine Drehgenehmigung war mir nach zunächst positivem Bescheid von den bahrainischen Behörden verweigert worden. Man wollte wohl zunächst selbst die neuen Funde veröffentlichen. So mußte ich mich auf Fotografien beschränken. Doch hatte ich bereits am nächsten Tag Gelegenheit, die Grabungsstätten aufzusuchen.

Erstes Ziel waren die unübersehbaren Grabhügelfelder am Stadtrand von Manama zwischen Ali Village und Hamad Town (Abb. 107). Allein in diesem Bereich sind mehr als 400 Gräber von Archäologen systematisch untersucht worden.

Wahrscheinlich sind die Gräberfelder von Bahrain die größten erhaltenen der Erde. Insgesamt sind durch die Forschung bisher 172 000 Grabhügel bekannt geworden.

Unter jedem Schutthügel von maximal zwei Meter Höhe und 1,80 Meter Breite liegt meist eine aus Steinen errichtete Grabkammer mit einem einzigen Skelett, umgeben von einem Ringwall. Es sind aber auch ganze

Grabkomplexe mit zahlreichen Grabkammern bekannt geworden. Als Grabbeigaben hat man Tongefäße, Perlen und mit Bitumen bestrichene Flechtkörbchen gefunden. Die Mehrzahl der Hügelgräber datiert in die frühe Bronzezeit (2800–1800 v. Chr.).

Wie ist die hohe Zahl von Bestattungen zu erklären? War die Bevölkerungsdichte auf Bahrain damals so hoch, oder hat man von außerhalb Tote hierher zur Bestattung gebracht?

Man nimmt heute an, daß es sich um lokale Bestattungen gehandelt hat, und demnach Bahrain schon vor etwa 4000 Jahren verhältnismäßig dicht besiedelt gewesen sein muß. Es hat sich aber auch gezeigt, daß diese Grabhügel bis in erste Jahrtausend v. Chr. angelegt wurden.

Mohamed führte mich nun nach Qal' at Al Bahrain, einem ausgedehnten Grabungskomplex mit übereinanderliegenden Mauerresten aus dem Zeitraum von 2300 bis 800 v. Chr. Die ältesten Mauern zuunterst sind ohne Mörtel gefügt. Mächtige, quadratisch behauene Steine werden als Reste des Portals zum Eingang eines Palastes gedeutet, in dem ein König namens Obiri um etwa 800 v. Chr. residiert haben soll. Den Namen des Königs kennt man von Keilschrifttexten der Assyrer.

Ganz früh am nächsten Morgen, als die Sonne noch niedrig stand und Reliefstrukturen deutlich werden ließ, fuhren wir zu einem Tempelbezirk. Die Ausgrabungsarbeiten aus der frühesten Dilmun-Zeit, um etwa 2800 v. Chr., waren erst kürzlich abgeschlossen und die Ergebnisse noch nicht veröffentlicht worden.

Im zentralen Tempelraum stehen zwei massige runde Säulenstümpfe. Bemerkenswert sind zwei in Lehm geformte Reliefs von liegenden Monden, an je einem Steinsockel seitlich angebracht. Von diesem ehemaligen Tempel führte eine gänzlich von Sand und Geröll begrabene Straße hinaus ins Gelände. Beiderseits lagen »Läden« und andere Gebäude.

Sicher das äußerlich eindrucksvollste Monument der Dilmun-Zivilisation ist der sogenannte Barbartempel mit sorgfältig behauenen und gefügten Kalksteinmauern, Kammern und einer in Stein gefaßten heiligen Quelle. Tatsächlich liegen hier sogar drei Tempel übereinander. In der Bautechnik zeigen sich Übereinstimmungen mit den exakt gefügten Steinbauten auf dem Festland (Umm-an-Naar, Buraimi), und stilistisch gibt es Parallelen zur sumerischen Architektur. Der Tempel von Barbar diente von etwa 2200 bis 1800 v. Chr. als geweihte Versammlungsstätte, und wohl auch noch danach, das heißt in der altbabylonischen Zeit des Zweistromlandes.

»Das Land Dilmun ist heilig«, heißt es in einem Keilschrifttext der Sumerer. »Hier tötet kein Löwe, reißt der Wolf kein Lamm, hier klagt kein

Kranker, er sei krank oder ein alter Mann, er sei alt. Dilmun ist ein gesegnetes Land.«

Dies sei, so führt der bedeutendste Ausgräber von Dilmun, Geoffrey Bibby, aus, eine Beschreibung, die der biblischen Geschichte vom Paradies zugrunde liegen könnte, wenn auch für einen solchen Bezug deutlichere Nachweise fehlen.

Da Dilmun als heilig bei den Sumerern galt, bleibt die Frage, ob dies etwa der Fall war, weil die Leute von Dilmun selbst ihre Heimat als heilig ansahen.

Dilmun ist außergewöhnlich in mehrfacher Hinsicht: Da ist einmal die Unzahl von Grabhügeln anzuführen, deren Anlage nicht nur Geld und Arbeitsaufwand kosteten, sondern auch weite Flächen wertvollen Landes.

Außergewöhnlich ist auch die Zahl der bisher ausgegrabenen Tempel. Sie liegen alle nicht weit voneinander entfernt, und stammen aus der Zeit der Hügelgräber, etwa um 2000 v. Chr.

Zwei dieser Tempel haben Quellen oder Brunnen. Man fragt sich, ob nicht die Leute von Dilmun ihre Quellen für heilig hielten und diesen ungewöhnlichen Reichtum an frischem Wasser einer Gunst des unterirdischen Wassergottes Enki zuschrieben. Vielleicht fühlten sie sich deshalb als auserwähltes Volk, und die Sumerer stellten sie entsprechend dar.

RÄTSELHAFTE SCHRIFT. Kurz nach Weihnachten 1986 erhielt ich vom Ministerium für nationale Kultur in Muskat die Genehmigung, ein archäologisches Forschungsteam bei Ausgrabungen an der Ostspitze Omans zu filmen.

Zehn Stunden dauerte die Fahrt durch gewundene Bergtäler und über staubige Wüstenpisten zum Ras (das heißt Kap) al Junayz (Abb. 94). Gegen Abend erreichte ich das aus Wohnwagen und Militärzelten aufgebaute Camp in einer weiten Talniederung zwischen bizarren Sandsteinfelsen. Die Grabungsstelle lag etwas näher dem Meer zu, vom Strand durch eine breite Sandfläche getrennt, die gänzlich von den Kriechspuren und Nistplätzen von Seeschildkröten bedeckt war.

Dr. Serge Cleuziou von der Sorbonne in Paris leitete zusammen mit Professor Maurizio Tosi vom Orientalischen Institut in Neapel das omanisch-französisch-italienische Forschungsprojekt. Die Grabung war ausgelöst worden durch einen Zufallsfund Tosis einige Jahre zuvor. Bei einem Spaziergang am Strand war er auf eine halb im Sand verborgene Tonscherbe gestoßen, die deutlich Schriftzeichen der (bisher nicht entzifferten) Harappa-Schrift der Induszivilisation aufwies. Das Alter des Fragments wurde auf etwa 4000 Jahre geschätzt. Dies war der erste Hinweis auf eine außergewöhnlich frühe Seeverbindung zwischen dem Indus und der Ostspitze Arabiens; das sind immerhin 500 Kilometer über das offene insellose Meer.

Serge Cleuziou führte mich noch am Abend zu der in der Weite der Talfläche zunächst kaum erkennbaren Grabungsstelle. Niedrige Mauerreste ließen die Umrisse kleiner Gebäude erkennen. Seit Wochen hatte das Team in mühsamer, sorgfältiger Kleinarbeit Eimer um Eimer sandigen Deckmaterials über der Kulturschicht abgetragen. Nichts deutete anfangs darauf hin, daß dies die zur Zeit wissenschaftlich bedeutendste Ausgrabung auf der Arabischen Halbinsel sein könnte. Was ich am folgenden Tag mit der Kamera aufnehmen durfte, ist größtenteils noch unveröffentlicht und wirft ein neues Licht auf die große vorgeschichtliche Rolle der Araber in der Seefahrt des westlichen Indischen Ozeans.

Der nächste Morgen: Vor Sonnenaufgang noch stieg ich auf das Felsplateau über dem Schildkrötenstrand. Im ersten Tageslicht kehrten einige verspätete Weibchen, erschöpft von der nächtlichen Eiablage, zurück zum Meer. Das Kap lag in klaren Umrissen im rötlichen Morgenlicht.

Beim Abstieg zur Grabungsstelle stieß ich auf mehrere von Grünspan überzogene Bronzenadeln und unverzierte Keramikbruchstücke (Abb. 109). Auch ringförmige Steinwälle mit einem Durchmesser von 2–3 Metern waren auf dem Plateau hoch über dem Strand verstreut. Die ältesten dieser frühen Spuren menschlicher Besiedlung reichen etwa 6000 Jahre zurück. Am Fuße des Steilhanges entdeckte ich einen Fuchsbau. In seinem weiten Eingang konnte man deutlich erkennen, daß unter einer hellen Schuttdecke von etwa 30 Zentimetern Tiefe eine von Feuerresten dunkel gefärbte Kulturschicht lag, durchsetzt mit zahlreichen Tonscherben und einigen Bronzebruchstücken. Die Füchse hatten auch eine Menge Tonscherben mit dem lockeren Bodenmaterial an die Oberfläche gescharrt. Später sammelten wir die wichtigsten Funde auf und verpackten sie zur weiteren Untersuchung in etikettierte Plastikbeutel.

Auf dem Grabungsfeld arbeiteten Omanis, Franzosen und Italiener als Team zusammen. Jedem Ausgräber fiel ein bestimmter Bereich in den abgesteckten und genau vermessenen Planquadraten zu. Klassische europäische Violinmusik von Vivaldi aus einem Kassettenrecorder mischte sich mit dem emsigen Schaben und Schürfen der Grabungsgeräte. Sobald beim vorsichtigen Abtragen der sandiglehmigen Deckschicht ein Gegenstand sichtbar wurde, eilten Serge und andere herbei und besprachen gemeinsam die weitere Freilegung der Objekte: meist waren es Bruchstücke unbemalter oder rötlich bemalter Keramik, Muschelringe, Fischhaken und Fischknochen, Bronzestücke und gelegentlich waren es auch stattliche Kupferbarren.

Deutlich war die Anlage der Häuser entlang einer wohl in Richtung zur früheren Anlegestelle verlaufenden Straße zu erkennen. Heute liegt die Küste ein gutes Stück weiter seewärts. Einige der kleinen, eckigen Räume hatten wohl als Warenlager gedient, erkenntlich an der Menge der Kupferstiche und anderer Gegenstände. Die bedeutendsten Funde waren die eindeutig im Indusstil bemalten Gefäßbruchstücke (Abb. 108), eine Specksteinschale mit ringförmigen Ornamenten und ein Knochenkamm der Induskultur, Bronzesiegel und ein Stück Bitumen mit Abdrücken von Binsenstengeln und Ablagerungen von Meeresorganismen, die sich gewöhnlich an Bootskörpern unter Wasser festsetzen – ein wichtiger Hinweis auf Binsenboote, mit denen zumindest in einer früheren Phase dieser meeresbezogenen Kultur Handelsfahrten unternommen wurden.

Die Ansiedlung dürfte um 2000 v. Chr. den Höhepunkt ihrer Entwicklung erreicht haben. Sie war jedoch keine Stadtkultur, sondern reiht sich ein in die bereits früher ausgegrabenen kleinen Siedlungen entlang der Nordküste Omans, deren Bewohner hauptsächlich von Fischen, Muscheln und anderen Meerestieren gelebt haben.

Die ersten schriftlichen Nachweise über diese Küstenmenschen stammen von den alten Griechen. Herodot faßte sie unter dem Sammelbegriff Ichthyophagi, »Fischesser«, zusammen. Diese vereinheitlichte Bezeichnung für Bewohner einer so weit ausgedehnten Region – den Küsten Arabiens bis zum Horn von Afrika einerseits und Westasien andererseits, weist auf eine Besonderheit hin: nämlich die bis zu den jüngsten Ausgrabungen kaum beachtete Existenz einer bronzezeitlichen Seefahrerzivilisation, die über ein so riesiges Gebiet des Indischen Ozeans ziemlich einheitliche Züge trug.

Für das Geschichtsbild ergeben sich hieraus wesentliche neue und zwar grundsätzlich neue Perspektiven, da das Augenmerk bisher lediglich auf die städtischen Hochkulturen jener Zeit gerichtet war und diese weitgehend voneinander getrennt betrachtet wurden.

Daneben blieb auch die fortschreitende Entwicklung der Seefahrt der Region, mit ihren ständig sich verbessernden Bau- und Navigationstechniken, zu wenig beachtet.

Bereits zur Blütezeit der Harappa-Kultur am Indus müssen aber auch weitreichende Überlandwege in Oman und im übrigen Arabien bestanden haben, denn Tonscherben des Harappa-Stils wurden auch tief im Land gefunden. Ein Teil der an der Ostküste Omans angelandeten Waren erreichte vermutlich auf dem Landweg die Nordküste am Golf.

BIENENKORBGRÄBER UND KUPFERGRUBEN. Inlandstämme siedelten vor 7000–8000 Jahren noch an Seen im heutigen Saudi-Arabien. Das Klima war also wesentlich niederschlagsreicher. Mit der zunehmenden Austrocknung verringerte sich der Siedlungsraum, und die Umweltbedingungen erforderten fortschreitende Anpassung. Seßhafte Lebensweise mit Anbau von Weizen, Hirse und der Kultivierung von Dattelpalmen konzentrierte sich mehr und mehr auf Gegenden, wo Grundwasser durch Brunnen und später durch unterirdisch angelegte Stollen, die sogenannten *Aflaj*, angeschnitten und in Oasen mit sorgfältig ausgelegten Bewässerungssystemen zur Oberfläche befördert werden konnte.

Aus der Zeit vor etwa 5000 Jahren sind bienenkorbförmige Grabbauten erhalten geblieben, in einem weiten Gebiet von der Golfküste in den Emiraten bis nach Oman auf der Inlandseite des Küstengebirges. Auch komplexe Totenstädte mit zahlreichen Grabkammern sind ausgegraben worden, deren Erbauer anscheinend eine hochentwickelte gesellschaftliche Struktur besessen haben. Kulturell und im Warenhandel waren sie nach Nordwesten, in Richtung der dynamischen Sumerer ausgerichtet. Über den Land- und Seeweg, mit Stationen an der Golfküste und auf Bahrain, standen sie mit dem Zweistromland in Verbindung.

In Expeditionsberichten aus der Anfangszeit archäologischer Feldforschung in Oman zu Beginn der siebziger Jahre suchte ich nach Hinweisen auf diese bemerkenswerte und so wenig bekannte Kultur. Grabungen waren nur ganz sporadisch, zum Beispiel in den Grabanlagen von Bat am Südrand des Küstengebirges, erfolgt.

In einem Forschungsbericht von 1976 stieß ich auf das Foto einer Reihe von Bienenkorbgräbern auf einem Hügelkamm mit der Ortsangabe »Al Ayn«. Nun gibt es in Oman aber mehrere Orte dieses Namens, und gute Landkarten sind nur für Teile Omans erhältlich. Aus den wenigen Zeilen der Beschreibung und einer Kartenskizze war die Lage jedoch ungefähr östlich der Grabanlagen von Bat bestimmbar.

Mit meiner Tochter Stephanie, die mich während der Weihnachtsferien in Oman besuchte, fuhr ich nach Verlassen der Hauptstraße kurz hinter der Oasenstadt Bahla immer tiefer in das Trockental Al Ayn (Abb. 116). Von Siedlung zu Siedlung erfragten wir uns den Weg über gewundene Geröllstraßen weiter in die Berge. Unvermittelt öffnete sich nach einer Biegung das Panorama einer an die Dolomiten erinnernden Bergkulisse. Davor lag auf einem kahlen Bergrücken erhaben die Reihe der Grabbauten (Abb. 113). Die Sonne stand bereits tief und ließ vor der mattrosa getönten Felswand das kupferfarbene Gestein der Gräber und ihrer Umgebung aufleuchten.

113. Auf einem kahlen Bergrücken im entlegenen Trockental Al Ayn liegen diese uralten Bienenkorbgräber

Über eine Steinhalde stiegen wir zum Grat hinauf. Das Abendlicht fiel durch die ovalen Öffnungen der Kuppelbauten ins Innere. Alle Öffnungen waren gegen die untergehende Sonne ausgerichtet (während in dem Forschungsbericht die genau entgegengesetzte Richtung angegeben war). Wir fanden keinerlei Gegenstände, der Boden im Innern war leer. Darüber wölbte sich die korbförmige Konstruktion aus meist viereckigen Steinen. Einige Gräber wiesen einen doppelten Mantel kunstvoll geschichteter Steine auf. Wir machten möglichst viele Aufnahmen im rasch schwindenden Licht. Niemals zuvor war ich so unmittelbar und in einem ähnlich überwältigenden landschaftlichen Rahmen mit den Zeugnissen von Menschen in Berührung gekommen, die vor 4500 bis 5000 Jahren gelebt haben. Ich war glücklich, daß ich diese tiefen Eindrücke mit meiner Tochter teilen konnte, denn Erlebnisse dieser Art sind auf unserer immer intensiver durchforschten Erde nur noch selten möglich.

Um die Mitte des dritten Jahrtausends v. Chr., also vor viereinhalbtausend Jahren, ließ König Sargon in der Stadt Agade im Zweistromland auf einer Tontafel niederschreiben, daß Schiffe aus Melukhkha, Magan und Dilmun am Kai seiner Metropole anlegten.

Dilmun ist, wie man heute weiß, mit Bahrain im Persischen Golf identisch und Melukhkha sehr wahrscheinlich mit der Zivilisation am Indus, die zu jener Zeit den Höhepunkt ihrer Entfaltung erreicht hatte.

Doch wo lag *Magan,* das Land, aus dem nach späteren sumerischen Keilschrifttexten reiche Schiffsladungen Kupfer und Dioritgestein in die nach Rohstoffen gierigen Städte der Sumerer gelangten?

Erst während der letzten zehn Jahre erbrachte Dr. Gerd Weisgerber vom Deutschen Bergbaumuseum Bochum mit seinem Team den Nachweis, daß *Magan* dem nördlichen Teil des heutigen Oman entspricht. Allerdings hatte Geoffrey Bibby, der Entdecker der Dilmun-Zivilisation, dies schon früher vermutet. Die Archäologen gruben nicht nur Siedlungsreste, Wehranlagen und Bestattungsplätze der Bronze- und Eisenzeit und der frühislamischen Periode aus, sondern sie konnten auch die Kupfergruben und den Verhüttungsprozeß genau untersuchen. Chemische Vergleiche des Kupfers in Oman mit sumerischen Funden ergaben eine große Übereinstimmung, vor allem im Nickelgehalt. Bei den jüngsten Feldforschungen konnte ich Gerd Weisgerber in die Berge von Samad mit der Filmkamera begleiten.

Die Berge Omans nördlich der Hauptstadt Muskat sind übersät mit kleinen, mittleren und auch recht großen Verhüttungsplätzen. Es müssen also bedeutende Erzlagerstätten vorhanden gewesen sein, die dann hauptsächlich im frühislamischen Mittelalter, im Zeitraum zwischen 800 und 950 n. Chr. ausgebeutet wurden. Ausgedehnte Schlackenfelder, Reste von Schmelzöfen und Röstanlagen blieben erhalten. Die ältesten Nachweise des Kupferabbaus in den Bergen Omans stammen aber aus dem dritten Jahrtausend v. Chr.

Für die Aufbereitung des Kupfers waren große Mengen Brennmaterial erforderlich. Weisgerber hat errechnet, daß während der frühislamischen Phase nicht weniger als zwanzig Millionen Bäume abgeholzt worden sein müssen. Die ökologischen Auswirkungen waren verheerend für den Wasserhaushalt und den Landbau. Und der Kupferabbau kam möglicherweise auch deswegen zum Erliegen, weil kein Brennmaterial zur Aufbereitung des Erzes mehr verfügbar war.

Aus den heute kahlen Bergen ziehen tief ausgewaschene Flußtäler, die *Wadis,* durch die Küstenebene zum Meer. Heute führen nur noch kurze Strecken ständig Wasser, sonst liegen die Wadis trocken, bis vereinzelte, meist starke Regenfälle die Geröllbetten für Stunden oder Tage in reißende, und für den unvorsichtigen Reisenden lebensgefährliche Ströme verwandeln. Doch früher, vor der Abholzung, müssen Flüsse, wie zum Beispiel der Wadi al Jizzi, ständig Wasser bis zur Küste geführt haben.

Dort liegt zwischen zwei Mündungsarmen die alte Stadt Sohar. Sie gilt bei den Omanis als Geburtsstadt Sindbads. Doch ist unwahrscheinlich, daß Sindbad der Seefahrer jemals wirklich gelebt hat. Vermutlich sind die Erzählungen aus den Berichten über mehrere Seefahrer entstanden. Chinesische Chronisten erwähnen Schiffe aus dem westlichen Indischen Ozean seit 671 n. Chr. Der erste bekannte Araber, der diese Reise unternommen hat, war ein Omani namens Abu Ubayda Abdullah bin al-Quasim. Er segelte um 750 n. Chr. nach Guangzhou (Canton) in Südchina. Zur selben Zeit wurde die Handelsstadt Baghdad ausgebaut. Dorthin verlegten die späteren Erzählungen aus »Tausend und einer Nacht« den Wohnsitz Sindbads.

DAS GOLDENE ZEITALTER. Der Ausbau Baghdads führte den Handel am Golf in ein goldenes Zeitalter. Oman lag nun am Kreuzpunkt der Seeverbindungen einerseits zu China und Indien, andererseits zum Roten Meer und nach Ostafrika. Persische und omanische Handelsleute brachten Leinen, Baumwolle und Wolle, Teppiche, Metallgegenstände, Eisenerz und Gold nach Osten und kehrten unter den günstigen Nordostwinden mit reichen Ladungen von Seide, Kampfer, Moschus, Gewürzen und Porzellan von ihren Fahrten zurück.

Dieser lebhafte Seehandel mit China fand ein jähes Ende, als Rebellen 878 n. Chr. die Stadt Guang zhou (Canton) einnahmen und die ausländische Gemeinde, vor allem arabische Muslime, niedermetzelten. Der Handel nach Osten aber ging weiter, und arabische Niederlassungen in Malaysia, Sumatra und Java dehnten sich aus. Bleibendes Zeugnis ist die außerordentlich weite Verbreitung des Islam im heutigen Indonesien und in Malaysia.

Wie aber sahen die Boote jener Seefahrer, des Sindbads der Erzählungen, aus? Die Schiffsplanken waren aus Teak- oder Palmenholz gezimmert. Teak mußte aus Indien importiert werden, und der sogenannte »Periplus von Erythrea«, ein griechisches nautisches Handbuch aus der Zeit zwischen 50 und 200 n. Chr., erwähnt, daß solche Importe bereits zu jener Epoche, also mindestens 400 Jahre vor der Ausbreitung des Islam, stattgefunden haben.

Sicher ist die Bauweise aus Hartholz schon viel früher, möglicherweise bereits vor dem zweiten Jahrtausend v. Chr., üblich gewesen, denn die altertümliche Konstruktion aus Binsen kann für Seereisen über das offene Meer zur Zeit der heftigen Monsunwinde wenig geeignet gewesen sein. Der griechische Schriftsteller Theophrastos aus dem vierten Jahrhundert

v. Chr. beschreibt eine dem Teak ähnliche Holzart, die auf Bahrain zum Bootsbau Verwendung fand. Palmenholz mußte ebenfalls importiert werden, vor allem von den Malediven und Lakkadiven. Diese Inseln zeichneten sich ebenfalls durch einen bemerkenswerten Bootsbau aus, wie der Autor Abu Zaid Hasan aus der Stadt Siraf im 10. Jahrhundert berichtet:

»Da gibt es Leute in Oman, die zu den Inseln (= Malediven und Lakkadiven) herüberkommen, welche Kokospalmen produzieren. Sie bringen Schiffszimmerleute und Werkzeuge mit. Und nachdem sie so viel Holz, wie sie benötigen, geschlagen haben, lassen sie die Stämme trocknen, dann schlagen sie die Blattwedel ab, und aus den Rindenfasern fertigen sie Stricke, mit denen sie die Planken zusammenbinden, und so bauen sie ein Schiff. Aus demselben Holz fertigen sie einen Mast, und aus den Blättern flechten sie ihr Segel . . .«

Der Italiener Marco Polo besuchte die alte See- und Handelsstadt Hormuz am Golf im dreizehnten Jahrhundert. Er berichtet:

»(Die Schiffe) haben keine Eisenverbindungen, sie sind lediglich zusammengefügt mit Stricken, die aus den Faserhüllen indischer Kokosnüsse gefertigt werden. Sie schlagen die Hüllen der Nüsse, bis die Fasern Roßhaar ähnlich werden. Davon zwirnen sie die Planken zusammen. Die Verbindung hält fest und bleibt im Seewasser haltbar. Doch bei Stürmen ist die Festigkeit nicht ausreichend. Die Schiffe sind nicht ausgepicht, sondern lediglich mit Fischöl eingelassen. Sie haben einen Mast, ein Segel und ein Ruder. Anstatt eines Decks schützt eine Matte die Ladung . . .«

Wie heute noch in den Schiffswerften von Sur, wird der Bootsrumpf in sehr einfacher Weise gefertigt. Allerdings werden in Sur die Planken an Spanten angenagelt. Zunächst wird der Kiel auf dem Boden ausgelegt, dann Planke um Planke mit Kokosschnüren beiderseits befestigt, wobei die Schnüre über Kreuz durch Löcher in den Planken sehr fest gezogen werden. Wahrscheinlich wurden die Bootskörper durch eingezogene Spanten verstärkt.

Das typische arabische Segel ist fast dreieckig. Es gleicht einem Trapez. Erst die Byzantiner haben vor dem neunten Jahrhundert daraus eine rein dreieckige Form entwickelt, die dann in Europa Nachahmung fand. Vermutlich ist das Lateinsegel aus einer früheren, viereckigen Segelform hervorgegangen, noch vor Ausbreitung des Islam.

Die alte Stadt Sohar ist gänzlich einem modernen, von Betonbauten geprägten Ortsbild gewichen. Doch weiter im Osten, nahe der jüngeren Hafenstadt Sur, liegt die fast ebensoalte Stadt *Qalhat*.

Heute ist Qalhat ein Trümmerfeld, soweit das Auge reicht. Das einzige erhaltene Gebäude ist ein Mausoleum, welches Bibi (Lady) Mariam zuge-

114. In der Wüstenstadt Adam befindet sich in einer Moschee diese Gebetsnische mit einem chinesischen Teller

schrieben wird (Abb. 106). Das Ende von Qalhat war schrecklich. Die blühende Handelsstadt wurde von dem portugiesischen Eroberer Albuquerque in Schutt und Asche gelegt, alle Einwohner abgeschlachtet.

Mein Sohn Matthias und ich kletterten über die sich weit hinziehenden Ruinenfelder. Scherben chinesischen Porzellans und persischer Keramik lagen offen zwischen den Trümmern. Der alte Hafen ist heute eine fast versandete, tote Bucht.

Im vierzehnten Jahrhundert besuchte der berühmte arabische Reisende Ibn Battuta die Stadt Qalhat. Er berichtet:

»Qalhat besitzt gute Basare und eine äußerst schöne Moschee, deren Wände mit feinen Kacheln belegt sind. Die Moschee steht auf luftiger Anhöhe, von welcher der Blick über Stadt und Hafen reicht (. . .) Die Bewohner sind Handelsleute und leben ausschließlich von den Gütern, die über den Indischen Ozean kommen. Die Ankunft jedes Schiffes versetzt die Stadt in größte Freude.«

Am Tag unseres Besuches lag ein düsterer, grauer Wolkenhimmel über den Ruinen – nicht von ungefähr Ausdruck des furchtbaren Schicksals dieser einst so blühenden Stadt.

115. Die Burg der Oasenstadt Bahla im Landesinneren

Die erste Erwähnung Qalhats geht auf das zweite Jahrhundert n. Chr. zurück, als der später mächtige Stamm Al Adz unter dem Anführer Malik bin Fahm dort eine Niederlassung gründete. Von Qalhat führten Handelsrouten ins Innere Omans, ins Nabhani-Königreich von Bahla und Nizwa. Wir folgten diesen Routen durch die Berge und fanden alte Befestigungen (Abb. 115) und Moscheen. In der Wüstenstadt Adam entdeckten wir ein wundervolles *Mihrab,* eine in geometrische Ornamente aufgelöste Gebetswand, in deren Zentrum ein chinesischer Porzellanteller angebracht war. Dieser Teller ist Beweis für die alten Handelsverbindungen (Abb. 114).

Die Gebäude von Qalhat waren aus Korallensteinen errichtet, einem sehr dauerhaften und gegen Hitze gut isolierenden Baumaterial. Genau denselben Baustil traf ich wieder in Ostafrika an, in den alten arabischen Niederlassungen entlang der Küste des heutigen Kenya.

Die omanischen Beziehungen zu Ostafrika waren zur Blütezeit Qalhats bereits so intensiv, daß bei der Ankunft der Portugiesen die Suaheli-Küste weitgehend »arabisiert« war. Nach omanischer Überlieferung erfolgte die erste Auswanderung nach Ostafrika um 700 n. Chr. Die ersten archäologischen Nachweise einer Moschee auf der Insel Pate, im Norden der Küste

Kenias, können anhand von Scherbenfunden ins zehnte Jahrhundert unserer Zeitrechnung datiert werden.

Nach dem Verfall Qalhats übernahm die nahegelegene Stadt Sur die Rolle des wichtigsten Hafens für den Ostafrikahandel. Und diese Bedeutung behielt die Stadt bis zur jüngsten Vergangenheit. Erst durch die Revolution in Sansibar im Jahre 1964 wurde der Übermacht der Araber auf diesem wichtigsten verbliebenen Stützpunkt abrupt ein Ende gesetzt.

OSTAFRIKA UNTER DEM HALBMOND. Filmemacher auf Reisen sind leicht daran zu erkennen, daß sie Unmengen Metallkoffer, Stative und Kisten mit sich schleppen. Auf dem Flug nach Sansibar hatte ich 13 Gepäckstücke bei mir, obwohl ich allein flog. Es war Heiliger Abend. Beim Abflug auf dem Flughafen London-Heathrow fiel feiner Nieselregen.

Die Insel Sansibar war für mich seit Kindestagen Inbegriff exotischer Tropenatmosphäre (Abb. 110). In verstaubten Jahreskalendern aus der Vorkriegszeit, die ich unter dem Dach eines niederbayerischen Bauernhauses entdeckt hatte, war ich auf abenteuerliche Geschichten von Sklavenhandel, Gewürzplantagen und gefahrvollen Entdeckungsreisen ins Innere Afrikas, von Überfällen, Malariafieber und Elefantenfriedhöfen gestoßen. Tatsächlich war Sansibar Ausgangsstation vieler bedeutender Forschungsreisen, zum Beispiel von Livingstone zu den großen Seen in Tanganjika auf dem afrikanischen Festland, gewesen.

Mit den Jahren verschwammen diese alten Kalendergeschichten wie die Erzählungen von Sindbad aus »Tausend und einer Nacht« hinter tatsächlichen geschichtlichen Ereignissen. Die alten romantisierenden Vorstellungen verbanden sich allmählich mit Kenntnissen über die äußerst wechselvolle Geschichte Ostafrikas. Als Deutschland im Jahre 1890 mit Großbritannien die Inseln Sansibar und Helgoland austauschte, ließ Bismarck für den damaligen Sultan in Sansibar, Seyyid Khalifa, ein reich verziertes Silbergefäß anfertigen, das heute im sehr sehenswerten Nationalmuseum Omans aufbewahrt wird.

Während meiner Jahre in Oman eröffneten sich mir wesentliche neue Aspekte in der Betrachtung ostafrikanischer Geschichte und der über 1000 Jahre dauernden arabischen Einflußnahme durch die Berichte jener sansibarischen Omanis, die bei der Revolution 1964 ihren Wohnort verlassen mußten und über den Umweg England schließlich im alten Stammland Oman eine neue Heimat gefunden hatten.

Um eine filmische Dokumentation in einer so fremdartigen Welt in den Griff bekommen zu können, ist das richtige Gefühl für die allgemeine

Hintergrundsituation, für den geschichtlich-kulturellen Rahmen, ganz wesentlich. Oberflächlichkeit würde nur Klischees erzeugen.

Gedanken darüber zogen an mir vorbei, als ich von London kam und hoch über Deutschland, über der alten bayerischen Heimat flog. Unter mir im Dunkel feierten meine Kinder und Freunde die Weihnachtsnacht. Es war nicht leicht, mich hiervon zu lösen und auf die bevorstehende Arbeit einzustellen.

Doch bereits am folgenden Tag war Europa in weite Ferne gerückt. Nach Zwischenlandungen in Nairobi und Mombasa lag nun die leuchtendgrüne Korallensee der ostafrikanischen Küste unter den dröhnenden Motoren der alten *Fokker Friendship* von Kenya Airways. Beim Umsteigen in Nairobi wäre beinahe die Kiste mit sämtlichem Filmmaterial zurückgeblieben. Nach kurzer Strecke über den offenen Indischen Ozean tauchten die weißen Strände und Kokosplantagen der Insel Sansibar auf. Bald darauf senkte sich die Maschine über den dicht gedrängten Dächern der Suaheli-Dörfer und der Altstadt zur Landung.

Organisation und technische Vorbereitungen bestimmen den Anfang jeder Filmreise. Einfuhrgenehmigung für die Ausrüstung, schriftliche Dreherlaubnis und Empfehlungsschreiben, die Suche nach zuverlässigen und ortskundigen einheimischen Helfern, sichere und möglichst kühle Unterbringung des Filmmaterials und der Geräte, Miete eines geräumigen Wagens – um all das mußte ich mich sofort nach der Ankunft kümmern.

Das Informationsministerium der tansanischen Regierung zeigte sich äußerst entgegenkommend, die deutsche Botschaft in Dar-es-Salaam hatte vorweg eine offizielle Zustimmung für mein Filmvorhaben erwirkt, Sansibar-TV stellte einen tüchtigen Assistenten zur Verfügung, und arabische Freunde sorgten für einen Raum mit Klimaanlage.

Bereits am Flugplatz führte mich ein glücklicher Zufall mit dem Taxifahrer Seif zusammen. Er war der ideale Führer, kannte die gesamte Insel, hatte überall Freunde und verlor seine gute Laune auch dann nicht, als sein dreißigjähriger Peugeot zum zweiten Mal an einem Vormittag mit plattem Reifen zum Stehen kam. Seif blieb bis zur Rückreise mein unentbehrlicher Führer, und mit Abu von Sansibar-TV waren wir bald ein gut aufeinander eingespieltes Team. Für die kommenden Wochen konnte ich mich loslösen von jeglichen Kontakten mit Europäern und ohne Ablenkung den Spuren der arabischen Vergangenheit nachgehen.

Der Direktor des staatlichen Archivs, Hamad H. Omar, gestattete mir, alte Dokumente und vor allem Fotografien von Ruinen und Grabanlagen auf Sansibar und der benachbarten Insel Pemba zu studieren. Einige der vergilbten Fotografien sind mit Erläuterungen in altdeutscher Handschrift aus der Kolonialzeit versehen. Leider sind mehrere der frühen arabischen Monumente unter dem üppigen Bewuchs im feucht-heißen Klima zerfallen oder wurden während der Revolution 1964 zerstört. Dem Staat fehlen die Geldmittel, die verbliebenen Altertümer zu erhalten, und jede Hilfestellung von deutscher Seite würde mit großer Dankbarkeit angenommen. Es fehlt sogar eine Fotoausrüstung, um die Ruinen im gegenwärtigen Zustand zu dokumentieren.

Die politischen und wirtschaftlichen Beziehungen Omans mit Ostafrika gehen zurück auf das erste Jahrhundert des Islams, als omanische Siedler auf der Flucht vor feindlicher Übermacht der Heimat den Rücken kehrten und sich im Land *Zinj,* wie sie die ostafrikanische Küstenregion nannten, niederließen.

Die Seeroute muß aber schon vorher bekannt gewesen sein. Eine direkte Reise unter Segel mit nordöstlichen Winden in einem seetüchtigen Boum hätte höchstens drei bis vier Wochen gedauert. Doch machten die Schiffe meist mehrmals entlang der südarabischen Küste, auf Sokotra und an der Küste von Somalia und Kenia Station. Vor Sansibar tauchten die arabischen Segler gewöhnlich Mitte Februar auf. Bis zum Einsetzen der wieder heimwärts führenden südwestlichen Winde blieben etwa zwei Monate. Das war Zeit genug, um Geschäften nachzugehen und Ladungen für die Heimreise einzuhandeln.

Aus Afrika brachten die Schiffe Roheisen, Elfenbein, Sklaven, Leopardenfelle und aromatische Baumharze mit, später auch Gewürze, vor allem Gewürznelken, die von Omanis erstmals aus Südostasien eingeführt und auf Sansibar und Pemba gepflanzt worden sind. Eingeführt nach Sansibar wurden Datteln, getrockneter Fisch, Salz, indische Baumwollstoffe, Eisenwaren und Glasperlen, persische glasierte Keramik und chinesisches Porzellan. Für die meisten Waren waren die Omanis in beiden Handelsrichtungen lediglich Zwischenhändler.

Asiatische Einflüsse entlang der Ostküste Afrikas, auf Sansibar und Pemba, gingen jedoch nicht allein von Omanis aus, sondern kamen zu einem wesentlichen Teil auch aus dem südwestlichen Arabien, aus dem Iran, dem Irak und aus Indien. Auf Sansibar ist bis heute sehr deutlich die Einwanderung von persischen Siedlern aus der Gegend von Shiraz in Erinnerung.

So entstand ein vielfältiges Rassengemisch mit der ursprünglichen afrikanischen, schwarzen Bevölkerung, das durch den Islam und die Küstensprache *Suaheli* über die Landesgrenzen hinweg verbunden ist. Am deutlichsten haben indische Einwanderer ihre rassisch-kulturelle Identität beibehalten.

Die Araber aus Oman und von der gegenüberliegenden asiatischen Küste waren jedoch die Aristokraten der Suaheli-Region. Sie gründeten auf den Inseln und entlang der Küste städtische Zentren und legten Paläste an. Es entstanden Rivalitäten und kriegerische Auseinandersetzungen zwischen diesen Stadtstaaten, jedoch konnte keiner über längere Zeit die Oberhand gewinnen. Im zehnten Jahrhundert n. Chr. scheinen die Omanis ihre Machtposition auf der Ostafrikaroute gefestigt zu haben.

Über die Frühzeit arabischer Seefahrt und Siedlung ist allerdings sehr wenig Quellenmaterial erhalten geblieben. Erst allmählich entwickelt sich aus Grabungen in verlassenen Ruinenstädten und durch Vergleich der Funde mit Gegenständen aus den arabisch-westasiatischen Ausgangsländern ein genaueres Bild, wann und aus welchem Ursprungsgebiet die Kolonisierung der afrikanischen Küsten und Inseln erfolgt ist.

Am deutlichsten spiegelt sich die arabisch-asiatische Vergangenheit in den Gesichtern der Menschen in den Städten wider, in den engen Gassen und Moscheen der Altstadt Sansibars. So verbrachten wir die ersten Drehtage mit Porträtaufnahmen jenes wohl einzigartigen rassischen Spektrums von hellhäutigen Omanis und islamisierten Asiaten bis zu den Abkömmlingen der aus Persien eingewanderten Siedler, die sich mit der afrikanischen Urbevölkerung vermischt haben. Auch im Baustil äußert sich die Mischung von arabischen, indischen, persischen und afrikanischen Elementen, vor allem an den reich geschnitzten Fassaden und Türrahmen (Abb. 116).

Am Neujahrstag, einem Freitag, durfte ich durch Vermittlung von Seif in der ältesten noch benutzten Moschee ganz Afrikas während der Gebetsstunde drehen.

Der ehrwürdige Bau stammt aus dem zwölften Jahrhundert und liegt im Dorf Kizimkazi an der Südküste Sansibars. Sein Innenraum ist so klein, daß ich mich kaum zwischen den Reihen der versammelten Gläubigen mit der Kamera bewegen konnte. Nur weil Seif die Gemeindevorsteher persönlich kannte, und ich mir in den Jahren in Oman die Verhaltensweisen während der Gebete eingeprägt hatte, wurde mir als Ungläubigem diese besondere Ehre zuteil.

Im staatlichen Archiv hatte ich alte Fotografien von verfallenden Moscheen ähnlichen Stils gefunden: In den Ruinen wurzelten Feigenbäume und dichtes Gebüsch. Wiederum konnte man deutlich einzelne chinesische Porzellanteller erkennen, die in die Wand eingelassen waren. Es hieß, die besterhaltenen Überreste, auch alte säulenförmige Grabmale, sollten auf der Nachbarinsel Pemba zu finden sein, die etwas nördlich von der Insel Sansibar liegt.

116. Die Itnasheri Charitable Dispensary in Sansibar wurde um 1900 im indisch-westasiatischen Stil erbaut

Also setzten wir nach Pemba über und trafen dort Salim Seif, den für Altertümer zuständigen Vertreter von Hamad Omar, dem Direktor des Zentralarchivs. Salim hatte mit seinen Leuten während der vergangenen Monate die wichtigsten Ruinen Pembas von dichtem Bewuchs befreit und lud uns ein, am nächsten Morgen mit einem Fischerboot entlang der Palmenküste zum Ras Mkumbuu zu fahren. Dort hatte James Kirkman vom Museum in Mombasa einige Jahre zuvor Scherben aus dem dreizehnten Jahrhundert n. Chr. gefunden, die auf eine Niederlassung arabisch-persischen Ursprungs hindeuten.

Die Insel Pemba ist hügeliger und fruchtbarer als Sansibar, dazu von bezauberndem landschaftlichen Reiz. Entlang der schmalen Landstraße zum Bootsplatz reihten sich Palmenhaine mit Gruppen lehmverputzter, blattgedeckter Hütten, baumhohe Gewürznelken und Muskatnuß, Pflanzungen mit Jams, Zuckerrohr, Bananen und anderen exotischen Nutzpflanzen. Die gesamte Insel glich einem üppigen, reichen Garten. Vor einigen Hütten breiteten Frauen in ihrer bunten suahelischen Tracht Gewürznelken zum Trocknen aus. Man kann sich gut vorstellen, daß die aus den kargen Trockengebieten Arabiens eingewanderten Omanis in dieser regenreichen, grünen Inselwelt ein irdisches Paradies erblickten.

Die anschließende Bootsfahrt führte uns zunächst durch Mangrovenwälder. Das harte Holz dieser im Brack- und Salzwasser wurzelnden Bäume eignet sich hervorragend als Baumaterial. Es ist termitensicher und wurde in arabischen Häusern vorwiegend zur Deckenkonstruktion verwendet. Bis in jüngste Vergangenheit haben arabische Dhaus dieses Stangenholz zu den Häfen am Golf befördert.

Ras Mkumbuu liegt dem afrikanischen Festland gegenüber und erschien sicherlich den Siedlern aus dem persischen Shiraz als strategisch günstige Position in einer kleinen Bucht, abgeschirmt durch vorgelagerte Koralleninseln. Die Mauern und vor allem das *Mihrab*, die Gebetsnische der Moschee, waren noch gut erhalten, ebenso einzelne der mit schlichten geometrischen Ornamenten versehenen Grabmäler. Die eingemauerten Porzellanteller waren leider seit der Fotodokumentation zu Anfang des Jahrhunderts zerstört worden, doch fanden wir später an einer anderen Moschee in Kichokochwe einen schönen Teller der Mingzeit. In einem nahen Acker konnten wir mehrere blau-weiße Porzellanscherben aus dem vierzehnten Jahrhundert und Keramikfragmente mit der typischen iranischen Türkisglasur aufsammeln.

Nach Sansibar zurückgekehrt, brachte mich Seif zu den Palastruinen omanischer Sultane des vergangenen Jahrhunderts und zu einer Stelle nahe der Küste, wo die Araber in Höhlen und Verliesen Sklaven vom Festland versteckt hielten, nachdem die britischen Kolonialbehörden den Sklavenhandel offiziell verboten hatten.

Der bedeutendste Herrscher omanischer Herkunft in der Neuzeit ist Sayyid Said Ibn Sultan (1807–1856). Er regierte zeitweise sogar das omanische Mutterland von Sansibar aus. Im Jahre 1840 sandte Sayyid Said das Handelsschiff »Sultana« in die Vereinigten Staaten. Die teils nach traditionellem, teils nach europäischem Vorbild gebaute »Sultana« war das erste arabische Schiff, das jemals im Hafen von New York vor Anker ging. Sayyid Said war es gelungen, die arabische Vorherrschaft in Ostafrika voll wiederherzustellen, nachdem sie für 200 Jahre während der portugiesischen Ära zum Erliegen gekommen war.

Das Erscheinen portugiesischer Schiffe im Indischen Ozean zu Beginn des sechzehnten Jahrhunderts hatte dramatische Folgen für die bis dahin dominierende arabische Seefahrt.

Als Vasco da Gama 1498 nach der Entdeckung der Route um das Kap der Guten Hoffnung der Küste folgend gen Norden vordrang, war er überrascht über die hochstehende arabische Zivilisation, auf die seine kleine Flotte an der kenianischen Küste stieß.

In Malindi begegnete er dem angesehenen omanischen Steuermann Ahmad Ibn Majid, der mehrere berühmte Navigationsbücher verfaßt hatte. Vasco da Gama war so beeindruckt von den Fähigkeiten Ibn Majids, daß er ihn als Steuermann anheuerte. So war es ein Omani, der die Portugiesen nach Indien führte und damit ein neues Kapitel in der Seefahrtsgeschichte des Indischen Ozeans einleitete. In Malindi an der Küste Kenias steht eine schlichte Gedenksäule mit Kreuz und Wappen an jener Stelle, von der aus die Flotte Vasco da Gamas in See stach.

Die Auswirkungen der neuen Seeroute auf die bisherige kommerzielle Überlegenheit der Araber und Perser war so einschneidend, daß die alten Handelsverbindungen mit dem Mittelmeergebiet durch das Rote Meer, den Golf und über Land an Bedeutung verloren. Der Umfang des Handels durch die Straße von Hormuz ging drastisch zurück, und für die Araber in Ostafrika war die unerwartete Konkurrenz schlicht katastrophal.

Die Interessen der Portugiesen waren zunächst rein wirtschaftlich, doch bald kamen machtpolitische Ambitionen hinzu. 1507 erreichte Alfonso de Albuquerque das Kap Al Hadd an der Ostspitze Arabiens und begann von dort seine Zerstörungsfahrt entlang der Nordküste Omans bis in den Golf, nach Passieren der Meerenge von Hormuz. In Muskat und anderen Küstenorten erbauten die Portugiesen Festungen. Ihren wichtigsten Stützpunkt in Ostafrika bildete Fort Jesús in Mombasa. Nach späterer mehrmaliger Eroberung durch omanische Belagerer und Wiedereroberung durch die Portugiesen fiel diese Festung im Jahre 1698 endgültig in omanische Hand.

Aus dem omanischen Mutterland wurde die portugiesische Flotte mit der Einnahme der Festungen in Muskat bereits 1650 endgültig vertrieben. Mehrere tiefgreifende Einflüsse blieben jedoch bestehen. So lösten im Schiffsbau Metallnägel die früher üblichen Kokosstricke zum Verbund der Planken ab, und der zugespitzte Bug des traditionellen *Boum* erhielt im neuen Bootstyp der *Ghanjah* eine neue breite Form (Abb. 117). Dieser Wandel ist beachtlich, da in früheren Zeiten weder griechisch-römische Bootstypen noch die Bauweise chinesischer Dschunken das Aussehen arabischer Schiffe zu beeinflussen vermocht hatten.

117. Handelsschiff vom Typ der Ghanjah in Sansibar

In den Gewässern zwischen Lamu vor der Küste Kenias und Sansibar haben sich bis zur Gegenwart mittelgroße Segelboote erhalten, die die arabische Tradition fortführen. Lamu war schon seit mehreren Jahrhunderten neben Sheba auf der nördlich gelegenen Insel Pate ein Stützpunkt arabischen Seehandels. Eine starke, nördlich gerichtete Meeresströmung machte den vom Arabischen Golf kommenden Seglern das Fortkommen südlich von Lamu schwer. Es war deshalb sinnvoll, in Lamu anzulegen und die Waren für den Transport weiter südwärts auf kleinere Segler umzuladen. Diese hatten weniger Tiefgang und konnten sich direkt an die Riffe landwärts von der starken Strömung halten. Vor der Kulisse des

118. Die verlassene Urwaldstadt Gedi, Ostafrika

alten Sansibar konnte ich auf einem solchen, in Suaheli *Jihazi* genannten Segelboot mit zwölf Mann Besatzung die Wendigkeit und erstaunliche Geschwindigkeit dieses Schiffstyps erleben (Abb. 110).

Von Sansibar kehrte ich nach Mombasa zurück. Es sollte die letzte Station meiner Reise durch 5000 Jahre Geschichte sein. Dort besuchte ich die archäologische Schausammlung in Fort Jesús. Hier ist in Vergleichen, nun schon wissenschaftlich dokumentiert, sehr eindrucksvoll die hohe Übereinstimmung kultureller Ausdrucksformen im Bereich arabischer Seefahrt dargestellt. Haustypen, Boote, Wirtschaftsformen und Lebensweise der Völker an den Küsten des Indischen Ozeans haben sehr viel gemeinsam. Viele Familien haben Angehörige an weit voneinander entfernten Punkten entlang dieser Küsten. Das muß nicht bedeuten, daß sie sich als Einwanderer fühlen. Vielmehr verstehen die Menschen dieser weiten Region die gesamte Küste als kulturelle Einheit mit afrikanischer, arabischer, iranischer, indischer und madagassischer Ausprägung.

Im Museum auf Fort Jesús fand ich aber auch ein paar Fotografien von den Ruinenstädten aus Korallengestein im Buschwald hinter der Küste Kenias, die lange Zeit unbeachtet geblieben waren. Sogleich wurde meine Neugier noch einmal wach.

Die Entstehung jener Städte ist ebenso in das Dunkel der Vorgeschichte gehüllt wie ihr rätselhaftes, plötzliches Ende. Waren es kriegerische Galla-Stämme, die die Bewohner vertrieben, oder hat eine Seuche das Leben in den offensichtlich vorher blühenden Ortschaften ausgelöscht? Bisher haben Archäologen keine Antwort gefunden.

Noch einmal machte ich mich auf, jene Städte zu suchen: Jumba, Kilifi und Gedi. Von Mombasa aus fuhr ich entlang der Küstenstraße nordwärts. Endlich, gegen Abend erreichte ich Gedi: Goldenes Sonnenlicht fiel auf die von Urwald umgebenen Ruinen (Abb. 118). Meerkatzen schwangen sich aus den Baumkronen zu den Bögen und dem Mauergesims der Moschee und des sogenannten Palastes herab, fast lautlos.

Ich sah eine Weile gebannt zu, wie die Ruinen kurz zur Kulisse dieses Schauspiels wurden. Doch sehr rasch verschwanden die Affen wieder im Blätterdach, und die Fensterhöhlen und leeren Türöffnungen standen starr und unheimlich im schwindenden Licht . . .

LITERATURVERZEICHNIS

Aleem, A. A.: Concepts of Currents, Tides and Winds among Medieval Arab Geographers in the Indian Ocean. In: Deep See Research Bd. 14, S. 459 ff. (1967)

Aleem, A. A.: On the History of Arab Navigation. In: Deep See Research Bd. 14, S. 459 ff. (1967)

Al Khalifa, Shaika Haya Ali und Michael Rice: Bahrain Through the Ages. The Archaeology. London 1986

Bibby, Geoffrey: Dilmun – Die Entdeckung der vergessenen Hochkultur. Reinbek 1977

Broomhall, Marshall: Islam in China. A Neglected Problem. London 1987

Heyerdahl, Thor: Roles of the Ocean in the Early Spread of Man. In: Migration. Mechanisms and Adaptive Significance. Edited by M. A. Rankin (Contributions in Marine Science Supplement Bd. 27)

Kay, Shirley: Emirates Archaeological Heritage. Dubai 1986

Kirkman, James: Excavations at Ras Mkumbuu on the Island of Pemba. Manuskript o. O. o. J.

Krause, W. F.: Bedeutungsverschiebungen omanischer Hafenstädte und Wandlungstendenzen im omanischen Seehandel in den letzten 1500 Jahren. Würzburg 1983 (Dissertation)

Müller-Hanpft, Susanne und Reinhard Bentmann: Unternehmen Meeresboden. Die Schiffsgrabung bei Fort Jesús / Mombasa. In: Gottfried Kirchner: Scherben, die Geschichte schreiben. Das Abenteuer der modernen Archäologie. Frankfurt / M. 1981, S. 295 ff.

Oman, a Seafaring Nation. Ed. by the Ministry of Information and Culture, Sultanate of Oman. Muscat 1979

Seacharts of the Early Explorers, 13th to 17th Century. New York 1984

Tibbets, G. R.: Arab Navigation in the Indian Ocean before the Coming of the Portuguese. London 1971

Weil, Gustav: Tausend und eine Nacht. Arabische Erzählungen. Ausgabe 1865. Neuausgabe Essen o. J.

Weisgerber, Gerd: Beobachtungen zum alten Kupferbergbau im Sultanat Oman. In: Der Anschnitt, 29. Jahrg., S. 190 ff. (1977)

Weisgerber, Gerd: ». . . und Kupfer in Oman . . .« Das Oman-Projekt des Deutschen Bergbau-Museums. In: Der Anschnitt, 33. Jahrg., S. 62 ff. (1980)

Weisgerber, Gerd: Mehr als Kupfer in Oman. Ergebnisse der Expedition 1981. In: Der Anschnitt, 33. Jahrg., S. 174 ff. (1981)

Hajo Bergmann
Dämonen auf dem Dach der Welt
Filmreise durch Ost-Tibet

»Was heute wir wirken, schafft unsere Zukunft;
wie der Schatten dem Körper, so folgt uns das Karma,
denn auswirken im Zwange muß jeder, was selbst er getan.«
(Aus dem »Goldenen Rosenkranz« Padmasambhavas)

PROLOG. Smog über New Delhi. Zwei Stunden Fußwanderung in der Altstadt, und uns tränen die Augen in Indiens Hauptstadt. Wir warten auf die Genehmigung für unseren Besuch beim tibetischen Gottkönig im nordindischen Dharamsala, dem Schlußpunkt unserer fast dreimonatigen Dreharbeiten. Eine chinesische Regierungsdelegation verhandelt in der Hauptstadt über die Grenzstreitigkeiten, die in der Vergangenheit immer wieder militärische Auseinandersetzungen provozierten. Grund genug für die indische Regierung, sehr vorsichtig zu sein mit Drehgenehmigungen in den tibetischen Flüchtlingsregionen. So bleibt mir Zeit für einige Gedanken.

PADMASAMBHAVA – DER MAGISCHE MISSIONAR. Die natürliche Abgeschiedenheit der Himalaya-Region macht es schwierig, die urzeitlichen Verhältnisse auf dem Dach der Welt zu rekonstruieren.

»Die frühen Bewohner des Himalaya stellten sich – nicht anders als ihre Nachfahren – die ganze bedrohliche Welt der Berge, Gletscher, Steppen und Wüsten als von Göttern, Geistern und Dämonen beherrscht vor. Dabei konnten von allen drei Gruppen dieser überirdischen Wesen Gefahren für den Menschen ausgehen. Auch die Götter waren nicht einfach gut und schon gar nicht die natürlichen Freunde der Menschen. Hier gab es offenbar schon sehr früh eine äußerst differenzierte Vorstellungswelt, von der wir uns nur ein Bild machen können, wenn wir uns die große Einsamkeit dieser Menschen und ihr Ausgesetztsein in einer Welt versteckter, ständig drohender Gefahren vorstellen. Denn die Religion der Himalaya-Bewohner ist nur aus deren natur- und umweltgeprägten, traumverlorenen Psyche zu verstehen«, schreibt Helmut Uhlig in seinem jüngsten Himalaya-Buch.

Der zivilisationsgeprägte Mensch hat zweifellos den Zugang zu jener »traumverlorenen Psyche« verloren und vermißt ihn schmerzlich. Anders ist der Boom im esoterischen und okkulten Bereich schwer zu erklären, der in den Industrienationen teilweise so lächerliche Blüten treibt. Ich bin immer wieder überrascht, wie viele Personen in führenden Stellungen oder gerade Menschen, die Besonderes leisten, von esoterischem Interesse geprägt sind. Ob im Tao, Mandala oder altgermanischen Runenwurf, ob Yoga, Tai Chi, Akupunktur, Voodoo oder Wiedergeburt – der Wege sind viele, und das Bedürfnis ist groß, sich den Beton von der Seele zu schaffen und wieder den Einklang zwischen dem Ich und den Kräften dieser Erde zu suchen.

Von daher sind Trancepriester, Zauberlamas, Geister und Dämonen keine alttibetischen Fossilien, sondern real auch in den Köpfen der westlichen Menschen, die damit die Folgen ihres digitalisierten Alltags samt ihrer gestörten Psyche zu sanieren suchen.

Man könnte fast meinen, während der einsam einer übermächtigen Natur ausgelieferte Himalaya-Bewohner seine Kultur entwickelt hat, um mit seiner Umgebung klarzukommen, sucht der zivilisationsgeschädigte westliche Mensch die Geisteswelt asiatischer Kulturen, um Ersatz für fehlende Natur zu finden, die er ja leider so gründlich vergiftet und flurbereinigt hat.

Naturreligiöse Zusammenhänge kennen alle Völker dieser Erde, zumindest vor dem Vordringen der monotheistischen Weltreligionen. Gerade die Großreligionen sind zumeist auch wenig zimperlich gewesen, den Naturvölkern ihre heidnischen, aber erdverbundenen Sitten und Rituale auszutreiben. Die Missionsgeschichte dieser Erde wurde häufig von »heiligen Kriegen« und »Kreuzzügen« bestimmt. Ihre Helden waren Feldherren wie Propheten des neuen religiösen Heils, denen ihre Pfründe aber meistens wichtiger waren als die Seelen der Geschröpften.

Um so sympathischer ist die in vielen Himalaya-Ländern so geliebte Legende des buddhistischen Missionars Padmasambhava, der von den alten tibetischen Königen ins Land gerufen wurde, um die blutrünstigen, räuberischen Stämme zu befrieden.

Um dem in Tibet herrschenden Dämonen- und Geisterglauben die friedliche Lehre des Gautama Buddha entgegenzusetzen, bedurfte es eines Praktikers und keines Philosophen. So ist der legendäre Padmasambhava eher ein Magier und Zauberer, der sich mit seiner Geliebten und einer Truppe von Gauklern im Jahre 746 auf den Weg nach Tibet machte.

Im Gegensatz zu Buddha, »der nach seinen Begegnungen mit verschiedenen Formen menschlichen Leidens konsequent den Weg der Hauslosigkeit beschreitet, der über die Askese zur Meditation und schließlich zur Erleuchtung führt, geht Padmasambhava ganz andere Pfade. Er führt das Leben eines Wundertäters und Zauberers, wird aufgrund seines Karmas (etwas vereinfacht: seines Schicksals) mehrfach zum Mörder, erfährt harte Bestrafung, aus der er aber jedesmal rein und strahlend hervorgeht.

Selbst mehrere grausame Tötungen übersteht er.« (H. Uhlig, Himalaya, 1987, S. 26).

»Schon im väterlichen Reich war Padmasambhava als tanzender Yogin (also Yogatreibender) zum Mörder mehrerer Untertanen seines Vaters geworden.« Der mordlustige Prinz wurde mit Verbannung bestraft. Damit war der Weg frei für jene Wanderschaft, die Padmasambhavas Ruhm begründete. Die Legende will wissen, daß er seine Heimatstadt, von Göttinnen und Feen begleitet, auf dem Wunderpferd Walahaka durch die Luft verließ.« (H. Uhlig, Himalaya, 1987, S. 30).

Auf der Wanderschaft eignete sich der spätere Missionar seine »Allgemeinbildung« an, die ihm so nützlich sein sollte: Am meisten soll er sich für Medizin, Alchemie, Astrologie, Zauberei und Teufelsbeschwörung interessiert haben. Reisen bildet, und Wissen ist Macht. Er wird gefürchtet und bewundert. Im indischen Sahor verführt er eine göttliche Prinzessin, oder anders: »Die Prinzessin wird nicht nur seine glühende Anhängerin, sondern auch seine Geliebte.« (H. Uhlig, Himalaya, 1987, S. 32). Doch alles scheint bitter zu enden. Der Vater wirft sie in eine Dornengrube und läßt ihn an einem Spieß braten. »Doch die Flammen erreichen ihn nicht. Selbst sein Gewand bleibt unversehrt. Wieder erscheint, wie zur Stunde seiner Geburt, ein Lotos, und unberührt thront Padmasambhava auf der wunderbaren Blume inmitten der Flammen« (H. Uhlig, Himalaya, 1987, S. 32). In solchen Situationen fällt es auch altindischen Königen wie Schuppen von den Augen, und sie verheiraten ihre Töchter und verschenken ihre Königreiche. Padmasambhava dankt es. In seiner Biographie heißt es: »Hierauf predigte Padma den Göttern, Nagas (heilige Schlangen), Dakinis und Dämonen in ihren jeweiligen Sprachen und Reichen die Lehre des Erhabenen . . . Von nun an, so will es die Legende wissen, tritt Padmasambhava in vielerlei Erscheinungen auf – als Guru, Zauberer, aber auch als Feuervater, furchterregender Dämon –, oft in geschlechtlicher Vereinigung mit einer wilden Dakini.«

Mit Sicherheit war er kein puritanischer Heiliger, und auch scheinbare Ähnlichkeiten mit der Saulus-Paulus-Figur treffen auf seine Person nicht zu. Dafür hat er aber im nachhinein christlichen Missionaren kräftig das Geschäft verpatzt. Als diese nämlich den Himalaya-Bewohnern von den Wundertaten des Jesus Christus berichteten, hörten sie zwar begierig zu, schlugen darauf aber den christlichen Missionaren lächelnd auf die Schultern und korrigierten sie mit dem Hinweis auf Padmasambhava, der dies sicherlich auf einer seiner Reisen gewesen sein müsse.

Sündiges Leben auch nach der Erkenntnis ist typisch für die unzähligen Legenden über Padmasambhava und spätere lamaistische Gurus. Das ständige Auf und Ab bestimmt das Erdenleben. Gutes und Böses wird dadurch fast zwangsläufig eingeschlossen. Erleuchtung ist die Erkenntnis, in den Kreislauf des Leidens eingeschlossen zu sein und sich mit geistiger Sublimierung daraus zu befreien. Sich mit den Greueln und Vergänglichkeiten dieser Welt zu befassen, ist für Lamas selbstverständlich. Padmasambhava hat der schwierigen Urlehre des Buddha etwas Unerhörtes entgegengesetzt:

»Die Erleuchtung und Befreiung durch Selbstverwirklichung, durch Ausleben der Triebe in all ihren Formen, durch Enthüllung und Befriedigung innerster Wünsche, bis hin zum Drang nach Verbrechen und seiner bewußten Auflösung. Wobei die uns überlieferten Texte das alles als harte, teils schaurige Realität ausdrücken, was in Padmasambhavas Lehre nur Symbolcharakter hat und so die für einen Asiaten selbstverständliche Übereinstimmung zwischen materieller und psychischer Wirklichkeit darstellt (. . .) Padmasambhava ist in diesem Zusammenhang eine Symbolfigur. Seine Geschichte macht uns deutlich, wie wenig das äußere Leben, unser Alltag, mit dem wirklichen Leben zu tun hat und wie schlecht wir die Wirklichkeit verstehen, wenn wir sie als das nehmen, was sich von ihr unserem Auge darstellt oder sich vor uns abspielt« (H. Uhlig, Himalaya, 1987, S. 23 ff.).

Viele Legenden schildern die Bekehrung der Tibeter zum Buddhismus und die Niederwerfung der sie tyrannisierenden Geister und Dämonen. Der Meister schlägt sie mit den eigenen Waffen, mit der geistigen Kraft seiner Wunderhandlungen, aber auch mit Cleverness und Einfallsreichtum. Es sind jene Wundertaten, die auch in frühen europäischen Berichten aus dem Lamastaat immer wieder auftauchen. So schreibt Alexandra David Neal Anfang des Jahrhunderts von Überwindung des Todes, Leichenerweckung, Über-der-Erde-schweben und Berge im Flug erreichen, als gehöre dies zum Standardrepertoire lamaistischer Gurus. Doch sind dies alles Metaphern, die man richtig deuten muß:

»Ich konnte nun gut verstehen, gegen welche Art feindlicher Kräfte Padmasambhava zu kämpfen gehabt hatte, als er nach Tibet kam, und daß solche Kräfte nur besiegt oder unterworfen werden konnten durch Aufruf entsprechender Gegenkräfte im menschlichen Geist. Darin besteht ja gerade die Funktion der rituellen Magie oder magischer Rituale. Wir haben es hier mit geistigen Wirklichkeiten zu tun, nicht mit Theorien; mit wirkenden Kräften und nicht mit religiösen Doktrinen. Die moderne Psychologie muß die Fakten des Hypnotismus, der Autosuggestion, der außersinnlichen Wahrnehmung, der Telepathie, des Mediumismus, der Psychokinese, der Glaubensheilung und der unheimlichen Kräfte und

Eigenschaften unseres Tiefenbewußtseins anerkennen, gleichgültig ob diese Tatsachen sich in die bestehenden wissenschaftlichen Theorien einfügen oder nicht!« (Lama Anagarika Govinda, Der Weg der weißen Wolken, 1983, S. 416).

ERNST SCHÄFER – EIN GROSSER FORSCHER ERZÄHLT. Zwei Generationen trennen mich von Professor Ernst Schäfer. In den dreißiger Jahren hat er unglaubliche Expeditionen nach Ost-Tibet unternommen, und schon als Junge habe ich seine Bücher »Berge, Buddhas und Bären», »Fest der weißen Schleier« und andere verschlungen. Und sein fantastisches Filmdokument »Lhasa, Lo – Die Götter werden siegen« ruft noch heute staunende Anerkennung hervor. Als ganzheitlicher Wissenschaftler sah er nicht nur seine Spezialgebiete Geologie und Zoologie, sondern stellte immer Bezüge zu anderen Fachgebieten her. Seiner großen Expedition 1938/39 – der ersten Einladung an einen Deutschen zum tibetischen Neujahrsfest in der Stadt Lhasa – gehörten Wissenschaftler mehrerer Fakultäten an, und die Verbindungen, die er knüpft, sprengen gerade das Fachdenken der Hochspezialisierten, vor denen es vielen meiner Generation so graust.

Schon vor 50 Jahren hat Schäfer die okkulten und geistigen Phänomene im Schneeland aus der Sicht des zivilisationsgeschädigten modernen Menschen beschrieben:

»Während das Leben des Abendlandes fast völlig rationale Formen angenommen hat, steht das tibetische Volk in lebendigem Kontakt mit geheimnisvollen Naturkräften und Geistererscheinungen und gestaltet seine Geschichte aus ihnen heraus. Was uns verlorenging, was die entseelende Zivilisation bei uns zerbrach, hier also lebt es fort und bestimmt die Geschichte der Gemeinschaft im hohen Grade. Hier schießen Mächtigkeiten mit der Gewalt von Zauberkräften durch die Linsen der Seele und bilden eine Atmosphäre, die mit den Mitteln des nüchternen Verstandes nicht zu durchdringen ist.« (Ernst Schäfer, Das Fest der weißen Schleier, 1950, S. 149).

Ich fühle mich sehr zu Hause im Gespräch mit Professor Schäfer. Daß lange Expeditionen gerade in Tibet zu anderen Erfahrungen führen, die erst den Zugang zum Geistesleben der lamaistischen Weltanschauung schaffen, hat er vielfach erfahren und erlebt. Genauso wie das Wissen, daß selbst ein solider Wissenschaftler im Auf und Ab eines abenteuerlichen Lebens Erlebnisse sammelt, die mit dem Repertoire einer positivistischen Weltanschauung nicht zu fassen sind.

↑ 120. Dämonenbilder im Kloster Netchung, dem alten Sitz des tibetischen Staatsorakels

← 121. Felsmalereien beim Kloster Sera in der Nähe von Lhasa

→ 122. Der Manasarovar-See mit dem heiligen Berg Kailas

↑↑ 123. Die Nomaden Tibets leben meistens von der Ziegenzucht

↑ 124. Familienleben im Zelt bei den Nomaden Ost-Tibets

↑ 125. Nomadenkind

↑ 126. Lager der Tibet-Expedition

← 127. Königsgräber im Yarlung-Tal, Ost-Tibet

← 128. Das berühmte Rhetoriktraining junger Mönche in Ganze, Ost-Tibet

↑↑ 129. Der »Kuchenmensch« Mittelpunkt der Tscham-Tänze im Kloster Tashi Lumpo bei Shigatse

↑ 130. Studierender Mönch im Kloster Tashi Lumpo

↑ 131. Shigatse

↑ 132. Jokhang, der Haupttempel von Lhasa

»In den Sphären des tibetischen Okkultismus handelt es sich um höchst komplexe Phänomene, bei deren Betrachtung wir uns wohl oder übel mit der Feststellung bescheiden müssen, daß jede erlebte Wirklichkeit von einer engumgrenzten Bewußtseinslage abhängig ist. Eigene, ganz persönliche und meist sehr intime Erlebnisse, zu denen nur wenige Menschen des Westens fähig sind, machen es deutlich, daß anderen Bewußtseinszuständen auch andere Erfahrungsmöglichkeiten entsprechen, und daß Täuschungen der Sinne für den Erlebenden ebenso wahr sein können wie die gewöhnlichen Sinneswahrnehmungen für die Masse der Normalen.«

Um einen Zugang zu den Legenden der indotibetischen Mystik zu erhalten, ist es unverzichtbar, deren pittoreske Phantasie als geistige Phänomene zu begreifen. So schreibt Schäfer, daß die tibetische Magie sich das schillernde Lichtdunkel der tiefenseelischen Welt bewahre. Besessenheit, Hypnose und Versenkung, Ausschaltung der Sinnesempfindung, die Unterordnung körperlicher Funktionen unter den Willen – alles das sind ihre Instrumentarien, genauso wie das Jonglieren mit den lebendigen Verbindungen zwischen Unter- und Oberbewußtsein.

»Das Fundament der Geheimlehren ist die Allgeistwirklichkeit. Alle Esoterik gipfelt im ›direkten Weg‹, der es dem Mystiker erlaubt, im Blitzzug eines Gedankens zur Buddhaschaft zu gelangen und im Ablauf einer einzigen Existenz einen Sprung zu vollführen, zu welchem selbst die höchsten Wesen sonst ungezählte Generationen und Wiedergeburten benötigen. Aller Ritus und alle Formeln sind Symbole geistiger Vorgänge; Mittel, die Einbildungskraft zu steigern, autosuggestive Wirkungen hervorzurufen und in die übersinnliche Geheimnisfülle einzudringen. Also stehen auch alle Gedanken, Worte und Werke im Dienst des Erleuchtungsstrebens, und alles Diesseitige steht mit dem Jenseitigen in geheimnisvoller Verbindung, hat seine geistige Entsprechung und ist mit übersinnlichen Wesenheiten eng verbunden. Alles Stoffliche ist Manifestation des Geistigen, und beide sind durch tiefinnere Übereinstimmung metaphysisch verwoben.« (Ernst Schäfer, Das Fest der weißen Schleier, 1950, S. 150).

Bei all dem geistigen Hexenzauber muß man bedenken, daß die Tibeter sehr behutsam mit den Geheimlehren umgehen. Für den Ungeübten und Untrainierten sind praktizierter Buddhismus oder tantrische Rituale gefährlich. Sie würden sein Bewußtsein trüben, und viele westliche Menschen verkennen, daß nur wenige der Priester, der Lamas, auch in großen Klöstern in höhere Selbsterfahrungsebenen vorstießen. Wem es an den psychischen Voraussetzungen und verantwortungsbewußten Lehrern mangelt, sollte lieber die Finger davon lassen. Viele Menschen des

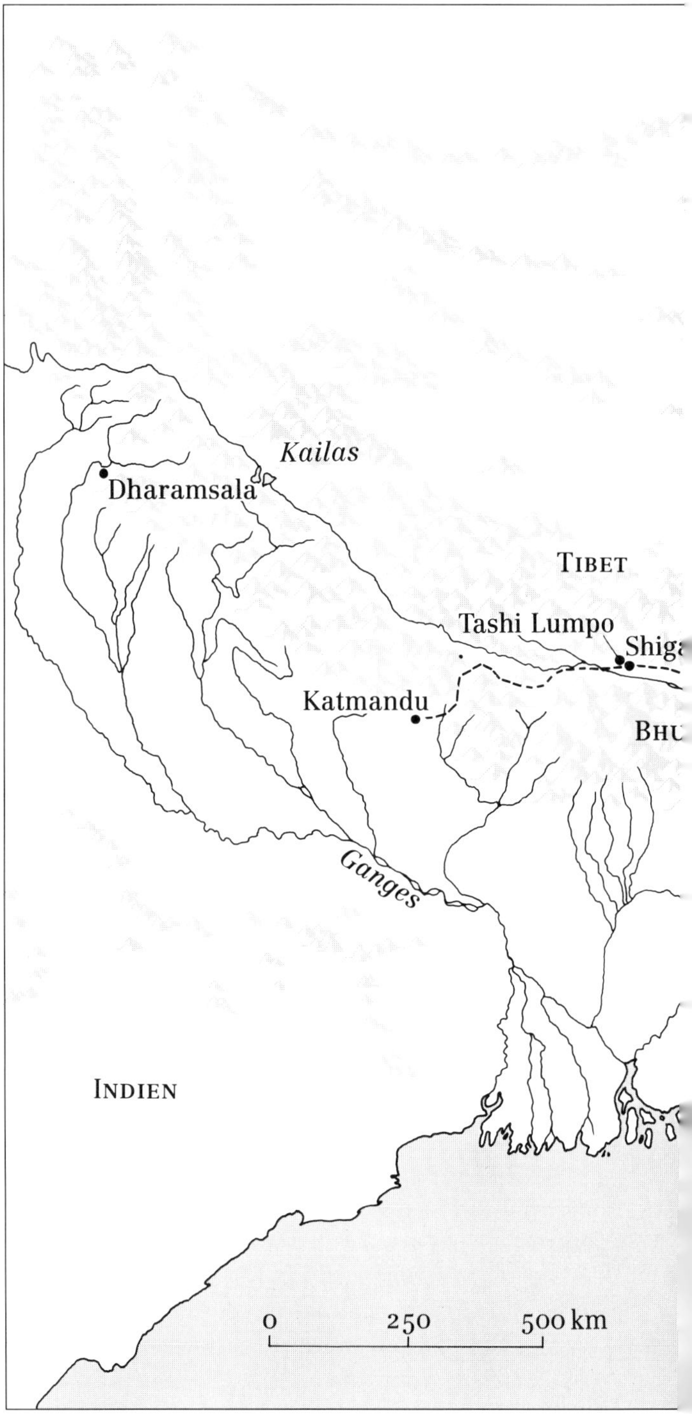

Das Himalaya-Gebiet
mit Tibet

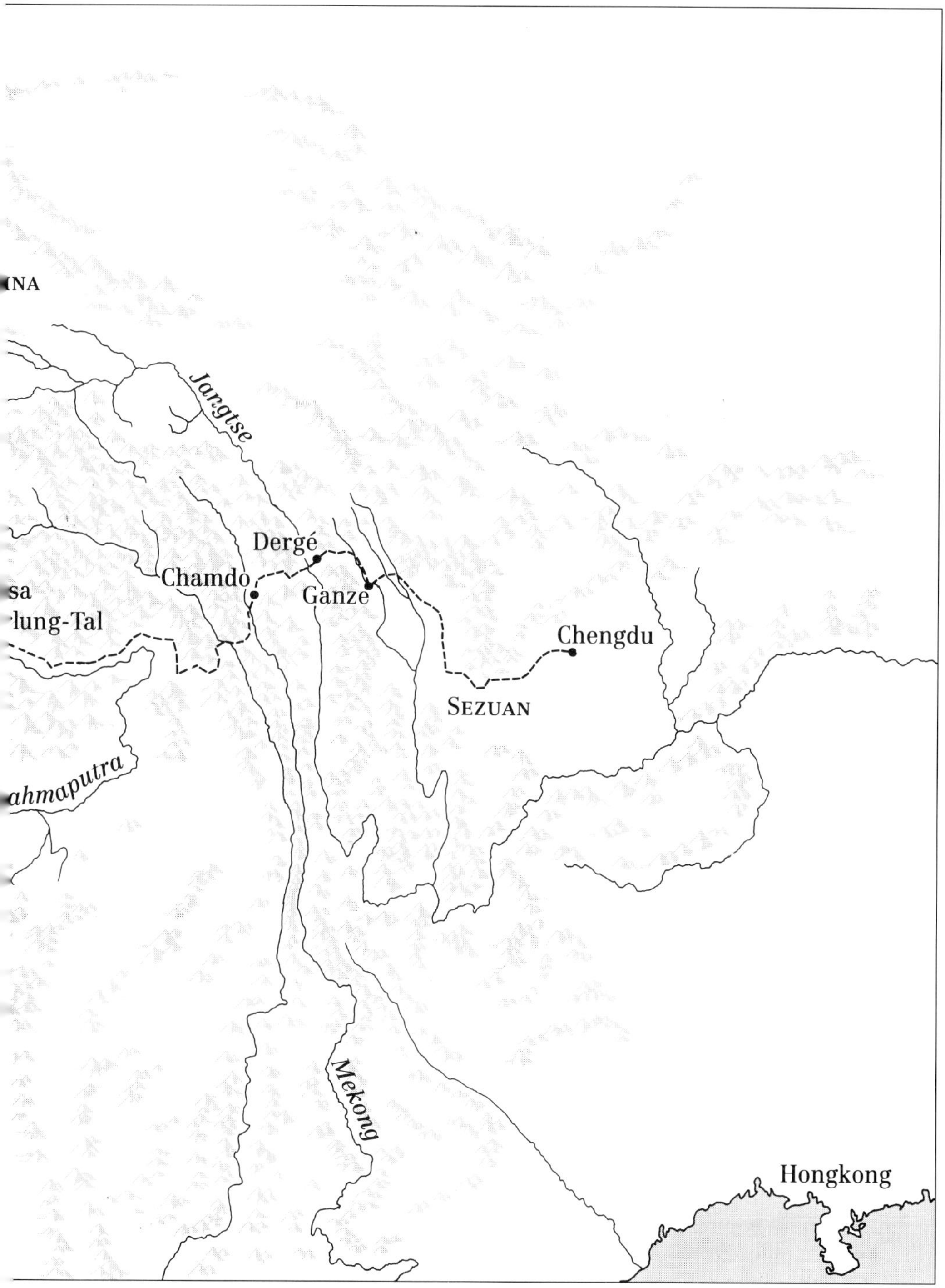

NA
Jangtse
Dergé
Chamdo
Ganze
sa
lung-Tal
Chengdu
SEZUAN
ahmaputra
Mekong
Hongkong

Westens sind mit den asiatischen Weisheiten in ein schwieriges psychisches Dilemma gefallen. Es fehlt ihnen an der Leichtigkeit und Unbekümmertheit, an klösterlicher Erziehung und Betreuung. Die jahrhundertelange Klosterschulung hat sehr erfahrene Lamas hervorgebracht, die gesehen haben, welche Veranlagungen bei entsprechendem Training zu höheren Erkenntnisprozessen befähigt sind.

»Und überhaupt ist es wohl für den komplizierten, hochdomestizierten Europäer viel schwieriger, zu sich selbst und seinem tiefsten Wesen zu finden, als für die naiveren, naturnahen Tibeter«, schreibt Ernst Schäfer.

Der »normale« Gläubige begnügt sich mit der millionenfachen Wiederholung der Gebetsformel *om mani padme hum*. Ernst Schäfer weist darauf hin, daß dies keineswegs eine Mechanisierung religiöser Gefühle bedeute, man verfolge vielmehr das Ziel, das Tagesbewußtsein einzuschläfern und das Tiefe, das Dauerhafte, das Unterbewußte zu wecken.

»Auch Votivgaben, Wasserspender, Weihrauchdüfte, Blumen und Lichter sind Sinnbilder, mit deren Hilfe sich der Gläubige seiner Identität mit der Gottheit bewußt wird. Diesem völligen Ineinander geht das Erlöschen des Denkprozesses und der Individualität voraus. Entzücken, Gleichmut, Empfindungslosigkeit, Erhabenheit über Raum und Zeit, Sicht der verborgenen Wirklichkeit, Wahrnehmungsunendlichkeit und Leerheit sind die Stufen der Enthebung. Jenseits von Lust und Leid schwebt jenes Höchste, der letzte Begriff, die Überwindung des Weltentrugs, die Ruhe reiner Geistigkeit: DIE GROSSE, LEUCHTENDE LEERE!« (E. Schäfer, Das Fest der weißen Schleier, 1950, S. 151)

Der eigentliche Kern unserer Gespräche betraf jedoch die Institution des Staatsorakels. Es war im alten Tibet nach der Epoche des großen fünften Dalai Lama von ungeheurer Bedeutung. Kein Minister wurde ohne seine Zustimmung ernannt, bei wesentlichen Entscheidungen wurden seine in Trance gefaßten Prophezeiungen sorgsam zu Rate gezogen. Das Staatsorakel ist letztlich das Produkt von Padmasambhavas Missionsgedanken. Er besiegte zwar die dämonischen Kräfte im Schneeland, tötete sie aber nicht. Stattdessen fügte er sie dem Pantheon buddhistischer Heiliger und Götter ein, domestizierte sie oder machte sie zu Schutzgottheiten. Im Gegensatz zu anderen monotheistischen Missionierungen wurden so die naturreligiösen Bezüge nicht vernichtet, sondern nur befriedet, was wohl zum großen Teil auch den ungeheuren Erfolg der Missionierung ausmachte.

Das Staatsorakel gilt als das Medium des mächtigen Dämonenfürsten Pekkar, den Padmasambhava zum Schutzheiligen des Klosters Samye machte, und der über allerlei Umwege zum Netchung-Kloster kam. Dort hauste er als Taube, und sein Geist befiel einfache Menschen. Die herrschenden Gelupga-Mönche der benachbarten Drepung-Klosteruniversität schufen ihm mit dem Netchung-Kloster eine neue Heimat. Ein medial veranlagter Mönch wurde zum Orakelpriester bestimmt. Fiel er in Trance und prophezeite, so war es der Dämonenfürst Pekkar, der aus ihm sprach. Freilich wurde auch politischer Mißbrauch mit dem Orakel getrieben. Für die Verankerung des Buddhismus war die Übernahme der Institution ein geniales Verfahren; man baute auf dem Volksglauben auf und wandelte ihn um, anstatt ihn auszurotten und zwangsweise einen neuen Gott einzuführen.

»Vom Leibe gelöst, von der Sinnenwelt geschieden, frei und ungebunden weist der Geist wie ein Lichtstrahl. Hellsicht und Weissagungen werden aus reinem Schauen echte Devination. Dieses Vermögen der tibetischen Orakelpriester, der Quelle allen Lebens sich zu nähern, Feinde zu vertreiben, die kosmischen Gewalten zu beeinflussen, die Seelen Dahingeschiedener anzurufen, prophetisch in die Ferne zu sehen, sprengt die Hülle unserer objektiven Welt . . . So unantastbar wie der Glaube, daß der Lauf der Planeten die Geschicke der Menschen lenke, ist die Macht der Zauberpriester, und die Klostergemeinden nutzen die Fähigkeiten ihrer Orakel-Lamas wie kraftvolle Magnete.« (E. Schäfer, Das Fest der weißen Schleier, 1950, S. 153).

Natürlich war der Orakelpriester ein gefragter Mann, denn wer konnte letztlich entscheiden, ob Pekkar oder andere Interessen aus ihm sprachen? Es darf mit Sicherheit angenommen werden, daß nicht nur die Mandschukaiser um ihn buhlten, die ihm im achtzehnten Jahrhundert die hohe Auszeichnung *Kung* verliehen. Selbst der chinesische Kaiser soll goldene Insignien und Tafeln für das Staatsorakel geschickt haben. Wie ein Märchen liest sich die Überlieferung von der Auffindung des dreizehnten Dalai Lama, wobei wiederum das beinahe allmächtige Staatsorakel entscheidenden Einfluß hatte.

»In göttlicher Verzückung erteilte der von Pekkar besessene Orakelpriester den versammelten Würdenträgern den Rat, sich in Begleitung eines sittenstrengen Mönches des Gandenklosters unverzüglich zu den Ufern des sieben Tagesreisen von Lhasa entfernten Mulidingsees zu begeben, wo eine wunderbare Offenbarung ihrer harre. Als sich der Staatsrat an den verschneiten Ufern des einsamen Bergsees zusammengefunden und man vergebliche Versuche unternommen hatte, das Eis zu brechen, erhob sich augenblicklich ein heftiger Windstoß, der den Schnee hinwegfegte. Gleichzeitig begann das Eis vor den Augen der hohen Staatsbeamten zu tauen. Ganz wie der Netchungpriester geweissagt hatte, erstrahlte der See, von innen erleuchtet, in allen Farben des Regenbogens, und man erkannte auf dem Grunde des blauen Wassers die Gestalt eines kleinen Kindes, das in den Armen seiner Eltern ruhte. In höchster Erwartung begab sich der Staatsrat in feierlicher Prozession wieder zum Netchungkloster zurück, und der Zauberlama gab in erneuter Trance zu verstehen, daß man eine Kongregation heiliger Lamas weit nach Osten, bis an die Grenze des chinesischen Landes entsenden möge. Dort, am Fuße eines hohen Berges, dem die Gestalt eines indischen Elefanten zu eigen sei, würde man in einer Hütte ein armes Ehepaar finden, dessen soeben geborenes Knäblein der gesuchte neue Dalai Lama sei. Die Prophezeiung traf wortwörtlich zu, und der dreizehnte Gottkönig bestieg den Thron.« (E. Schäfer, Das Fest der weißen Schleier, 1950, S. 155).

Ernst Schäfer hat den Orakelpriester in den Jahren 1938/39 nicht nur persönlich kennengelernt und lange gesprochen, sondern ihn auch bei dem tibetischen Neujahrsfest Lhosar in Ekstase und Trance erlebt. Damit ist er ein unersetzlicher Zeitzeuge. Der Orakelpriester war nämlich mit Seiner Heiligkeit, dem Dalai Lama, 1959 ins indische Dharamsala geflüchtet. Das Netchung-Kloster ist seitdem verwaist. In der Emigration ist das Medium verstorben, sein Geist jedoch inkarniert. 1987 wurde ein neues Medium in Indien bestimmt, der junge Mönch ist jedoch (noch) nicht in der Lage, Prophezeiungen zu machen.

Wenn Schäfer die Begegnung schildert, scheint er selbst in Erregung zu kommen. Man spürt, welch ungeheuren Eindruck der Besuch bei »Taluma Rimpotche« in Netchung hinterlassen hat:

»Furchterregend aber ist das Innere des Tempels. Dort könnte man das Gruseln lernen. Nach welcher Seite man auch blicken mag, überall zähnefletschende, menschenleiberzermalmende Dämonen, grauenhafte Darstellungen der heißen und kalten Höllen und aus düsteren Nischen hervorgrinsende halbverrottete Menschenschädel zwischen alten Schwertern und Vorderladern. In einem gesonderten, von stickigem Butterqualm und dicken Weihrauchschwaden erfüllten Gemach hängen ausgestopfte Mastivhunde, halbenthaarte Tigerfelle und dickwanstige Yaks von der Decke . . .« (E. Schäfer, Das Fest der weißen Schleier, 1950, S. 161)

Ernst Schäfer betont, der Priester sei im Gespräch bei vollem Tagesbewußtsein ein ganz normaler, gebildeter Mensch gewesen, dem man seine prophetischen Gaben nicht anmerkte. Er habe mit einer großen Gockelschar abgesondert von anderen Mönchen gehaust. Vergleichende Untersuchungen von Trancephänomenen bei medial veranlagten Menschen sprechen übereinstimmend von gebrechlichen Menschen, die nach der Trance unter großen Schmerzen leiden und zumeist früh sterben. Hört man sich ein wenig in ländlichen Regionen um, bei den eigenen Eltern oder Großeltern, so stößt man immer wieder auf Berichte von medial veranlagten Menschen. Besonders in Notzeiten, wie im Krieg, wo sich nahe stehende Menschen getrennt lebten, haben einzelne Personen die Todesstunde oder die überraschende Wiederkehr bis ins Detail beschrieben, ohne daß es dafür eine rationale Erklärung gibt.

Während meiner Dienstzeit auf dem Segelschulschiff »Gorch Fock« habe ich erlebt, wie ein Kamerad bei einem Segelmanöver vor der Westküste Grönlands wie in einer Trance völlig weggetreten war. Wir waren zu diesem Zeitpunkt schon fast fünf Monate von zu Hause fort, und später stellte sich heraus, daß in derselben Stunde seine Mutter bei einem Unfall ums Leben gekommen war.

Auch dies sollte man berücksichtigen bei den Beschreibungen der Trancezustände tibetischer Orakelpriester, wie Schäfer sie bei dem Neujahrsfest im Februar 1939 erlebte:

»In diesen entscheidenden Minuten, da sich der Gott Taluma nähert, um in seinen Körper einzudringen, wechselt der Gesichtsausdruck des Mediums in einem fort. Als wenn zuckende Blitze seinen Körper durchrasten, richtet er sich in gespannter Konzentration auf und wird mit schmerzverzerrten Zügen plötzlich von heftigen Anfällen geschüttelt. In gefolterter Überanstrengung laufen ihm Schweißperlen wie funkelnde Diamanten über die gemarterte Stirn. Dann rast er los. Rasch zuspringend halten Scharen bärenstarker Wächter den von Schmerz gepeinigten und wild um sich schlagenden Zaubermeister auf seinem Throne nieder. Entsetzliches Stöhnen entringt sich seinem peinverzerrten Munde, bis er unter allen Anzeichen eines heftigen Kampfes die Besinnung verliert. ... Inzwischen hat das Gesicht Talumas blutrote Färbung angenommen. Mit ausgebreiteten Armen beginnt er einen wilden, frenetischen Tanz. Er kann von seinen Begleitern, die bestrebt sind, dem eisernen Griff seiner Klammerfäuste zu entgehen, kaum gebändigt werden. Heftige Anfälle, in denen er fähig ist, furchtbare Wunden zu schlagen, wechseln mit ruhigen Tanzschritten, wo nur die Fahnen und Pompons des gewaltigen Kopfschmuckes zitternd hin- und herschwanken.« (E. Schäfer, Das Fest der weißen Schleier, 1950, S. 162 f.).

Hört man den Erzählungen Schäfers zu, haben sich längst die Nackenhaare gesträubt, und dabei steht der Höhepunkt noch aus: der seltsam symbolische Orakelspruch in Trance, der unter anderem auch eine Prophezeiung des Zweiten Weltkrieges enthielt:

»Die Buddhas des Himmels und der Erden entbieten ihren Gruß den lotusfüßigen Beherrschern des Schneelandes – Habet acht auf die Berge, die an den Grenzen stehen – Fliegende Menschen werden sich durch die Wolken dem Schneeland nähern – Sie kommen mit schönen Gaben, und ihre Rede wird so süß sein wie das Gurren der Tauben – Aber sie bringen falsche Kunde, die nicht vom Himmel stammt – Der Friede wird vergehen über dem Schneeland, wenn der neue Dalai Lama nicht in diesem Jahr seinen Einzug hält in der heiligen Stadt – Dann wird das Glück wieder einkehren – Beschützet die Lehre, bringet Opfer, seid freundlich zu den Fremden, aber weist ihre Gaben zurück, denn sie werden den lebenden Wesen nicht helfen. Ein Drache beherrscht ihre Welt, der in der Höhle zwischen ihren Hälften lebt.«

Es ist drei Uhr morgens, als ich Ernst Schäfers Haus verlasse, zehn Stunden sind vergangen wie nichts. »Ein Drache beherrscht ihre Welt«, – wie recht er doch hatte.

AUDIENZ BEI SEINER HEILIGKEIT. Seine Heiligkeit sei noch in Meditation, hieß es, als ich nach meinem Schlange stehen in New Delhi schließlich in der nordindischen Stadt Dharamsala um eine Audienz beim Dalai Lama bat. So hatte ich nochmals Zeit, mich umzusehen in der Zufluchtsstätte der Tibeter, die sie der Freundschaft ihres Gottkönigs mit Nehru, dem ehemaligen indischen Premierminister, verdanken. 100 000 Tibeter leben in Indien, zum Teil in Flüchtlingscamps im Süden und Norden. Andere sind mittlerweile erfolgreiche Geschäftsleute geworden, Tibeter waren schon immer als geschickte Händler bekannt. Hohe Lamas sitzen im indischen Parlament und gelten als geschätzte Vertraute Rajiv Ghandis. Schon auf der Fahrt durch den Pandschab sagt mir ein Hindusoldat während einer der zahllosen Kontrollen: »Der Dalai Lama ist der einzige lebende Gott.«

Vielfältige Eindrücke: Geschichten unsäglichen Leids in den Camps, aber auch die selbstbewußten jungen Tibeter, die sich an indischen High-Schools durchgesetzt haben. Eine Hermann-Gmeiner-Schule, die aus allen Nähten platzt, ein prachtvoll freudiger Platz, der von der Schwester des Dalai Lama geleitet wird. Eine temperamentvolle, dynamische Dame, gefürchtet in ihrem Engagement, charmant und einnehmend im Gespräch und von einer fast erotisierenden Jugendlichkeit, trotz ihrer mindestens 50 Jahre. Sie erzählt von den jungen Tibetern, die jetzt über die Grenze kämen. Sie könnten teilweise schon die Sprache nicht mehr und würden die meisten Probleme machen. Viele Tibeter brächten nur ihre Kinder über die Grenze, um dann wieder zurückzugehen. Und sie ließ durchblikken, daß vieles, was China als Förderung der nationalen Eigenarten bezeichne, Augenwischerei sei. Man praktiziere statt dessen konsequent die Sinisierung Tibets, das heißt, man will Tibet in einen chinesischen Staat umwandeln. Jeder Han-Chinese, der eine Tibeterin heirate, sei von der Ein-Kind-Regelung ausgenommen und brauche außerdem keine Steuern zu zahlen. Aber sie ist trotz ihrer schweren Aufgabe heiter und offen, zupackend und ohne Haß.

In Dharamsala kommt nie die Stimmung einer Vertriebenenversammlung auf, man plant eine große Universität, gemäß der globalen humanistischen Ideen des Dalai Lama.

Es gibt eine äußerst rigorose Grenztruppe, die wegen ihrer Härte gefürchtete »indian-tibetan border police«. Bei den Grenzscharmützeln mit China wird sie von den Indern gerne vorgeschickt. Die Chinesen ihrerseits hatten auch mit Vorliebe ihre tibetischen Einheiten in den Kampf geschickt. So wurden Teile der indisch-chinesischen Grenzkämpfe nur zwischen Tibetern ausgetragen. Das Ergebnis war, daß ganze tibetische Einheiten zur Volksbefreiungsarmee überliefen. Berichten zufolge hat man daraufhin die tibetischen Einheiten nach Vietnam verlegt.

Mir wird klar, daß die Auseinandersetzungen zwischen den menschenreichsten Völkern dieser Erde ein gefährlich unterschätzter Krisenherd sind. Eine Weltmacht, so wird mir gesagt, hätte sich immer wieder starkgemacht für die Rückeroberung Tibets. Der Dalai Lama habe immer mit dem Hinweis abgelehnt, er sei Mönch und für das Glück der Menschen da. Auch Parteien und Verbände hatten Pech mit ihm. Auch die Grünen haben vergeblich angeklopft. Nur zu gern hätten sie seine pazifistischen und ökologischen Visionen für sich genutzt. Er ließ sich nie vor irgendeinen Karren spannen. »Im Herzen liebt er nur Buddha«, sagte mir ein befreundeter Lama, und ich merke, daß ich der Audienz mit Spannung entgegenfiebere.

Natürlich ist auch Dharamsala nicht ohne Widersprüche und Gegensätze. Die gesellschaftliche Veränderung Tibets hat schließlich im Exil stattgefunden. Vor der chinesischen Besetzung war Tibet soziologisch gesprochen eine feudal-klerikale Oligarchie. Erst im Exil haben sich Manufakturen und Betriebe entwickelt, und hier kommen auch die »Falken« her, die für ein härteres Vorgehen gegen China eintreten.

Im Vorraum zum Audienzzimmer höre ich das heitere Lachen seiner unendlich tiefen Stimme. Der indische Polizeioffizier, der für seine Sicherheit zuständig ist, mahnt ihn, mehr auf seine Sicherheit zu achten. Er sei immer von dieser Leichtigkeit, Neugierde und Heiterkeit gewesen: Als er ein junger Mönch war, hatten seine Lehrer gehofft, er würde im Alter etwas gesetzter. Sie haben sich getäuscht, und die Tibeter lieben es so. Sie lieben ihn wirklich als ihren »wunscherfüllenden Edelstein«. Das ist bei uns sehr schwer vorstellbar, aber für die Ereignisse, die vor kurzem in der Welt für Schlagzeilen sorgten, grundlegend. 30 Jahre ohne direkte geistige und weltliche Führung haben diese Liebe nur gestärkt, die neuen Einflüsse fordern es ebenso, weil es für die Tibeter letztlich nur einen gibt, an den sie glauben, der sie verbindet.

Als er mich begrüßt, habe ich das Gefühl, ihm schon ewig bekannt zu sein. Die wunderbar leichte und schwerelose Stunde, der Wechsel von Tiefe, Intensität und Heiterkeit – ein wenig beneide ich die Tibeter um ihren Gottkönig.

Von der Filmidee ist er sofort begeistert. Das Thema scheint ihm deswegen wichtig, weil sich auch der Buddhismus teilweise zivilisiert und theoretisiert hat. Die größten Probleme der Himalaya-Region sind ökologischer Art. Nicht nur die Chinesen träumen von einem »atomaren Schrottplatz Tibet«. Zum anderen verkörpert Padmasambhava ein elementares Prinzip buddhistischer Philosophie. Für Tibet, dessen Bevölkerung in alle Welt zerstreut ist, bleibt die Kultur der Kern für den Zusammenhalt. Die globalen Perspektiven des Dalai Lama sind vor allem ökologischer und pazifistischer Natur. Sinobuddhisums ist das Schlagwort, chinesischer Buddhismus.

Daß ein Verlust der erdverbundenen Urrituale auch für das tibetische Geistesleben Folgen hätte, für den Umgang mit der Umwelt, ist zu erwarten – zumal tibetische Gebiete einer ruinösen Ausbeutung durch die Chinesen unterliegen.

Ausgestattet mit Schutzbriefen, Segenswünschen und einem langen, kunstvoll bestickten Seidenschal verlasse ich Dharamsala. Während unserer ganzen Zeit in Ost-Tibet hat mich das Gefühl nie verlassen, der Dalai Lama denke zuweilen an uns. Einbildung, mögen manche sagen, aber abenteuerliche Projekte können nur gelingen, wenn sie auch von den guten Gedanken vieler Menschen begleitet werden.

IM KLOSTER TARGON. Es ist immer noch eine kleine Weltreise nach China. Erst nach vielen Zwischenstationen erreichen wir Sezuan, von wo aus wir nach Tibet aufbrechen, begleitet von Wang, dem Dolmetscher, einem »politischen Betreuer« und zwei Fahrern. Die Bergriesen im Westen Sezuans prägen schon bald die Szenerie. Mit den großen Flußläufen gräbt sich der Weg die Berge hinauf. Von nun an sind ständig Pässe zwischen 4000 und 5000 Metern zu bewältigen. Unsere durchschnittliche Reisehöhe wird immer weit über 4000 Metern liegen.

Die Bergpisten lassen schnell den langen Anreiseweg vergessen. Die Eindrücke wechseln überfallartig, hinter jeder Kurve erwartet uns eine neue Stimmung. Nebel, Schnee oder sintflutartige Schauer wechseln mit strahlender Sonne. Jedoch noch keine Spur von dem in Zentral-Tibet so typischen »Weg der weißen Wolken«. In den rotgefärbten Abendnebeln tauchen die kalten Bergriesen der Minya-Konka-Gruppe auf, ein beeindruckendes Siebentausender-Massiv. Nach den alten Grenzziehungen ein Zeichen für den Eintritt nach Ost-Tibet. Doch die Grenzen sind verschoben. Der Krieg hat besonders in der ost-tibetischen Provinz Kham gewütet, die bereis 1950 von einem chinesischen Feldzug heimgesucht wurde.

»Die stolzen, kriegerischen Khamba hatten sich seit Jahrhunderten gegen jede Art von Bevormundung verwahrt – gegenüber der Zentralregierung in Lhasa ebenso wie gegenüber den Chinesen, die in diesem umstrittenen Grenzgebiet auch früher schon durch Entsendung von Truppen Machtpositionen hatten erobern wollen. Ein tibetisches Sprichwort sagt, daß ein Khamba nur einmal Ja und nur einmal Nein sagt, und daß er mit dem Gewehr ins Bett geht. Als die Chinesen anrückten, zogen die Männer in die Berge. Aus dem Hinterhalt überfielen sie Garnisonen und Konvois der Besatzungsarmee und sprengten Brücken und Straßen. In Kham begann ein Guerillakrieg, der sich bald über ganz Tibet ausweitete und fünfzehn Jahre währte.« (Peter-Hannes Lehmann und Jay Ullal: Tibet. Das stille Drama auf dem Dach der Welt, 1981, S. 280)

Die Khamba sind groß gewachsene, wilde Nomadenkrieger. Mit Türkisen geschmückt, tragen sie außer langen Dolchen zum Teil auch heute noch ihre Flinten. In die Haare sind rote Wollbündel eingeflochten, und unsere chinesischen Begleiter warnen uns vor ihrer Aufsässigkeit und Primitivität. Aber *wir* haben nichts zu befürchten. Die Chinesen haben hier gewütet wie die Vandalen, nicht wir »Langnasen«.

»Um den Widerstand der Bevölkerung zu brechen, hatten die Chinesen zu immer brutaleren Mitteln gegriffen: Mönche und Laien wurden gefoltert und auf barbarische Weise gemordet, Frauen vergewaltigt, Kinder aus ihren Familien gerissen und nach China zwangsverschickt. Die männlichen Bewohner der Dörfer, die den chinesischen Truppen in die Hände fielen, wurden in Arbeitslager deportiert, die Häuser und Tempel geplündert. Die Grausamkeiten der chinesischen Besatzungsmacht, von einer internationalen Juristenkommission später dokumentiert, füllen ein ganzes Buch.« (Lehmann/Ullal: Tibet, 1981, S. 288)

Wenn uns in den folgenden Wochen Khambas begegnen, passiert immer dasselbe. Frauenverbände mögen weghören, denn es mag ihnen wie ein Macho-Ritual vorkommen. Da ich die meisten dieser großgewachsenen wilden Gesellen noch mindestens um Haupteslänge überrage, gibt es schnell einen Auflauf. Dann klopfen sie oft frech gegen die Rippen, befühlen den Bizeps und begutachten mein Bowiemesser im Gürtel. Sie wissen die Qualität des scharfen Stahls zu schätzen, häufig kommt es zu Tauschangeboten. Ich tue dasselbe und begutachte ihre Säbel, die sie im Gewand versteckt tragen. Man ist sich seiner Gefährlichkeit bewußt und beschließt, sich zu vertragen, was durch Schulterklopfen ausgedrückt wird. Nach einer Weile gewöhnt man sich daran, es macht sogar Spaß.

Khambas waren immer die Leibgarde des Dalai Lama. Ihre Mentalität ist gerade und aufrecht und ließ nie Zweifel an ihrer Orientierung. Haben sie eine Intrige oder Feindlichkeit entdeckt, greifen sie frontal an. Zimperlich sind sie nie gewesen. Alle Abenteuerberichte aus Ost-Tibet erzählen von Räuberbanden, Morde waren an der Tagesordnung, aber immerhin zeigten die Khambas zwischendurch Reue und pilgerten zur Sühne nach Lhasa. Khambas waren es auch, die Seine Heiligkeit ins indische Exil geleiteten. Auf verschlungenen Pfaden, die Chinesen mit Scheingefechten in die Irre führend, brachten sie ihren Gottkönig sicher nach Dharamsala.

Entlang unserer Straße zeugen Ruinen und Kasernen von den Ereignissen der letzten Jahrzehnte. Die chinesischen Truppen sind mittlerweile an der indischen Grenze stationiert. Die »Straße«, auf der wir fahren, war übrigens einst als chinesische »Entwicklungshilfe« gebaut worden. Kurze Zeit später hatte sie den Einmarsch der chinesischen Truppen ermöglicht.

Wir stoßen auf das erste tibetische Kloster, Targon. Ein gespenstischer Ort. Für einen Moment lungern Hunderte von Khambas um die Klostermauern, dann ist der Platz wie leergefegt. Die erste exil-tibetische Delegation der »Weißen Kraniche« hatte noch bedeutende Zerstörungen gemeldet. Heute scheinen sie nicht mehr so augenfällig, vergleicht man sie mit anderen Klosterruinen.

Als hätten sie auf uns gewartet, zieht eine Delegation musizierender Lamas über den Klosterhof. Bis wir die Kamera bereit haben, sind sie jedoch im Kloster verschwunden. Rolf holt sie zurück, und wie gelenkte Schauspieler wiederholen sie ihr Ritual. Wir sind willkommen, auch ohne den Schutzbrief des Dalai Lama. Zerfurchte, eindrucksvolle Gesichter. Wir nehmen an einer sogenannten *Puja*, einem buddhistischen Besinnungsritual, teil und genießen ihre Versunkenheit und innere Freude. Der Klostergarten mit den *Tschörten*, den Reliquienschreinen verstorbener Lamas, ist halb zugewachsen, als habe er einen Dornröschenschlaf gehalten. Wir wollen zum Unwillen unserer chinesischen Begleiter im Kloster übernachten, der Sicherheitschef des Ortes untersagt dies jedoch. Die Chinesen sind froh. Sie haben unsere Vorliebe für Butterlampen und

Lamas nie geteilt. Auch unsere Neigung zu Kletterpartien stößt bei ihnen auf wenig Gegenliebe. Sie bleiben meistens im Auto sitzen oder spielen Mah-Jongg, ein Spiel mit dominoähnlichen Steinen, in einer Kneipe.

NOMADENLAND. »Weh dem, der zu spät aufsteht«, heißt es in vielen alten Reiseberichten aus Tibet. Die Ursache liegt im ständig wechselnden Wetter. Die Klimaunterschiede, die sich bei uns in vier langen Jahreszeiten ausdrücken, benötigen in Tibet nur wenige Stunden. Hat eben noch eine Windhose das Tal im Staub ersticken lassen, wird der Himmel mit einem Mal klar, die Sonne brennt und saugt in Minutenschnelle die letzte Flüssigkeit aus der Haut. Kurz darauf bereiten Blitz und Donner einen Schneeschauer vor, der dann schmilzt und die Piste in eine glitschige Soße verwandelt. Man kann ganz einfach nachvollziehen, daß die Tibeter im Wirken mächtiger Himmelsgewalten das Handeln ihrer Götter und Dämonen erkennen. Doch sie verehren sie. Während die Vermessenheit des technologischen Zeitalters versuchte, die Naturgewalten zu beherrschen, achtet sie der Tibeter. Die Bauern haben immer eine künstliche Bewässerung ihrer Felder abgelehnt, der Regen war der ersehnte Segen der Götter. Mir fallen die Farmer im amerikanischen Mittelwesten ein. Mit gnadenlosem Einsatz von Chemie und Maschinen haben sie zwar das Letzte aus ihren Böden herausgeholt und die Produktion über viele Jahre hinweg vervielfachen können. Doch das Ergebnis gleicht einem Desaster: Die Überproduktion hat nur die Preise gedrückt, und die Pleiten der Farmer resultieren letztlich daraus, daß die Böden für kommende Jahrzehnte gründlich ruiniert sind. Man muß sich einmal die Folgen überlegen, die ein Einbruch der »Zivilisation« auch in Ost-Tibet haben würde. Was uns immer noch ganz intakt vorkommt, ist in Wirklichkeit schon lange bedroht. Jeder zweite Laster im Land ist beladen mit dem seltenen Rohstoff Holz. Die Flüsse sind voller abgeholzter Bäume, und von den riesigen Waldflächen ist kaum etwas geblieben. Ernst Schäfer hatte einst ganze zoologische Gärten aus Ost-Tibet »mitgebracht«. Er sah einmal an einem Tag 35 Bären, den Wildyak, Adler, Geier – wo sind sie geblieben? Die Antwort fällt nicht schwer. Ihr Lebensraum wurde durch Raubbau der Wälder eingeengt. Not und Krieg taten ein übriges. So muß man fürchten, daß auch die Jahre der Nomaden hier gezählt sind. Besonders zwischen den Orten Ganze (auch Garze oder Ganzi) und Dergé (auch Dêge) liegt die schönste Nomadenregion, die ich in Tibet gesehen habe. Noch immer bieten zahllose Yakherden, typische Yakhaarzelte und ein sattes Grün ein eindrucksvolles Panorama. Doch was wird werden?

Das Leben der Nomaden ist karg, vom früheren Reichtum der Region ist wenig geblieben (Abb. 123–125). Zwar sind die Nomaden stets gastfreundlich, und man spürt, daß sie sich ihrer Freiheit bewußt sind. Was würde allerdings passieren, wenn billige Kunstfasern das Land überschwemmen oder die Erosion die Weideflächen der Tiere bedroht? Gibt es dann in Zukunft tibetische Elendsquartiere in den Slums chinesischer Städte?

Noch sind die Nomadengebiete reine Reservate der Tibeter, die sich wohltuend von der Übergangskultur chinesischer Siedlungen unterscheiden. Das rein tibetische Leben, so scheint es, zieht sich bewußt in unwegsame Regionen zurück.

Wir aber müssen meist an chinesischen Orten übernachten, in kleinen Siedlungen, Armeecamps oder Rasthäusern. Oft ist es einfach dreckig dort. Nicht, daß wir verwöhnt wären, aber eine kalte Nacht im Zelt ist immer einer schmutzigen, lieblosen Herberge vorzuziehen. Die Chinesen, die in Ost-Tibet angesiedelt wurden, sind nicht bodenständig. Sie leben hier, weil ihr Land übervölkert ist, und weil sie dadurch vorteilhafte Jobs bekommen. Aber sie erwecken nirgends den Eindruck, sich wirklich wohl zu fühlen. Dasselbe gilt für unsere Begleiter, die jedoch immer freundlicher werden. Geringschätzig kommentieren sie den »tibetischen Geruch« und zeigen Verachtung gegenüber der kulturellen Minderheit. Für sie zählen andere Statussymbole: Kleidung, Elektronikgeräte, ihre chinesische Küche, Familie und das Mah-Jongg-Spiel. Für die tibetische Kultur haben sie genausowenig übrig wie für die geographische Höhe, unter der sie mehr leiden als wir. Was uns exotisch und rein erscheint, ist für sie schlicht und einfach primitiv.

Der Ort Ganze ist eine der wenigen größeren Siedlungen. Das große Kloster ist gründlich zerstört, wird aber zur Zeit wieder aufgebaut. Weil wir die Atmosphäre dieser chinesischen Siedlungen in Tibet nicht besonders schätzen, nutzen wir die Nacht zum Schlafen und sind um fünf Uhr bereits wieder auf den Beinen. Aber allein das Frühstück in den Rasthäusern ist eine Geschichte für sich. Im Frühstücksraum sind außer uns nur Armeeangehörige und LKW-Fahrer. Der Geräuschpegel, den Chinesen beim Essen entfalten, ist ungeheuerlich. Alles, was man uns als Kinder beim Essen ausgetrieben hat, gehört hier zur Kultur. Schlürfen, Schmatzen und kräftiges Ausspucken schaffen Geräusche, die es uns schwermachen, ernst zu bleiben. Ein antiautoritärer Kindergarten hätte hier ein prächtiges Lernfeld.

Wir brechen zum Kloster auf, klettern über Ruinen und Baustellen. Wie bei fast allen Klöstern in Tibet ist der Platz hervorragend gewählt. Er paßt sich majestätisch und unauffällig in die Berglandschaft ein, gewährt Ausblick und Überblick. Bis jetzt hatten wir noch nichts von einem Klosterleben mitbekommen, da füllt sich der Klostergarten mit jungen Mönchen und ehrwürdigen Lamas. Ein riesiges Spektakel beginnt: die täglichen Rhetorikübungen der Mönche (Abb. 128). Dialektik und Rhetorik sind Hauptfächer in der Mönchsausbildung. In spitzfindigen Debatten stellen die Novizen ihr Wissen auf die Probe. Während der Prüfling hockt, geht der Prüfer in einem weiten Ausfallschritt auf ihn zu, stellt eine Frage. Ein In-die-Hände-klatschen beendet den Bewegungsablauf, gleichzeitig mahnt es an die Vergänglicheit von Raum und Zeit. Erinnerungen werden wach an das letzte große Ereignis im »alten Tibet«:

»Gespannte Ruhe lag über dem Land, als der Dalai Lama 1959 nach alter Tradition den Palast verließ und sich in gemessener Prozession zu den drei Hauptklöstern Drepung, Sera und Ganden begab. Noch einmal entfaltete der Kirchenstaat seine ganze Pracht: mit Hörnern und Schalmeien, juwelenbehangenen Adeligen, aufgeputzten Pferden und goldenen Sänften, mit Weihrauchfeuern an allen Wegen und wochenlangen Festen in den Klöstern. Noch einmal hatte Tibet Grund zu feiern: Nach jahrelangem Studium der heiligen Schriften hatte Tenzin Gyatso, der 14. Dalai Lama, so viel Wissen erlangt, daß er vor aller Augen das höchste geistliche Examen ablegen konnte – die Prüfung zum *gerche*, ein Grad, der bei uns dem Rang eines Doktors der Theologie entspricht. Im öffentlichen Disput mit den größten Äbten des Landes mußte der Gottkönig beweisen, daß er die Lehren Buddhas und die gesamten Kommentare beherrschte . . .« (Lehmann/Ullal: Tibet, 1981, S. 290)

Es gibt alte Filmdokumente davon, die mir in Dharamsala vorgeführt wurden. Ein ungeheures Ereignis: das Staatsorakel in frenetischem Tanz und der 24jährige Dalai Lama, der die schwierigsten Prüfungen mit überzeugender Beredsamkeit bestand. Es war die letzte Veranstaltung dieser Art, denn am 10. März 1959 brach der Volksaufstand los.

DERGÉ – »GLÜCKLICHES LAND«. Wenn ich die Reise noch einmal planen dürfte, hätte ich eigentlich nur einen Wunsch: In Ganze ein Pferd zu kaufen, einen Sack Tsampa darauf zu laden, einen Teekessel zu erwerben und wochenlang durch das Nomadengebiet zwischen Ganze und Dergé zu ziehen. Es ist wirklich eine Schande, mit dem Geländewagen über diese traumhafte Hochebene zu fahren. Mit 200 Kilogramm Film- und Expeditionsausrüstung geht es aber nun mal nicht anders.

Hat man die Hochebene hinter sich, senkt sich die Landschaft in ein schmales Tal hinein, das sich nach Osten öffnet. Auf halbem Weg zwi-

133. Dergé. Buchstabe um Buchstabe werden religiöse Texte sorgfältig in hölzerne Druckstöcke geschnitten

134. In der Klosterbibliothek von Dergé werden über 200 000 hölzerne Druckstöcke aufbewahrt

schen Chengdu und Lhasa erreichen wir Dergé. Dicht am Fluß Yangtse gelegen, war Dergé bis 1908 ein unabhängiges Fürstentum im Herzen der Provinz Kham. Der Name bedeutet soviel wie »glückliches Land«, wohl wegen seiner strategisch günstigen Lage. Denn wer von Osten nach Lhasa will, muß notgedrungen durch Dergé. Hier war das Zentrum des Metallhandwerks – vom Teegefäß bis zum Schwert wurde von hier aus ganz Tibet versorgt. Berühmt ist Dergé außerdem wegen seiner Staatsdruckerei, einem der größten Kulturdenkmäler Tibets (Abb. 133 und 134). 143 Titel soll das Verlagsverzeichnis der Druckerei betragen haben. Außer medizinischen und astrologischen Werken, Klostergeschichten und Genealogien wurde der 103bändige *Konjur* hier hergestellt, das sind Ordensregeln und Lehrsätze (Sutras), »Übersetzungen des Wortes«. Außerdem der *Tanjur*, die 209bändige »Übersetzung der Lehre« mit den kanonischen Vorschriften Buddhas.

»Für den Druck eines *Konjur* waren 45 Mönche drei Monate lang voll beschäftigt, fast das Doppelte brauchte man für den *Tanjur*. Sechzehn Jahre dauerte im Kloster Choni (Amdo) das Schnitzen der über 70 000 Holzstöcke für den 209bändigen *Tanjur*. Ein geschickter Lama konnte einen Holzstock in vier Tagen abdruckreif schneiden.« (Michael Henss: Tibet. Die Kulturdenkmäler, 1981, S. 247)

Die Großklöster in Dergé sind ebenfalls zerstört, werden aber auch wieder aufgebaut. Die Staatsdruckerei hat ihr Überleben einem besonderen Ereignis zu verdanken: Der ehemalige chinesische Ministerpräsident Zhou Enlai hat die Druckerei mit ihren 230 000 Druckstöcken von der regulären Armee gegen die Bilderstürmer der Roten Garde und ihre blinde Wut auf das Alte schützen lassen. Dabei soll es sogar Tote gegeben haben.

Heute arbeiten hier wieder fast 500 junge Tibeter, jedoch kaum Mönche. Es gibt ein unüberschaubares Archiv von antiken Druckstöcken. Einige sind sogar in Sanskrit-Schrift gefaßt, tibetische Druckstöcke also in indischer Schrift, aus einer Zeit, als der Buddhismus in Indien verboten war. Von den kupfernen Druckstöcken, die in Dergé einst gefertigt worden sein sollen, war allerdings nichts zu sehen. Die Druckerei untersteht direkt der Kulturadministration Pekings, vielleicht wurden sie dorthin geschafft.

In den kleinen Klöstern, den *Gompas*, rund um Dergé erleben wir Erstaunliches. Einen Mönch filmen wir beim Backen von *Thormas,* das sind Ritualkuchen, die ganz unterschiedliche Bedeutung haben können. Meist dienen diese Opferkuchen zur Besänftigung der Götter und Dämonen. Die großen Thormas, gefertigt aus Teig und Butter, werden rituell verbrannt. Im Herbst findet man in fast allen tibetischen Klöstern die verschiedensten gebackenen Figuren. Warum fühle ich mich in jenen Klöstern so wohl, warum fasziniert mich die kindliche und spielerische Phantasie der Mönche? Der Grund ist wohl der, sich in einer explodierenden Welt auf das Einfache zu konzentrieren, sein Ego zurückzudrängen, sich auf meditative und geistige Prozesse zu beschränken, Äußerlichkeit und Schein belächeln zu können.

Auf einer Wiese vor dem Ort werden wir zu einem Wasserritual eingeladen. Zelte sind aufgebaut, es gibt Essen und Getränke, die Menschen kommen zusammen. Auf einen Fels gemalt, findet sich das Abbild Padmasambhavas. Zwei Tage schöpft der Abt von Zongsen-gompa aus der Quelle vor dem Fels eiskaltes Wasser und gießt es jedem, der will, über den Kopf. Er murmelt magische Worte, jenen Singsang, an den man sich in Tibet gewöhnt, und den man kopieren wird, falls man daheim schreiende Säuglinge beruhigen muß. Der Lama schwitzt dabei, er wirkt nicht gesund und ist sehr beschäftigt, denn Hunderte kommen und werden nicht müde, sich den Kopf begießen zu lassen. Zwischendurch wird gegessen und getrunken, zusammen gesessen und geredet. Das lieben die Tibeter. Aber auch die örtlichen Militärs machen ihren Antrittsbesuch, blicken allerdings recht säuerlich, als das Wasser über ihren Kopf tropft.

Daß das Ritual am Felsen Padmasambhavas stattfindet, zeugt von der Lebendigkeit des Missionars. Auch Anagarika Govinda beschreibt die ungeheure Wirkung, die Padmasambhava auf das tibetische Gemüt ausübt. Die Wundergeschichten, behauptet er, seien nur die Folge der grenzenlosen Bewunderung seiner Zeitgenossen und Schüler. Govinda steigert sich in einen gewagten Vergleich hinein:

»Wenn moderne Historiker ihn als Zauberer und Scharlatan abzutun versuchen oder ihn als Schwarzmagier bezeichnen, so beweisen sie damit nur ihre Unkenntnis allgemein-menschlicher Psychologie und religiöser Symbolik. Würde irgendjemand, der auch nur den geringsten Gerechtigkeitssinn hat, es wagen, Christus einen Zauberer und Scharlatan zu nennen, weil er Wasser in Wein verwandelte, unheilbar Kranke heilte, Tote zum Leben erweckte, böse Geister austrieb, den Teufel besiegte und endlich selbst aus dem Grab auferstand, nachdem er den Tod am Kreuze erlitten hatte und angesichts seiner Jünger gen Himmel fuhr? Warum sollte man deshalb darüber lächeln, wenn es heißt, daß Padmasambhava vom Scheiterhaufen auferstand oder Dämonen besiegte?« (A. Govinda: Der Weg der weißen Wolken, 1983, S. 405)

Mit begossenem Haupt – auch wir sind frisch getauft – sitze ich neben der Quelle und denke darüber nach, wie parallel doch Missionsgeschichten verlaufen. Ohne Wunder und Erscheinungen ist es eigentlich nirgends abgegangen. Dies ist vielleicht auch Anlaß, auf die Unterschiede zwischen Buddhismus und Christentum einzugehen. Obwohl sich Katholizismus und Lamaismus in ihren Zeremonien scheinbar ähneln, lassen sich doch tiefere Unterschiede finden. Jesus nennt sich Sohn Gottes und opfert sein Leben, um die Menschheit zu erlösen.

Buddha verstand sich nie als Gott. Als höchstes Ziel lehrte er Selbstbefreiung durch Erleuchtung und den Eintritt ins Nirvana. Für Buddha und seine Jünger geht es um die Überwindung der Wiedergeburten, um einen Zustand jenseits von Leben und Tod.

CHAMDO UND DIE PROPHEZEIUNG PADMASAMBHAVAS. Der Ort Chamdo wird zum Brennpunkt unserer Reise. Nur über gewaltige Pässe ist er zu erreichen, die vom Regen aufgeweichte Piste schafft nur ein Geländewagen mit Allradantrieb. In Ost-Tibet sind Tausende Frauen und Kinder zum Erhalt des einzig befahrbaren Weges eingesetzt. Schon in den letzten Tagen hatten sich die Gerüchte verstärkt, hinter Chamdo sei die Straße blockiert. Wir vermuten dagegen, daß die Chinesen uns nicht in die Atomwaffenregion von Nyngchi lassen wollen.

Als im Frühherbst 1950 starke rotchinesische Verbände Chamdo und Kham angriffen, tobte in Chamdo eine der Kernschlachten. Am 19. Oktober fiel Chamdo – für tibetische Weise auf typische Art. Die Chinesen belagerten die Stadt, in der sich viele Khamba-Krieger verschanzt hatten. Nachts ließen die Chinesen ein ganz gewöhnliches Feuerwerk aus einiger Entfernung abbrennen. Die Tibeter hatten so etwas noch nie gesehen und erschraken zutiefst. Natürlich glaubten sie, die Geister und Dämonen seien in Aufruhr, und gaben die Stadt auf, ohne daß ein Schuß gefallen war. Der tibetische Meldereiter, der von der Niederlage berichten sollte, wurde in Lhasa gar nicht erst vorgelassen, da die tibetischen Generäle sich für mehrere Tage zum Mah-Jongg-Spiel zurückgezogen hatten. Dann war es zu spät:

»In den Straßen von Lhasa lief das Volk zusammen. Es gab keinen, der nicht von einem Unglückszeichen wußte: Mal war es ein Komet am Himmel, mal ein Erdbeben, mal die Nachricht, daß die Wasserspeier am Dschokhang aus vollen Rohren schütteten, obwohl es seit Tagen nicht geregnet hatte. Ängstliche Stimmen wurden laut. Sie zitierten alte Schriften mit schrecklichen Weissagungen. Eine davon lautete: ›Fürchtet das Rad! Wenn das Rad nach Tibet kommt, wird Lhasa im Blut ertrinken, und kein Stein wird mehr auf dem anderen stehen.‹« (Lehmann/Ullal: Tibet. Das stille Drama auf dem Dach der Welt, 1981, S. 265)

Auch diese Weissagung wird immer wieder mit Padmasambhava in Verbindung gebracht. Zweifellos machen die Naturgeister es den Rädern ständig schwer, einen Weg durch Tibet zu finden. Ein Erdrutsch hat bereits die Verbindungsstraße zwischen Lhasa und Kathmandu unpassierbar gemacht. Jetzt soll auch der Weg zwischen Chamdo und Lhasa das Opfer der Naturgewalten geworden sein.

Das älteste Gelbmützenkloster Ost-Tibets steht in Chamdo. 1437 gegründet und einst von 3000 Mönchen bewohnt, ist es heute eine Ruine, wie so vieles in Kham. Ansonsten ist Chamdo heute chinesisch, und wir sind überrascht, in der Klosterruine eine Feierlichkeit mitzuerleben, an der eine hohe Inkarnation teilnimmt. Gut 1200 Mönche sind aus der Umgebung gekommen, um der Wiedergeburt zu lauschen. 30 Novizen bringen ständig Buttertee in den Versammlungsraum. Alle drei Stunden ist eine Pause, und die Mönche eilen nach draußen, wo sich jeder mehr oder weniger offen ein Plätzchen sucht, wo er den Buttertee hockend wieder von sich gibt. Die Mönche kauern sich dazu einfach auf den Klosterhof, und nach einer Weile fließt ein Bächlein unter der Soutane hervor. Bei 1200 Mönchen, die ihre Prozedur gemeinsam auf einem Klosterhof verrichten, ergibt dies ein solch unglaubliches Bild, daß es, obwohl kulturgeschichtlich nicht eben bedeutend, hier einmal beschrieben sein soll.

Faßt man die Verhältnisse im Osten zusammen, so sind die Zerstörungen erheblich, die Unterdrückung ist mit Sicherheit größer als in Zentral-Tibet. Die Ausstrahlung des Buddhismus jedoch ist ungebrochen, die Liebe zum Dalai Lama der einzige Zusammenhalt. Um die Kulturruinen wieder instandzusetzen, benötigt man Jahrzehnte, wenn nicht Jahrhunderte. Es fehlt an Lehrern und Führungspersönlichkeiten. Man erkennt sehr schnell, daß besonders der intelligentere Teil der Bevölkerung vertrieben und ausgerottet wurde. Als Hauptproblem bleibt die ökologische Situation dieser anfälligen Landschaft. Der Raubbau am Holz ist dabei eine ebenso große Barbarei wie das Zerstören der Klöster. Wir sehen zwar ab und zu eine Baumschule, aber dies ist nur ein Tropfen auf den heißen Stein. Wenn die Wurzeln das bißchen Erde nicht mehr festhalten können, wird es auch keine Zukunft für den Himalaya geben.

Das Klosterleben, die Religion, die Geschichte der leidgeprüften Lamas kam mir intensiv und unantastbar vor. Hinter dem Ort Ganze hatten wir vier Pilger getroffen, die den Weg nach Lhasa mit ihrer Körperlänge ausmaßen (Abb. 135). Drei Monate waren sie bereits unterwegs, zwei Jahre lagen noch vor ihnen. An Händen und Knien mit Holzbrettern geschützt, begleitete sie ein unwirkliches Schlurfgeräuch. Diese Art der

135. Das Expeditionsteam filmt Pilger auf dem Weg nach Lhasa. Ihre Hände sind mit Holzbrettchen geschützt

Pilgerschaft ist hochgeschätzt, die Gläubigen leben von den Almosen der Nomaden. Wir fühlen uns äußerst unwohl, als wir, wohlsituiert, in unseren Geländewagen an ihnen vorbeirauschen. Ob sie über Chamdo hinausgekommen sind? Mit Sicherheit, denn für unsere Fahrzeuge ist hinter Chamdo Schluß. Schon seit zwei Monaten ist kein Laster mehr aus Lhasa durchgekommen, und wir können nicht riskieren steckenzubleiben, wenn wir das Klosterfest in der wichtigen Stadt Shigatse noch erreichen wollen. Wir müssen in den sauren Apfel beißen und jagen in riesigen Tagesetappen den gesamten Weg nach Chengdu zurück.

LHASA VOR DEM AUFSTAND – TAGEBUCHNOTIZEN VOM SEPTEMBER 1987 IN SHIGATSE. Wir sitzen frühmorgens im Flugzeug der chinesischen Staatslinie CAAC und fliegen von Chengdu nach Lhasa. Drei Wochen Ost-Tibet liegen hinter uns, über zwanzig Tage im Sperrgebiet, urwüchsige, drastische Eindrücke im Khambaland und das aufregende Gefühl, in einer Region gereist zu sein, wo wir die einzigen »Langnasen« – sprich: Westler – waren.

136. Innenhof des Potala in Lhasa. Er ist der Palast des Dalai Lama

Das ist jetzt vorbei: im Flugzeug Reisegruppen aus Amerika, Deutschland und Hongkong. Die Reiseleiter kümmern sich bereits an Bord um ihre Schützlinge, Lhasa liegt hoch, und der Altersdurchschnitt der Gruppenreisenden ist beachtlich.

Lhasa hat sich so verändert, daß ich es nur mit Mühe wiedererkenne. Hier wurde in den letzten Jahren sehr viel Geld investiert, irrwitzige Bauvorhaben durchgeführt, um das Terrain für den Massentourismus zu bereiten. Gäbe es nicht die Klöster und den Palast des Dalai Lama, den Potala, Lhasa würde problemlos als chinesische Stadt angesehen werden können (Abb. 132 und 136). Das Lhasa-Hotel genügt als einzige Herberge Tibets westlichen Ansprüchen, der Service wird von Hongkong-Chinesen, das Management teilweise von deutschen Hotelfachleuten betrieben.

Vor Jahren hatten wir schon orakelt, daß Lhasa wie Kathmandu den Weg alles Irdischen gehen wird. Daß der Kommerzzug aber so schnell abfährt, konnte keiner ahnen. Absolut »in« ist »mountain biking«: In Kalifornien muß es eine gekonnte Anzeigen-Kampagne »Selbsterfahrung und Staubschlucken mit dem Fahrrad auf dem Dach der Welt« gegeben haben. Auf jeden Fall fummeln überall asketische, nylonbepackte Amerikaner an ihren Bergrädern herum. Eine Alpenvereinsgruppe hat sich sicherheitshalber vorher schon mit T-Shirts versorgt: »Lhasa – Kathmandu auf dem Rad«.

Die organisierten Reisegruppen stören eigentlich wenig. Für meist fünfstellige Summen suchen sie sorgsam den Gegenwert bei ihrem Kulturtrip. Meist theoretisch bestens vorbereitet, haken sie ihr Programm ab, verpassen keine organisierte Mahlzeit, es sei denn, die Höhenkrankheit hat sie niedergestreckt.

Zu Anfang herrscht Überraschung über die konsequente chinesische Linie der Öffnung. Die Klöster sind wieder voll und zeigen, wie schon in Ost-Tibet, intaktes Klosterleben. Hohe Wiedergeburten sind aus dem Exil zurückgekehrt, die Nomadenfamilien aus entlegenen Regionen schicken wieder eines ihrer Kinder ins Kloster, die Mönche im Ort Drepung erzählen offen über das Martyrium der Kulturrevolution, als ihre Klöster zu Schweineställen und Gefängnissen umfunktioniert wurden.

Aber auch hier die ersten Widersprüche: Die jungen Mönche aus fundamentalistischen Familien, wo man noch nichts von Dingen außerhalb Tibets weiß, werden in Lhasa mit fremden Eindrücken überschüttet. Dies schafft Unzufriedenheit, neue Wünsche werden wach. Die Touristen kommen erklärtermaßen nicht wegen der Chinesen, sie kommen mit veralteten Kulturträumen von einem idyllischen Mönchsstaat unter chinesischer Knute. Doch sie bringen Freiheit und Selbstbewußtsein für eine unterdrückte Kultur. Ein weiterer neuer Faktor sind die Exil-Tibeter in Lhasa. Die Chinesen und das ehrgeizige Tourismus-Geschäft haben sie ins Land geholt: junge, mehrsprachige und selbstbewußte Reiseleiter, meist in Nordindien aufgewachsen, mit westlichen Attitüden geschmückt, aber von ihren Familien in bester tibetischer Tradition und Verantwortung erzogen. Dreißig Jahre lang wurde die geistige und weltliche Führung in Tibet ausgerottet, inhaftiert oder ins Exil getrieben. Jetzt suchen die Chinesen wieder eine kontrollierbare tibetische Führung. Pech für die jungen Lhasa-Tibeter, die sich in einen religiösen und einen chinaorientierten Teil aufspalten, daß die in Indien aufgewachsenen Tibeter besser ausgebildet sind und selbstbewußt die guten Jobs an sich reißen.

Die konkrete Begegnung mit chinesischen Führern und Betreuern verläuft immer sehr menschlich. Wir brauchen geraume Zeit, um uns annähernd vorstellen zu können, daß die Chinesen nicht außer Landes reisen dürfen. Außerdem herrscht große Unklarheit über die neuen Werte. Die Zeit der Öffnung ist noch kurz. Was nach Deng Hsiaoping, dem chinesischen Staatsoberhaupt, kommt, ist unklar. Die neuen Werte heißen Konsum, und die Führer sind in privilegierten Positionen. Die Chinesen sind begabte Psychologen und Menschenkenner, beherrscht und an Formen orientiert, aber jeder ist stolz auf seine Aufgabe. Wer in Tibet die Kompetenzen seines Fahrers mißachtet, ist schlecht dran. China funktioniert aufgrund persönlicher Beziehungen, und ist das Vertrauen erst da, dann werden die Chinesen herzlich und liebevoll, kümmern und sorgen sich, obwohl wir ständig in Nomadenzelten und Klöstern sind. Unser Führer kauft abends manchmal ein Huhn für uns und schlachtet und kocht es dann höchstpersönlich. Gegessen wird alles, von der Zehe bis zum Kamm. Wenn wir ihm erzählen, daß bei uns Kopf und Füße weggeworfen werden, kann er das nicht begreifen. In China seien dies Delikatessen und fast so teuer wie das gesamte Huhn. Als wir uns am Ende der Reise an der nepalesischen Grenze von Führern und Fahrern herzlich verabschieden und sie umarmen, freut sich sogar der strenge Sicherheitsposten, der uns zuvor noch als Folge der Unruhen aufs gründlichste gefilzt hatte.

Als wir das Klosterfest in Shigatse erreichen, werden zur gleichen Zeit (es ist der 27. September) die ersten Mönche verhaftet. Wir wissen noch nichts davon. Statt dessen fühlen wir uns für zwei Tage ins alte Tibet versetzt (Abb. 131). Das berühmte Klosterfest von Tashi Lumpo findet erst wieder zum zweiten Mal nach langer Pause statt. Tashi Lumpo ist traditionsgemäß der Sitz des Pantschen Lama, der jetzt in Peking residiert und immer das sagt, was chinesische Politik ist. Außerdem ist eine hohe Inkarnation, die 30 Jahre im Schweizer Exil gelebt hatte, hierher zurückgekehrt. Eine politische Veranstaltung, die die kulturelle Eigenständigkeit der autonomen Republik demonstrieren soll? Falsch: Es wird ein rein tibetisches Fest mit eindrucksvoll zelebrierten Ritualen, alten Masken und Tänzen im Rhythmus der Hörner und Schamanentrommeln. Zwei Tage verharren Tausende von Tibetern im Feiertagsornat bei den lange vermißten Zeremonien, die mit der Verbrennung der Thorma, der Opfergaben, enden. Ein überzeugendes Fest mit wenig offiziellen Chinesen, denen die prachtvollen Rituale eher fremd sind.

Am zweiten Abend kursieren im Hotel erste Gerüchte. Gedrückt erzählen die Tibeter von den Verhaftungen. Es wird eine lange Nacht. Natürlich gebe es in Lhasa Untergrundgruppen, die »Tigers« und andere. Es tauchten auch zuweilen Flugblätter auf, aber von einer geschlossenen Bewegung könne man nicht sprechen. Es sei ja auch alles viel freier geworden. Natürlich gebe es Unzufriedene, aber keinen Grund, einen Konflikt zu suchen, wo das tibetische Selbstverständnis doch erst beginne, Form anzunehmen. Was auffiel, waren die scharfen chinesischen Angriffe gegen den Dalai Lama. Schon zwei Wochen vorher las ich im chinesischen Sezuan eine heftige Attacke gegen die Amerikareise des Gottkönigs. Die

137. Mönchsaufstand am 27. September 1987 in Lhasa

Zeitung »China daily« druckte es auf der ersten Seite. Es ist eigentlich eine harmlose Zeitung, die kurioserweise täglich über die internationale Golf-Szene berichtet. Der Schuß kam also aus Peking, und die Vermutung liegt nahe, große Politik sei der Hintergrund. Radio Lhasa ziehe nach, erzählt man in Shigatse – mit scharfen Angriffen. Der Abend geht zu Ende, noch macht sich keiner Gedanken.

Einen Tag später im Yarlung-Tal – die Berichte verdichten sich, unsere Chinesen halten sich zurück, unter den tibetischen Reiseleitern gibt es lange Gespräche. Vor allem diejenigen, die aus Indien kommen, wirken nachdenklich. Aber es scheint sicher: erste offene Unruhen in Zentral-Tibet seit 30 Jahren (Abb. 137).

Tibet braucht Öffnung und Kontakt nach außen, nichts wäre schlimmer, als den Chinesen den Vorwand für eine erneute Schließung zu liefern. Aber dies kann sich das Reich der Mitte eigentlich gar nicht leisten. Die vielen Investitionen in Lhasa können nur durch den Tourismus finanziert werden. China sucht der Welt seine Liberalität zu beweisen. Andererseits kann es sich ein Land mit so vielen nationalen Minderheiten auch nicht erlauben, daß sich solche Konflikte herumsprechen.

Manche sprechen von einem Kopf, der dahinterstecken müsse – oder war es doch eine chinesische Provokation, um den Dalai Lama zu diskreditieren? Mönchskutten könne jeder überziehen, sagt ein etwas zwielichtiger Tibeter in Anzug und mit Goldkettchen, und die Sera-Mönche, die dahinterstecken sollen, galten immer als besonders chinesenfreundlich.

Zwei Wochen später im Flugzeug nach Hause sehe ich überall die Bilder von den Mönchen mit den Steinen.

NETCHUNG – DAS VERWAISTE ORAKEL. Wir besuchen die Klosterstadt Drepung mit dem nahen Orakel-Kloster Netchung, wo früher von einem Medium in Trance geweissagt wurde (Abb. 120). Die Klosteruniversität Drepung hatte zu ihren Spitzenzeiten fast 10 000 Mönchsbewohner aus 321 tibetischen Klöstern. Bevor der Potala fertiggestellt war, regierte der große fünfte Dalai Lama von Drepung aus, was die politische Bedeutung des Klosters für die Gelbmützensekte deutlich macht. Gelehrt wurde und wird in Drepung in den Studienrichtungen Tantra, Sutra, Gebet, Dialektik und Vervollkommnung der Erkenntnis (Abb. 138). Das Netchung-Kloster – »kleiner Ort« – steht nur seiner räumlichen Nähe wegen in engem Zusammenhang zum großen Staatskloster. Der fünfte Dalai Lama schuf sich diese neue politische Institution eines Staatsorakels, »wobei geschickt eine neue, vom heiligen Stuhl verordnete Legende die Rolle des in Samye schon zu Padmasambhavas Zeiten offenbar die Züge eines staatlichen Orakels tragenden Wahrsagebeamten auf den neuen Ort bei Lhasa übertrug. Netchungs Gründung in unmittelbarer Nähe von Drepung trägt somit im wesentlichen staatspolitische oder religionspolitische Züge.« (M. Henss: Tibet. Die Kulturdenkmäler, 1981, S. 181)

Über den Ablauf einer solchen Orakelzeremonie hat schon Ernst Schäfer berichtet. Aber auch der buddhistische Gelehrte Anagarika Govinda hat auf seinen Reisen diese Phänomene studiert und seinen eigenen Zugang dazu entwickelt.

Für ihn ist die Trance der Orakelpriester jener Schwebezustand zwischen Leben und Tod, zu dem der moderne Mensch in seiner Todesfurcht den Zugang verloren hat:

»Zu einer Zeit aber, in der die Menschen noch nicht den inneren Zusammenhang mit ihrem Ursprung und ihrer Umgebung verloren hatten, in einer Welt, in der der Mensch noch in Berührung mit den subtilen Kräften der Natur, den Geistern der Ahnen, den Bereichen der Götter und Dämonen war – kurz, in einer Welt, in der nichts als leblos betrachtet wurde, war der Tod nicht der Widersacher des Lebens, sondern eine

138. Chinesische Zerstörungen in der alten Mönchsuniversität Drepung bei Lhasa

Phase in der Bewegung des Lebenspendels, ein Wendepunkt wie die Geburt. Denn das Pendel schwingt von der Geburt zum Tod und zurück vom Tod zur Geburt.« (A. Govinda: Der Weg der weißen Wolken, 1983, S. 279)

Jene Wendepunkte im Leben können auch im Zustand völliger Muskelstarre (Katalepsie) oder herabgesetzter Vitalität stattfinden. Trancepraktiken bedeuten die Aufgabe des individuellen Bewußtseins, die Situation des Sterbezustands. Diese überindividuellen Kräfte, die normalerweise in den tieferen Schichten der menschlichen Psyche ruhen, werden durch Autohypnose, durch gewisse Yogapraktiken oder – wie es im Falle dieses Orakels – durch machtvolle Rituale erreicht.

»Diese Rituale, die den Magiern, Schamanen und Zauberern früherer Zeiten bekannt waren – Menschen, die Macht über den menschlichen Geist hatten und den Schlüssel zu seinen verborgenen Kräften besaßen –, diese Rituale wurden auch nach dem Erscheinen des Buddhismus in Tibet beibehalten, obwohl sie genügend modifiziert wurden, um in den allgemeinen Rahmen buddhistischer Ideen und Traditionen eingefügt werden zu können. Padmasambhava, selbst ein großer Meister dieser Geheimwissenschaft, machte klugen Gebrauch von ihr, um die Bön-Schamanen, die das Vordringen des Buddhismus zu verhindern suchten, mit ihren eigenen Waffen zu besiegen. Zugleich aber respektierte er die lokalen Götter und gab ihnen einen ehrenvollen Platz im buddhistischen System ...« (A. Govinda 1983, S. 280)

Der Abt von Netchung erzählt uns die Geschichte noch einmal, beschreibt die Legenden, die den historischen Kompromiß zwischen Schamanismus und Staatskirche begleiten und für die Drepung und Netchung stehen. Während Drepung in der Kulturrevolution ein Mönchsgefängnis war, brachte man in Netchung Schweine unter. Doch beide Klöster haben diese barbarische Behandlung ganz gut überstanden. Im Inneren von Netchung gibt es magische Gemälde von Dämonen und Lamas. Im eigentlichen Orakelraum eher eine Museumsatmosphäre, der Baumstumpf der Pappel von damals, eine Statue Padmasambhavas und die Maske des Orakels. Die Magie von früher, wie sie Ernst Schäfer beschrieb, wird nicht wiederkommen.

Netchung und die Geschichte des Staatsorakels ist eines der tiefgründigsten Kapitel tibetischer Kulturgeschichte. Doch die Vergangenheit ist restauriert, ob das Orakel aber jemals an diesen Ort zurückkehrt, ist fraglich, die fortdauernde Existenz der Baumgeister dagegen ist abhängig von der eigenen Wahrnehmung.

Es hat viele sehr weise und zutreffende Prophezeiungen gegeben, genauso, wie das Orakel zuweilen versagte, oder sogar zum Werkzeug politischer Entscheidungen und Machtinteressen wurde. Aber gleichzeitig ist es Symbol und Zugeständnis an jenen Bereich im Menschen und zwischen den Welten, zu dem es keinen rationalen Zugang gibt.

IM TAL DER KÖNIGE. Vergleiche ich alle Landschaften, die ich auf über 10000 Reisekilometern in Tibet erleben durfte, so ist die wüstenartige Dünenlandschaft im Yarlung-Tal mit Sicherheit einzigartig. »Götterdämmerung« nannten wir die Szene im Film, die eine Morgenstimmung im tibetischen Tal der Könige zeigt. Und tatsächlich ist das 80 Kilometer südöstlich von Lhasa in den Tsangpo einmündende Tal die Wiege tibetischer Kultur. Hier ist noch manches zu tun für Archäologen, denn Legende und Wirklichkeit haben reichlich Spuren hinterlassen. Das »hohe Tal« gilt als das fruchtbarste Tibets. Sein Ruhm drang bis ins ferne Dunhuang an der antiken Seidenstraße. In 1200 Kilometer entfernten Felstempeln wird der Ruhm des Tals gepriesen. Hier sollen Herrscherdynastien aus mythischer Vorzeit ihren Ursprung haben. Von den neun tibetischen Königen, die hier zwischen 627 und 842 regierten, sind viele

Quellen erhalten geblieben. Padmasambhava soll in diesem Tal gewesen sein und die Errichtung des ersten Klosters Samye ermöglicht haben.

Ohne sichtbare Grenzen gehen Sand- und Flußlandschaft ineinander über, wenn man den Weg zum Gründungskloster sucht. Tibet war kriegerisch und mächtig, als die alten Könige beschlossen, den Buddhismus ins Land zu holen.

»Um 670 stand tibetisches Militär in Chinesisch-Turkestan, in den Provinzen Ganzu, Sichuan und Yunnan, es hatte selbst Hunza, Birma und die Gegend von Samarkand erreicht, beherrschte das nepalesische Königreich und später auch Ferghana, Kashmir und Baltistan. 763 glänzten dann die längst zum Machtfaktor in Zentralasien aufgestiegenen Yarlung-Herrscher mit der Besetzung der chinesischen T'ang Metropole Chang'an, der damals größten Stadt der Welt, wo sie für kurze Zeit einen Bruder der chinesischen Gattin des vorhergehenden tibetischen Königs zum Kaiser von China ernannten.« (M. Henss: Tibet. Die Kulturdenkmäler, 1981, S. 117)

Es war also eine mächtige Hochkultur, die Padmasambhava aus Indien holte. Die Bauarbeiten am Kloster Samye sollen von Beginn an durch nächtlich aktive Dämonen sabotiert worden und somit zum Erliegen gekommen sein. Mit Hilfe des Magiers sei es dann gelungen, die durch die Grundsteinlegung aufgeschreckten Mächte des Erdreichs und der unterirdischen Gewässer zu besänftigen.

»›Der Menschenkönig und der Schlangenkönig müssen Freunde werden, das ist der einzige Weg‹, antwortete Padmasambhava dem königlichen Bauherrn auf dessen Frage nach der Überwindung des Naga-Herrschers, dessen Reichtum allein die wegen Holzmangel ins Stocken geratenen Bauarbeiten wieder voranbringen konnte . . . Mit farbigem Steinstaub zog er einen magischen Zirkel und grenzte damit den sakralen Bereich gegen alles Äußere schutzbietend ab. Nach siebentägigen Gebeten und Opfern erschienen die fünf Emanationen des Urbuddha, die engsten mit der Mandala-Vorstellung verbundenen Buddhas der fünf Weltenparadiese.« (M. Henss 1981, S. 118)

Samye bedeutet soviel wie »Lehrstätte zur Erlangung der Fülle unwandelbarer Meditation«. Sie ist Pekkar geweiht. Heute wird Samye aufwendig restauriert. Eines jener Wiedergutmachungsprojekte, für die die chinesische Zentralregierung drei Millionen Yuan bereitstellt, nachdem durch chinesiche Truppen in der Kulturrevolution so viel für immer zerstört wurde. Inmitten der Bauarbeiten steht wie ein Obelisk der Stein, in den der alte König angeblich selbst den Aufruf gemeißelt hat, sein Volk solle künftig der friedlichen Lehre des Gautama Buddha folgen.

Es ist viel über den historischen Stellenwert der Figur Padmasambhavas gestritten worden. »Wohin immer sein Schatten fiel, da brachten die Götter Steine zusammen«, lautet ein etwas lästerlicher Kommentar. Padmasambhava steht für das Prinzip des ganzheitlichen Polaritätsdenkens, das Einbeziehen des Aspekts des Negativ-Feindlichen, das Besänftigen der dunklen Kräfte der Natur.

Von Zetang aus kann man im Yarlung-Tal jeden Tag auf Entdeckungsreise gehen. Hier scheint jeder Stein voller Legenden, jeder Fels ein heiliger Schrein.

Dazu gehören die Königsgräber, die Tucci 1948 wiederentdeckt hat (Abb. 127). Außer einer chinesischen Erkundungsmission 1959 ist seitdem nichts geschehen. Die Gräber sollen im Laufe der Jahrhunderte zwar mehrmals ausgeraubt worden sein, archäologisch untersucht wurden sie noch nie. Was man über sie weiß, entstammt historischen Quellen.

Das Beerdigungsritual zeigt, wie wenig der Buddhismus damals verwurzelt war. Verbrennung oder Leichenschneiderei waren damals unüblich. Menschen- und Tieropfer waren bis ins neunte Jahrhundert in Tibet gang und gäbe, wie das 801 vollendete chinesische Geschichtswerk *Tong dian* (T'ung tien) enthüllt:

»Wenn ein Mann stirbt, tötet man Rinder und Pferde, die mit dem Toten bestattet werden. Sie werden ringsum im Grab niedergelegt. Ihr Grab ist quadratisch und aus aufeinandergeschichteten Steinen nach Art eines gewöhnlichen Herrschaftshauses gebaut. Diejenigen hohen Untertanen, die persönliche Freunde des Königs sind, werden zu ›Männern des gleichen Schicksals‹ bestimmt. Es sind dies nicht mehr als fünf Personen. Am Tage, an dem der König stirbt, geben sich alle ›Männer des gleichen Schicksals‹ während Tag und Nacht dem Wein hin. Am folgenden Tage, wenn sie beigesetzt werden sollen, ersticht man sie in der Beingegend, damit sie verbluten. Wenn dann die (noch) Lebenden mit dem Toten (dem König) bestattet werden, spaltet ein Vertrauenswürdiger unter den Verwandten mit seinem Schwert ihren Schädel, um das Gehirn herauszuschneiden. Mit vier kleinen, fingergroßen Holzstäben durchbohrt er die Brust an beiden Seiten. Sobald die vier oder fünf Männer völlig tot sind, werden sie mit dem Verstorbenen beerdigt.« (M. Henss 1981, S. 113)

Dagegen mutet die spätere Zerschneidung der Leichen und ihre Verfütterung an die Geier wahrlich harmlos an. Es ist außerdem überliefert, daß es als Beigabe Gefäße mit Goldstaub genauso gab wie die Bedeckung der Leichen mit Gold.

Ein Hirtenjunge führt uns den Berg hinauf zu einem andernen Denkmal. Ungeschützt, quasi mitten in der Landschaft, steht ein Steinlöwe.

139. Wächterlöwe vor einem tibetischen Königsgrab aus dem 9. Jahrhundert. Die älteste bekannte Steinskulptur Tibets

Aufgabe dieser vermutlich 1100 Jahre alten Steinskulptur ist es, die Feinde der Gegend unschädlich zu machen. In Europa wäre ein solches Monument mit Sicherheit schon eingezäunt oder verglast. Wie ein Fels steht der Löwe in der Landschaft und scheint, wenn auch aus der Distanz, die Königsgräber zu bewachen (Abb. 139).

DÄMONENTANZ IM TASHI LUMPO. Der Höhepunkt unserer Reise sollte das Klosterfest in Tashi Lumpo sein; ein Höhepunkt auch deswegen, weil das Klosterfest 30 Jahre nicht mehr stattfinden durfte. Der Tibetologe Michael Henss hatte sich 1986 mehrere Wochen in Shigatse aufgehalten und war zufällig Zeuge des Zeremoniells am Stammkloster des Pantschen Lama geworden.

Mit Terminen nehmen es die Tibeter nun mal nicht so genau, schon gar nicht, wenn es darum geht, die Termine ihrer Feste an Fremde weiterzugeben. Außerdem entscheidet letztlich ein Astrologe über den genauen Beginn des Festes, der sich ansonsten nach dem tibetischen Kalender richtet und einem Geburtstagsfest des Klosters gleichkommt. Das paßt aber alles nicht in die Produktionsplanung westlicher Fernsehteams. Heute kann man es sich in den Industrieländern leider nicht mehr erlauben, wochenlang auf den möglichen Beginn eines Ereignisses zu warten. Immerhin waren wir schon sechs Wochen unterwegs und konnten eine bestimmte Spannung nicht unterdrücken. In Lhasa und Zetang wußte man anscheinend gar nichts von den klösterlichen Festlichkeiten – nicht gerade ermutigend. In Shigatse wich die Spannung. Die Vorbereitungen für die tagelangen Dämonentänze waren in vollem Gange, und auch die Verhandlungen mit dem Abt über die Erlaubnis zum Filmen verliefen in kurzer Zeit positiv.

Da gab es nur noch ein Bedenken: Hatte das Fest seinen Chrakter behalten oder würde es eine Werbeveranstaltung der Chinesen werden, die damit ihre Liberalität gegenüber den tibetischen Ritualen zu demonstrieren dachten?

Doch die Bedenken wurden zerstreut. Viele tausend Tibeter kamen im Feiertagsornat angereist, und bald ließ das monotone Dröhnen der Tuben und Trommeln die Dämonenwelt des alten Tibet wiederauferstehen. Was bisher mehr oder weniger als abstrakte Dimension im Raum stand, wird real. Die historische Leistung der Einbeziehung der Dämonenwelt in das buddhistische Pantheon wird als Kernpunkt der Lehre zelebriert. Wir versinken in den magischen Bewegungen der furchterregenden Maskenträger. Die monotone Mönchsmusik fesselt den Zuschauer wie die Flöte des Fakirs die tagblinde Kobra. Es wird ein rein tibetisches Fest. Es gibt nur wenige chinesische Ehrengäste, die sich allerdings ob der Dauer der Tänze nach einigen Stunden davonstehlen. Alle Dämonentänzer erscheinen in prachtvoller Ausstattung. Masken und Gewänder sind wahre Kunstwerke mit ausgefeiltem Symbolcharakter (Abb. 140).

Bei aller Dramatik ist die Feier auch ein Volksfest. Zwei Geister übernehmen die Rolle der Hofclowns. Die feierlichen Tänze und magischen Rituale werden respektlos von ihren ungeschminkten Späßen zur Freude der vielen tausend Zuschauer unterbrochen. Sie machen sich über alles lustig. Besondere Angriffsziele sind die modernen Sitten. Als sie die Praktiken moderner Ärzte persiflieren, biegen sich die hier versammelten Menschen vor Lachen.

»Der Sinn des Buddha für Humor – der in so vielen seiner Reden in Erscheinung tritt – ist eng verbunden mit seinem Mitleid – beide haben ihren Ursprung im Verständnis tieferer Zusammenhänge, in der Einsicht in die wechselnden Beziehungen aller Dinge und aller Lebewesen und die Kettenreaktion von Ursache und Wirkung. Sein Lächeln ist der Ausdruck eines Weisen, der ›das magische Wunderspiel von Unwissenheit und Wissen‹ gegen den universellen Hintergrund und in seiner tieferen Bedeutung durchschaut. Nur von einem solchen überweltlichen oder univer-

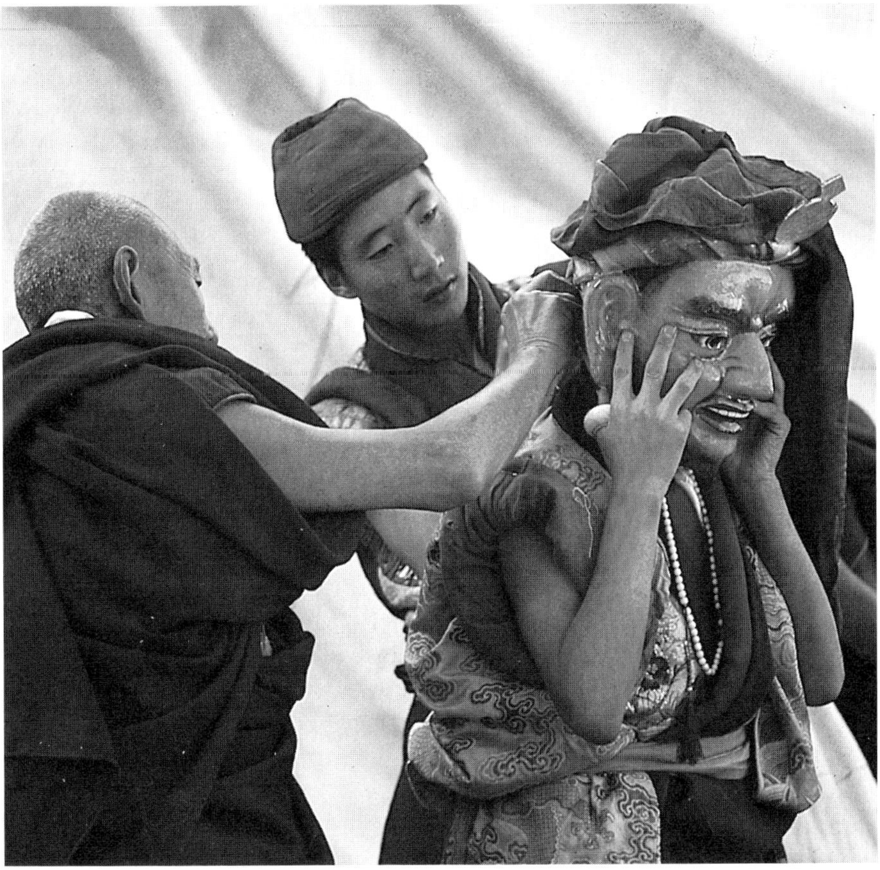

140. Tashi Lumpo. Im Umkleidezelt werden die Tänzer zurechtgemacht

sellen Standpunkt aus ist es möglich, weder vom Elend des Daseins überwältigt zu werden, noch im Gefühl eigener Überlegenheit oder Selbstgerechtigkeit der Versuchung zu unterliegen, uns zum Richter über Gut und Böse aufzuwerfen. Ein Mensch mit echtem Sinn für Humor kann nicht anders, als Mitleid in seinem Herzen zu spüren, denn er sieht die Dinge von einem höheren Standpunkt aus und darum in einer mehr wirklichkeitsgemäßen Perspektive.« (A. Govinda 1983, S. 274)

In die Tanzrituale sind viele buddhistische Symbole und vielschichtige Erkenntnismöglichkeiten verwoben, zu denen der Betrachter je nach Voraussetzung Zugang finden kann. Scheint das grelle Maskenantlitz furchterregend, so spiegelt sich darin das gespaltene Innenleben der meisten Menschen. »In den Tänzen begegnen wir unseren Träumen, unseren Ängsten. Ihre wichtigste Gruppe, die Tscham-Tänze, führt dem Menschen die innere Situation in der Stunde des Sterbens und in den Tagen danach vor Augen.« (H. Uhlig: Himalaya, 1987, S. 250) Sie reflektieren die Zerrissenheit und Vergänglichkeit der Scheinwelt, ein Spiegel des Lebens als ein ständiges Werden und Vergehen.

Im Zentrum der Tänze steht oder besser liegt das ritualisierte Menschenopfer, ein aus Teig und Farbe symbolisch bereiteter Homunkulus (Abb. 129). Er steht für den dunklen Aspekt des Lebens, symbolisiert Leid und Übel. Eine Sühneopfer, das in früheren Zeiten sehr wahrscheinlich nicht aus Teig, sondern aus Fleisch und Blut war.

Die Befriedung des ritualisierten Menschenopfers wird wiederum Padmasambhava zugeschrieben.

»Anstelle der blutigen Rituale, mit denen der Mensch die dunklen Mächte, die sein Dasein zu vernichten drohten, zu beschwören suchte, trat das Opfer der Selbstüberwindung. Das menschliche Herz war so zur Bühne des Universums geworden, und dieser Wandel wurde in der Symbolik der Mysterienspiele dadurch ausgedrückt, daß statt eines lebendigen Menschen oder Tiers die aus gefärbtem Teig geformte Figur eines Menschen von den als Skelette erscheinenden Friedhofsgespenstern in die Arena getragen und umtanzt wird, bis der Herr des Todes mit seiner furchtbaren Gefolgschaft erscheint und die Gespensterskelette davonjagt.« (A. Govinda 1983, S. 276)

Bevor am zweiten Tag des Festes der Totengott Yama in Aktion tritt, werden die Dämonen symbolisch in das Kloster aufgenommen. Der Abt persönlich hängt ihnen den weißen Schal um und demonstriert damit ihre Wandlung und Eingebundenheit.

»Hier sieht man, wie klug der Lamaismus dem alten Geister- und Dämonenglauben begegnet. Er läßt ihn bestehen, wie ein Blick ins heutige Leben der Himalaya-Region lehrt, vernichtet aber alljährlich seine Repräsentanten durch Bekehrung und zeigt damit seine eigene Überlegenheit, die als Überlegenheit der Lamas über das Volk, wie der lamaistische Orakelpriester über das Geisterreich allen Menschen im Himalaya selbstverständlich erscheint.« (H. Uhlig: Himalaya, 1987, S. 254)

Das Fest steuert mit dem Auftritt Yamas auf seinen ersten Höhepunkt zu. Die Intervalle der Tubenklänge werden kürzer und wilder, die Spannung steigt, als der Totengott mit wirbelndem Beilchen die Exekution des Teigmännleins in ekstatischem Tanz vorbereitet. Das Beil schlägt mehrmals zu, der erste Schlag trennt Kopf und Rumpf, um sich dann weiter am restlichen Torso zu vergehen. Nach diesem Akt der Zerstörung, der wie die Tötung von etwas Lebendigem empfunden wird, weicht der Druck von der versammelten Menge. Ihre Untaten sind gesühnt, böse Kräfte, die das Kloster bedrohen, gebannt.

Wir sind so versunken in das mythische Ritual, daß das Motiv, das uns als Grund des jahrzehntelangen Verbots des Festes genannt wird, plausibel erscheint: Die Chinesen hatten nämlich vermutet, die Rituale des Klosterfestes sollten den ungeliebten Besatzern die Dämonenwelt des alten Tibet auf den Hals hetzen.

Doch das Fest ist noch nicht zu Ende. Tibetische Bürger tragen in einer Prozession übergroße Opferkuchen aus dem Kloster. Begleitet von Tubenmusik, muß die Mönchspolizei der Prozession mit langen Ruten einen Weg bahnen. Unbeschreibliche Szenen. Die von weit her angereisten Bauern und Nomaden werfen sich vor den höchsten Wiedergeburten des Klosters auf die Erde. Süchtig wie nach einer lang entbehrten Droge, harren die Menschen der Verbrennung der kunstvollen *Thormas*, der Opferkuchen. Ein Scheiterhaufen ist errichtet, und sobald die Flammen lodern, entlädt sich die Spannung. Die Menschen toben und jubeln. Ihre Taten sind gesühnt, die negativen Kräfte gebannt. Jugendliche springen durch die Flammen und prügeln sich um die Reste des Opferkuchens. Diese sind als Glücksbringer begehrt und dementsprechend umkämpft. Das Ritual wird bodenständig, bekommt magische Kraft und Ausstrahlung. Unmöglich, sich ihm zu entziehen.

DER TIGERRITT IM HUBSCHRAUBER DES KÖNIGS. Eigentlich dachten wir, die Spannung würde jetzt nachlassen. Die sogenannten Höhepunkte lagen hinter uns, und wir mußten »nur« noch nach Hause kommen. Aber wir täuschten uns. Die Verhältnisse hatten sich durch die Ereignisse in Lhasa dramatisch verändert. Keiner wußte, was kommen würde, und so lag ein bleierner Druck auf den Menschen, als wir uns Richtung Kathmandu in Bewegung setzten. Nachts wurde es bitterkalt, und während der Nacht im Everest-»Hotel« in Sheggar klapperten den meisten die Knochen vor Kälte. Die ersten Sicherheitskontrollen begannen. Junge, achtzehnjährige Armeesoldaten durchwühlten das Gepäck. Aber sie suchten nur nach Videokassetten und Tonbändern. Wir wußten nicht warum, erfuhren jedoch später, daß man beobachtet hatte, wie Touristen die Unruhen gefilmt hatten. Glücklicherweise mit Video. Als die Armeesoldaten die zentnerschweren Kisten mit fast hundert belichteten Rollen Negativ-Material öffneten, fragten sie nur, was das sei. Als wir antworteten »it's film«, kam die lakonische Antwort »okay«. Trotzdem trug die Prozedur zur allgemeinen Verunsicherung bei. In belichtete Filmrollen kann man nun einmal nicht hineinschauen. Was also, wenn sie mutmaßten, wir hätten die Demonstrationen gefilmt? Das Gegenteil wäre zumindest Soldatenköpfen schwer klarzumachen gewesen.

Kurz vor der Grenze endet die Autofahrt. Ein Erdrutsch hat die Straße, die diesen Namen nie verdiente, so gründlich demoliert, daß wohl auf Jahre der Weg nach Kathmandu nicht befahrbar sein wird. Wie die sensible Alpenregion schlägt auch der Himalaya zurück. Er hat die Eingriffe des Menschen anscheinend satt. Für Tibeter und Nepali ein willkommenes Geschäft: Trägerkolonnen transportieren alles, bis hin zu altersschwachen amerikanischen Damen. Mit unseren sechzehn Gepäckstücken haben sie ihre Freude. Sie legen los wie Berggazellen, und obwohl wir nur mit Rucksäcken beladen sind, ist es schwer, den Überblick zu bewahren. Nachdem an der Grenze die Sicherheitskontrolle ebenfalls ohne Beschlagnahmung überstanden ist, sind es Nepali-Träger, die die Kisten weiterschleppen.

Als wir die Reise planten, hatte mein Freund Subhu mir versprochen, am 5. September 1987, zwischen zehn und zwölf Uhr, werde uns ein Hubschrauber hinter der Grenze erwarten und nach Kathmandu fliegen. Ernsthaft haben wir nie daran geglaubt, zumal nur der König von Nepal einen Hubschrauber besitzt. Seelisch und moralisch hatten wir uns auch schon mit weiteren Tagen Fußmarsch abgefunden. Doch der Hubschrauber kam wirklich, und unsere Hochstimmung kann man nur schwer beschreiben. Eigentlich hatte alles so gut geklappt, daß der Fußmarsch als Buße zumindest gerechtfertigt gewesen wäre.

Auch Padmasambhava – falls der Vergleich gestattet ist – hat Tibet der Legende nach durch die Luft verlassen. Allerdings ist er auf einem Tiger geritten und zwar nach Bhutan, ins Reich des Drachen.

Gewidmet
Professor Ernst Schäfer und Tulko T. Thingo in Dankbarkeit für die freundschaftliche Hilfe und Unterstützung

LITERATURVERZEICHNIS

Govinda, Lama Anagarika: Der Weg der weißen Wolken. Bern, München, Wien 1983
Henss, Michael: Tibet. Die Kulturdenkmäler. Zürich 1981
Lehmann, Peter-Hannes und Jay Ullal: Tibet. Das stille Drama auf dem Dach der Welt. Hamburg 1981
Schäfer, Ernst: Das Fest der weißen Schleier. Braunschweig 1950
Uhlig, Helmut (Hrsg.): Tantrische Kunst des Buddhismus. Berlin, Frankfurt/Main, Wien 1981
Uhlig, Helmut: Himalaya. Bergisch Gladbach 1987

Anhang

Jens-Peter Behrend

Hajo Bergmann

Dr. Gottfried Kirchner

Helga Lippert

Volker Panzer

Arno R. Peik

Eike Schmitz

Dr. Thomas Schultze-Westrum

Eberhard Thiem

Die Autoren und Bildnachweis

TEXTAUTOREN

JENS-PETER BEHREND, Jahrgang 1945, Studium der Soziologie, Amerikanistik und Theaterwissenschaft. Von 1974 bis 1980 Redakteur beim Sender Freies Berlin, danach freiberuflich tätig als Autor und Regisseur zahlreicher Fernsehdokumentationen und Fernsehspiele.

HAJO BERGMANN, Jahrgang 1956, Seemann auf der Gorch Fock und anderen Segelschiffen, Studium der Geschichte, Philosophie und Germanistik in Frankfurt, Lehrer im Rheingau. Seit 1982 freier Autor und Fernsehjournalist; 1984 Prädikat »besonders wertvoll« für den Dokumentarfilm »Die ewigen Schwestern«. »Dämonen auf dem Dach der Welt« ist sein zweiter TERRA-X-Beitrag.

DR. GOTTFRIED KIRCHNER, Jahrgang 1940, Studium der Germanistik, Kunstgeschichte und Archäologie. Seit 1971 beim Zweiten Deutschen Fernsehen. Zahlreiche Filme über Kunst und antike Kulturen. 1977 und 1978 Journalistenpreis des Deutschen Nationalkomitees für Denkmalschutz. Der Mann, der die Fernsehreihe TERRA-X erfand. Seine TERRA-X-Bücher wurden Bestseller.

HELGA LIPPERT, Jahrgang 1948, seit 1973 beim Zweiten Deutschen Fernsehen. Redakteurin im ›heute journal‹; neben aktueller Berichterstattung vorwiegend Beiträge über Kunst und alte Kulturen.

VOLKER PANZER, Jahrgang 1947, Studium der Soziologie, Germanistik, Philosophie und Pädagogik in Frankfurt und Mainz. Seit 1977 Fernsehjournalist, hauptsächlich für das Kulturmagazin »aspekte« des ZDF. Zahlreiche Fernsehfilme über Kunst-, Literatur-, Architektur- und Denkmalschutzthemen. 1981 Deutscher Denkmalschutzpreis. 1985 Mitarbeiter bei TERRA-X mit dem Film »Audienz bei der Königin von Saba«.

ARNO R. PEIK, Jahrgang 1939, Dipl. Verw., fünfzehn Jahre Polizei, zwölf Jahre Lufthansa-Sicherheitsdienst. Seit zehn Jahren Zusammenarbeit mit Eberhard Thiem.

Eike Schmitz, Jahrgang 1944, Studium der Klassischen Philologie und der Anglistik. Lehrtätigkeit an der Cornell University, USA, und an der Technischen Universität Berlin bis 1981. Seither freiberuflich tätig als Autor und Regisseur von Fernsehdokumentationen.

Dr. Thomas Schultze-Westrum, Jahrgang 1937, Studium der Geologie und Kulturanthropologie, Promotion an der Universität München in Zoologie. Freier Filmemacher und Berater internationaler Organisationen.

Eberhard Thiem, Jahrgang 1939, Kaufmann, Filmtechniker, Fotograf, Kameramann und Cutter; eigene Filmproduktion. Industrie-, Werbe-, und Kulturfilme. Fünfzehn Dokumentationen über Archäologie und Kultur.

BILDAUTOREN UND BILDNACHWEIS

Martin Bräker, freier Fotograf, Köln.
Abb. Schutzumschlag Vorderseite

Wolfgang Caspar, Jahrgang 1941, Ausbildung als HF-Diplomtechniker, seit 1965 beim Zweiten Deutschen Fernsehen. Von 1971 bis 1976 im ZDF-Studio Caracas. Seit 1982 Mitarbeiter bei TERRA-X.
Abb. 69, 70, 72, 73, 75, 78, 79, 80, 81, 83, 84, 90, 92

Gerhard Engelhardt, Jahrgang 1943, nach mehrjährigem Auslandsaufenthalt seit 1971 beim Zweiten Deutschen Fernsehen. Zunächst Filmkamera-Assistent, danach in eigener Verantwortung als Kameramann bei der Realisation mehrerer Dokumentationen – Schwerpunkt Kultur – tätig.
Abb. Nachsatzblatt, 119, 121, 122, 123, 125, 126, 130, 131, 132, 136

Joachim Giel, Jahrgang 1955, Praktikum in einer Filmproduktion in Wiesbaden, danach Assistent bei einer Industriefilmproduktion. Seit 1979 Kamera-Assistent beim ZDF. Von 1981 bis 1983 im ZDF-Studio Caracas.
Abb. Vorsatzblatt, 76, 77, 82, 85

Carl-Heinz Hoffmann, Jahrgang 1952, Studium der Ethnologie, Islamwissenschaft und asiatischen Geschichte. Nach ausgedehnten Orientreisen seit 1980 zahlreiche Studienaufenthalte im Himalaya-Gebiet, außerdem als Reiseleiter in Ladakh, Zanskar und Tibet tätig.
Abb. 133, 135

UDO JALKE, Jahrgang 1942, Fotolehre in Frankfurt, seit 1968 als Kameramann beim Zweiten Deutschen Fernsehen, sowohl für die aktuelle Berichterstattung als auch für Dokumentationen beschäftigt.
Abb. 35, 40, 43, 44

PETER KERSTAN, arbeitet im Bereich Bild für das Zweite Deutsche Fernsehen. Lebt in der Nähe von Limburg.
Abb. 120, 124, 127, 128, 129, 134, 138, 139

CARSTEN KRÜGER, Jahrgang 1945, kaufmännische Ausbildung, Fotograf, Standfotograf. Kamera-Assistent bei Vandenberg, Kameramann für Fernsehspiel und Dokumentationen, Autor und Kamermann für Kinderfilme. Seit 15 Jahren Film- und Fernsehproduzent von Kinderfilmen, Fernsehspielen, Dokumentationen, Serien und Kinofilmen.
Abb. 1, 2, 5, 6, 7, 8, 10, 12, 15, 16, 17, 18, 19, 22

DR. RUDOLPH KUPER, Jahrgang 1937, Studium der Ur- und Frühgeschichte, Ägyptologie und Völkerkunde. 1962/63 erste Forschungsreise in die libysche Sahara. Seit 1980 Durchführung eines Forschungsprojektes zur Besiedlungsgeschichte der Ost-Sahara. Leiter der Forschungsstelle Afrika am Institut für Ur- und Frühgeschichte der Universität Köln.
Abb. 33, 42

PIERO RAVÀ, Jahrgang 1948, wohnt zeitweise in Mailand. Studium der Medizin in Mailand. Seit 1977 Inhaber einer Agentur in Agades, Niger, für Expeditionsreisen in Niger sowie nach Algerien und Mali.
Abb. 37

HANS-GEORG REINMANN, Jahrgang 1936, Handwerksausbildung, Studium an der Akademie für Wirtschaft und Politik, Hamburg. Anschließend Media-Planer bei einer Werbeagentur. Danach beim Zweiten Deutschen Fernsehen, seit 1977 in der Hauptabteilung Programmplanung, Planungsredaktion.
Abb. 74, 87

HERB SAWINSKI, Port St. Lucie, USA. Abb. 4

EIKE SCHMITZ, s. o. Abb. 9, 13, 14

DR. THOMAS SCHULTZE-WESTRUM, s. o. Abb. 94–104, 106–116, 118

LUDWIG STEIN, Jahrgang 1943, Elektrikerlehre, anschließend Ingenieurstudium (Ing.grad.). 1967–1969 als Elektroingenieur tätig, danach Fotoassistent, Studium der Kunstgeschichte, Diplomingenieurstudium als Fotoingenieur, dann freier Kamera-Assistent. Seit 1988 freier Kameramann.
Abb. 23, 24, 25, 26, 27, 28, 31, 34, 41

DR. KARL HEINZ STRIEDTER, Jahrgang 1938, Studium der Soziologie und Ethnologie, Promotion in Ethnologie über Felsbilder, Semiotik und Datenverarbeitung. Mehrere Forschungsreisen nach Afrika, vor allem in die Sahara zum Studium der Felsbilder und Architektur. Mehrere Publikationen zu diesen Themen.
Abb. 29, 30, 32, 36, 38, 39

HANS H. STÜHMER, Helgoland. Abb. 20

HUGH SWIFT, Berkeley, USA. Autorenfoto von Hajo Bergmann.

PROF. DR. HELMUT TRIBUTSCH, Berlin. Abb. 21

LOTOS-FILM, Kaufbeuren. Alle Fotos mit Hasselblad.
Abb. Schutzumschlag Rückseite, 45–68

Zur Abbildung auf der Rückseite: Am Ganges sitzt dieser Sadhu mit einem der vielen Shiva-Symbole, dem Dreizack.

Zur Abbildung auf dem Vorsatzblatt: Das Expeditionsteam von Gottfried Kirchner überquert eine Hochebene vor dem Vulkan Misti (5822 m) bei Arequipa, Peru.

Zur Abbildung auf dem Nachsatzblatt: Pilger am heiligen Manasarovar-See, Tibet

Abb. 71 und 88: aus der Chronik des indianischen Historikers Humán Poma de Ayala von 1615

Abb. 105: Abdruck mit freundlicher Genehmigung des Office du Livre, Fribourg. Original: Bibliothèque Nationale, Paris. Cartes et Plans, Rés. Ge DD 683 und Ge AA 640, Blatt 2^r

Register